墨香财经学术文库

"十二五"辽宁省重点图书出版规划项目

U0674527

Research on the Dynamic Impact

of RMB Offshore Market on Domestic Monetary
and Financial Stability

人民币离岸市场对境内货币和金融稳定的动态影响研究

阙澄宇 马斌 等 ◎ 著

东北财经大学出版社
Dongbei University of Finance & Economics Press

大连

图书在版编目（CIP）数据

人民币离岸市场对境内货币和金融稳定的动态影响研究 / 阙澄宇，马斌等著.
一大连：东北财经大学出版社，2018.9
（墨香财经学术文库）
ISBN 978-7-5654-3331-3

Ⅰ．人… Ⅱ．①阙… ②马… Ⅲ．人民币–金融国际化–影响–金融市场–研究–中国 Ⅳ．①F822 ②F832.5

中国版本图书馆CIP数据核字〔2018〕第209444号

东北财经大学出版社出版发行

大连市黑石礁尖山街217号 邮政编码 116025

网 址：http：//www.dufep.cn

读者信箱：dufep @ dufe.edu.cn

大连永盛印业有限公司印刷

幅面尺寸：170mm×240mm 字数：194千字 印张：13.75 插页：1
2018年9月第1版 2018年9月第1次印刷
责任编辑：李 彬 李 栋 孙 平 田玉海 责任校对：王 娟
封面设计：冀贵收 版式设计：钟福建
定价：48.00元

教育部人文社会科学研究规划基金项目"人民币离岸市场对国内货币和金融稳定的动态影响研究"（批准号：13YJA790093）资助出版

前言

    2008 年全球金融危机爆发后，随着人民币国际化进程的不断推进和人民币跨境流通渠道的日益拓宽，离岸人民币市场取得了快速发展，从最初的离岸人民币存款，到跨境贸易人民币结算与外汇交易，再到离岸人民币贷款、债券、股票、基金、衍生品等业务，离岸人民币种类日益丰富，业务规模不断攀升，以中国香港为中心，新加坡、中国台湾、英国等多个国家和地区为战略支点的人民币离岸市场发展格局和庞大的离岸人民币交易网络业已形成。在业务种类和业务规模持续发展的同时，离岸人民币市场基础设施逐步完善，目前在中国香港，离岸人民币即期与可交割远期汇率、人民币银行间同业拆借利率已初步形成，离岸人民币债券收益率亦不断完善。与此同时，近年来中国境内金融体制和市场化改革稳步推进，商业银行人民币贷款利率下降和存款利率上限相继取消，银行间即期外汇市场人民币兑美元交易价浮动幅度不断扩大，人民币汇率形成机制市场化改革取得重要进展，资本账户开放进程稳步推进，境内金融改革进入深水区和攻坚期。

    稳步推动人民币离岸市场建设和发展，既是"发展高层次的开放型经济""推动形成全面开放新格局"的重要内容，也是提升人民币国际使用程度、推动人民币国际化进程的重要途径，对于加快推进境内金融改革亦具有重要意义。然而，由于境内市场与离岸市场在参与主体、交易成本、监管制度、价格形成机制等方面的差异，两个市场形成了两种不同的人民币价格体系。在人民币可以跨境流通的背景下，两种不同的价格体系所引发的跨境资本流动必然会影响境内货币和金融稳定。尽管目前人民币离岸市场仍处于初级阶段且规模相对较小，尚不足以对境内货币和金融稳定造成太大冲击，但其影响已初现端倪，且随着离岸人民币市场的发展、跨境人民币流通渠道的不断拓宽、境内市场与离岸市场相互渗透程度的日益加深以及境内金融改革的逐步推进，人民币离岸市场发展对境内货币和金融稳定的影响也将日益增大并更具不确定性。因此，如何在离岸人民币市场发展过程中充分利用离岸市场的价格发现功能推进境内金融改革，并尽可能规避离岸人民币市场对境内货币和金融稳定的冲击，成为当前及未来一段时间内政府政策制定部门不容回避的问题。

本书立足于快速发展的人民币离岸市场和稳步推进的境内金融改革，以离岸人民币市场和中国境内货币金融稳定为研究对象，从货币政策中间目标和金融市场两个层面，基于境内货币供给量、利率、汇率、股票市场、债券市场、外汇储备和短期跨境资本流动六个维度，系统分析和科学评估了人民币离岸市场对境内货币和金融稳定的动态影响，并以此为基础，对离岸人民币市场的风险进行了识别和预警，进而提出相应的政策启示。

本书是教育部人文社会科学研究规划基金项目"人民币离岸市场对国内货币和金融稳定的动态影响研究"（批准号：13YJA790093）的研究成果。项目主持人为阙澄宇，项目研究的总体内容框架和研究思路由阙澄宇设计，马斌参与了全程的研究工作。本书是集体合作的成果，阙澄宇提出了全书的研究框架与内容逻辑。各章节分工如下：第一章、第二章、第三章第二节和第三节、第六章由阙澄宇和马斌完成；第三章第一节由阙澄宇、马斌和刘祎完成，第四章第一节由阙澄宇和李金凯完成，第四章第二节由阙澄宇、马斌和张莹莹完成，第四章第三节由阙澄宇、马斌和程立燕完成，第五章由阙澄宇、马斌、杜重华和杨旭完成。最后，阙澄宇和马斌对全书进行了审阅、修改和定稿。

无论是"人民币离岸市场"，还是"境内货币和金融稳定"，近年来都是热度始终不减的研究题目，相关的研究成果也是汗牛充栋。选择"人民币离岸市场对国内货币和金融稳定的动态影响"这样一个课题进行研究，本身就是一项非常具有挑战性的工作。我们在研究的过程中，在参考和借鉴已有成果的基础上，尝试从新的视角和采用新的方法进行分析和研究，力图有所突破和创新。鉴于此课题具有很强的理论性和实践性，涵盖的范围和内容十分庞杂，加之受限于研究者自身水平，本书的疏漏和错误在所难免，不足之处敬请读者批评指正。

作　者
2018 年 6 月

▌目录

第一章　绪论

第一节　研究背景及意义

一、研究背景

肇始于美国的全球金融危机，在重创世界经济的同时，也充分暴露了以美元为主导的国际货币体系的缺陷。危机爆发后，降低对美元的依赖、改革现行国际货币体系的呼声日益高涨，其中扩大人民币的国际使用并推动国际货币体系多元化的建议获得了广泛支持。危机期间，人民币以其长期的稳定性，不仅赢得了良好的国际信誉，也愈加受到国际市场的青睐，人民币国际化迎来了一个重要发展契机。在这一背景下，中国政府"顺势而为"，相继推出了诸如与多国或地区中央银行或货币当局签署双边本币互换协议、全面放开跨境贸易人民币结算和直接投资人民币结算、试点跨境人民币资本流动等一系列推动人民币国际化的政策与措施。近年来，随着人民币国际使用制度约束的逐步消除，人民币国际化进程顺利推进，跨境贸易和直接投资人民币结算金额在经历持续攀升和短期波动之后进入稳步发展阶段[①]，人民币国际金融计价与结算交易职能不断增强[②]，人民币稳居中国第二大跨境收付货币的地位，以双边本币互换协议和人民币清算安排为代表的人民币国际合作成效显著[③]，人民币相继被多个国家纳入官方外汇储备，成为全球第七大外汇储备货币[④]，并正式加入特别提款权货币篮子[⑤]。

随着人民币国际化的推进和人民币跨境流通渠道的日益拓宽，人民币离岸市场得到了快速发展，从最初的离岸人民币存款，到跨境贸易人民币结算与外汇交易，再到离岸人民币贷款、债券、股票、基金等业务，离岸人民币业务种类日益丰富，业务规模不断攀升，以中国香港为中心，新加坡、中国台湾、英国等多个国家和地区为战略支点的庞大的离岸人民币市场与交易网络业已形成。在业务种类和业务规模持续发展的同时，离岸人民币基础设施逐步完善，目前在中国香港，离岸人民币即期与可交割远期汇率、人民币银行间同业拆借利率也已初步形成，离岸人民币债券收益率曲线亦不断完善。另一方面，近年来，中国境内金融体制和市场化改革稳步推进，商业银行人民币贷款利率下限和存款利率上限相继取消，人民币汇率形成机制市场化改革取得重要进展，资本账户开放步伐不断加快，并开始推动货币政策调控由以数量型为主逐渐向以价格型为主转变，境内金融改革进入深水区和攻坚期。

稳步推动人民币离岸市场建设与发展，既是"发展更高层次的开放

---

① 据中国人民银行的统计，自跨境贸易人民币结算试点开始的2009年至2017年，经常项目人民币收付金额累计实现32.83万亿元人民币，其中货币贸易累计收付金额为28.10万亿元人民币，服务贸易及其他经常项目累计收付金额为4.73万亿元人民币；2010—2017年，直接投资项下的人民币收付金额累计为8.60万亿元人民币，其中对外直接投资人民币收付额累计为2.63万亿元人民币，外商直接投资人民币收付累计金额为5.97万亿元人民币。
② 如国际清算银行的数据显示，2014年人民币国际债券和票据存量规模已攀升至940.31亿美元，在全球国际债券和票据存量总额中的比重也相应增加至0.45%，在所有货币中排名第九；2016年外汇市场人民币日均交易规模达到2 020.55亿美元，成为第八大外汇交易货币。此外，截至2018年2月5日，在中国外汇交易中心的银行间外汇市场上，人民币直接交易的货币已达到23个。
③ 中国人民银行的数据显示，截至2016年底，中国人民银行先后在23个国家和地区建立了人民币清算安排；截至2017年7月21日，中国人民银行相继与36个国家或地区的中央银行或货币当局签署了双边本币互换协议，协议总规模达到33 437亿元人民币。
④ 据国际货币基金组织统计，截至2017年第4季度，全球外汇储备中人民币的规模已达到1 225.81亿美元，在可划分币种外汇储备中的比重为1.22%，低于美元（62.72%）、欧元（20.15%）、日元（4.89%）、英镑（4.54%）、加拿大元（2.02%）和澳大利亚元（1.80%），但高于瑞士法郎（0.18%）。
⑤ 人民币的权重为10.92%，仅次于美元的41.73%、欧元的30.93%，但高于日元的8.33%和英镑的8.09%。

型经济""推动形成全面开放新格局"的重要内容，也是提升人民币国际使用程度、推动人民币国际化进程的重要途径，对于加快推进境内货币和金融改革亦具有重要意义。然而，由于境内市场或在岸市场①与离岸市场在参与主体、交易成本、监管制度、价格形成机制等方面的差异，境内市场与离岸市场形成了两种不同的人民币价格体系。在人民币可以跨境流通的背景下，不同人民币价格体系所引发的跨境资本流动必然会影响境内货币和金融稳定。尽管目前人民币离岸市场仍处于初级阶段且规模较小，尚不足以对境内货币和金融稳定造成太大冲击，但是其对境内货币和金融稳定的影响已经初现端倪，且随着离岸人民币市场的发展、在岸与离岸市场联系的日益紧密以及境内金融改革的逐步推进，人民币离岸市场发展对境内货币和金融稳定的影响也将日益增大并更具不确定性。

本书立足于快速发展的人民币离岸市场，在梳理离岸人民币市场发展现状的基础上，从不同层面实证分析了离岸人民币市场发展对境内货币和金融稳定的动态影响，并以此为基础对离岸人民币市场的金融风险进行识别和预警，进而提出人民币离岸市场发展进程中维护境内货币金融稳定的相关建议，以期为推动建设更高层次的开放型经济体制和境内金融改革的政策制定提供决策参考。

二、研究意义

（一）理论意义

美元、日元等主要国际货币离岸市场的发展经验表明，一国货币离岸市场的发展对货币发行国货币和金融稳定而言是一把"双刃剑"，其不仅有助于推动本国货币与金融改革（如欧洲美元市场），也为国际资本冲击国内货币金融稳定提供了新的便利渠道（如日元离岸市场）。近年来，随着人民币离岸市场的发展，其对中国境内货币和金融稳定的影响引起了学术界和政策制定部门的广泛关注。但是，区别于主要货币离岸市场的发展路径和发展环境，人民币离岸市场是由政策推动建立的境

---

① 如无特殊说明，本书下文将"境内市场"与"在岸市场"或"境内"与"在岸"混同使用，均指地域范围为中国大陆。

外本币市场，是在人民币国际化刚刚起步、境内金融体系发育滞后、利率和汇率市场化程度较低、资本项目存在较多管制、货币政策仍以数量型调控为主、金融企业国际化程度普遍不高、国际金融危机后世界经济持续低迷、全球经济复苏乏力、国际金融市场动荡不已、主要发达经济体货币政策走势分化明显、新兴市场面临较大下行压力等一系列特殊背景下寻求发展的，这决定了与主要国际货币相比，人民币离岸市场发展对中国境内货币和金融稳定将具有不同的作用机理与影响机制。因此，在探讨这一问题时，国际经验不能简单照搬，需要结合人民币离岸市场发展现实和国际经济金融环境进行理论创新。本书把国内外理论成果与人民币离岸市场发展背景与路径有机结合，把人民币离岸市场快速发展与境内金融改革稳步推进有效统筹，系统分析人民币离岸市场发展对境内货币政策中间目标以及金融市场的动态影响，不仅可以为政府根据国内外经济环境制定推动人民币离岸市场发展和境内金融改革的策略提供理论依据，也有助于丰富离岸金融市场理论。

（二）现实意义

离岸人民币市场是提升人民币国际使用程度的重要途径，但是由于在岸与离岸人民币市场形成了不同的价格体系，离岸人民币市场发展必将对境内货币和金融稳定带来明显影响。在境内货币和金融深化改革、资本账户开放加速推进的背景下，协调处理好人民币离岸市场发展与在岸金融改革和开放之间的关系，充分利用离岸人民币市场对境内金融改革的推动作用，同时尽可能规避离岸市场对境内货币和金融稳定的冲击，不仅关乎离岸人民币市场的稳步推进，更关系到中国宏观经济的稳定持续发展和全面开放新格局的形成。因此，科学评估人民币离岸市场发展对在岸人民币利率与汇率，境内货币供给量、股票价格、债券收益率、外汇储备以及短期跨境资本流动的动态影响，并对离岸市场的金融风险进行识别和预警，进而提出相应的政策建议，不仅可以为中国在建立新型货币政策框架过程中采取合理可行的措施维护货币政策自主性和有效性，以及进一步推进利率和汇率市场化改革提供理论依据，也能够为资本账户开放进程中降低离岸市场对在岸市场的冲击、维护境内金融稳定的政策制定提供决策参考，同时对人民币持有主体的风险管理也具有重要的现实意义。

第二节　研究现状与评述

一、离岸货币市场对货币发行国境内货币和金融稳定影响的研究综述

20 世纪 60 年代以来，随着美元、日元以及新兴市场货币离岸市场的快速发展，离岸市场对货币发行国境内货币和金融稳定影响的研究引起了广泛关注，学者们基于各货币离岸市场发展状况，就离岸市场发展对货币发行国境内货币供给量、在岸利率与汇率等进行了深入而细致的研究，形成了丰硕的成果。

（一）离岸货币市场对货币发行国境内货币供给量的影响

早在 20 世纪 60 年代，伴随欧洲美元市场的迅猛发展，其对美国货币供给量的影响便引起了学术界的关注，随后学者们从不同角度探讨了离岸市场发展对本国货币供给量的影响问题，并形成了不同的观点。

一些学者认为，货币离岸市场的发展会显著影响境内货币供给量，并可能削弱境内货币当局货币调控目标的有效性。Aliber（1980）指出，离岸市场的出现可能会使有效的准备金率下降，从而导致信用乘数上升。Klopstock（1968）认为，欧洲美元的回流使美国境内货币总量增加，从而削弱美联储对境内的货币调控。Frydl（1982）也认为，欧洲美元存款会对美国国内银行的存款产生替代效应，且其规模变化会导致美国货币总量的周转率发生不可预测的变化，欧洲美元存款的快速增长可能会成为美联储货币调控的重要障碍。He 和 McCauley（2010）也指出，离岸市场的发展增加了货币当局测量和控制国内货币供给量的难度。严佳佳等（2017）对美元境外存量对美国国内货币供给量影响的实证研究结果发现，在欧洲美元市场发展的初始阶段，美元境外存量对美国国内货币供给量的影响相对较小，而欧洲美元市场的繁荣阶段，境外美元存量变化则对美国国内货币供给量产生了较大的影响。

另一部分学者认为，离岸市场发展对境内货币供给量的影响有限，

且这一影响可控。Gibson（1971）指出，欧洲美元市场的发展及资金回流对美国国内货币供应量的影响有限，且美联储能够通过公开市场操作等方式抵消这一影响。Brimmer（1969）也认为，美联储有能力随时抵消欧洲美元流入境内所导致的贷款和投资总量的扩张。

此外，还有一些学者认为，离岸市场发展对境内货币供给的影响取决于货币供给量的统计口径（Balbach 和 Resler，1980），在离岸市场发展背景下，央行的货币政策制定是否困难，取决于境内央行是否有能力对离岸存款实行单方面的存款准备金要求，如果具备了这一能力，即使货币的离岸信用扩张导致了存款扩张，境内央行依然能够通过设定准备金率来维持对货币供给量的控制（He 和 McCauley，2010）。

（二）一国货币离岸与在岸利率之间的溢出效应

在岸与离岸货币利率之间溢出效应的研究起源于欧洲美元市场的建立以及其他主要国际货币离岸市场的快速发展，相关成果主要集中于三个方面。

第一，考察在岸利率对离岸利率的影响。Hendershott（1967）以美国国债利率和欧洲美元存款利率为对象的实证研究结果显示，前者对后者具有显著的影响，面对美国国债利率的变化，欧洲美元存款利率的调整是完全的，但这一调整周期需要一年。Rich（1972）的实证研究也发现，3 个月期限美国国债利率对 3 个月期限欧洲美元存款利率具有显著影响。

第二，探讨在岸与离岸利率之间的因果关系。已有成果因实证方法、研究对象和样本选择的差异，所得结论也大相径庭。Kaen 和 Hachey（1983）以美元和英镑为对象的研究结果表明，该两种货币在岸利率对其相应的离岸利率均具有显著的因果关系，而离岸利率对在岸利率的因果关系则不显著。Ajayi 和 Serletis（2009）研究了美国存款证利率与欧洲美元存款利率之间的线性因果关系和非线性因果关系，发现两者之间具有显著的双向非线性因果关系，但仅存在美国存款证利率对欧洲美元利率的单向线性因果关系。由于在岸和离岸市场发展环境、在岸金融体制改革以及国际金融市场一体化程度的上升，一些学者指出，两个市场利率之间的因果关系可能是时变的（Hartman，1984；Swanson，1988）。对此，Fung 和 Lo（1995）采用美国国债期货利率和欧洲美元期货利率的样本，并将样本期划分为两个阶段进行研究，结果发现在两个子样本中在岸与离岸利率均表现为双向因果关系。然而，Lo 等（1995）采用划分子样本的方法对日元在岸与离岸利率进行研究，却发现样本初期两者表现为离岸日元利率到在岸日元利率的单向因果关系，样本后期则表现为双向因果关系。Yang 等（2007）对美国存款证利率与欧洲美元存款利率的研究结果也支持这一结论。但是 Ann 和 Alles（2000）以澳大利亚元为样本的研究结果却得出了几乎相反的结论，作者发现在样本初期仅存在澳大利亚国内 90 天期限银行承兑汇票利率到 3 个月期限欧洲澳大利亚元伦敦同业拆借利率（LIBOR）的单向因果关系，样本后期两者仍表现为双向因果关系。Mougoué 和 Wagster（1997）将样本期划分为三个阶段，对不同时期 3 个月期限美国存款证利率与 3 个月期限欧洲美元存款利率的动态因果关系进行研究，结果表明样本初期两个利率之间存在双向因果关系，随后转变为仅存在欧洲美元利率对在岸利率的单向因果关系，而样本后期则只有在岸利率对欧洲美元利率的单向因果关系显著。Mougoué 等（2008）对三个子样本时期美元在岸与离岸利率关系的研究结果却显示，样本初期仅在岸利率对离岸利率表现出显著的单向线性和非线性因果关系，随后则转变为双向的线性和非线性因果关系，样本后期在岸与离岸美元利率仍存在显著的双向非线性因果关系，但只有离岸利率对在岸利率的单向线性因果关系是显著的。

第三，分析在岸与离岸利率之间的波动溢出效应。Tse 和 Booth（1996）以 3 个月期限美国国债期货利率与 3 个月期限欧洲美元期货利率为对象进行研究，得出了两个市场利率之间不存在显著波动溢出效应的结论。Ann 和 Alles（2000）却发现，澳大利亚元在岸利率与离岸利率之间存在显著的双向波动溢出效应。冯永琦等（2014）对在岸与离岸日元利率波动溢出效应的研究结果表明，日本全面实现利率市场化之前，两个市场利率之间的波动溢出效应不显著，此后则表现为显著的双向波动溢出。严佳佳等（2017）对不同阶段美元在岸与离岸利率之间波动溢出效应的实证研究也发现，欧洲美元市场初步形成时期，在岸与离岸市场之间仅存在在岸市场对离岸市场的单向波动溢出效应，而在该市场进入繁荣稳定期和步入成熟期后，在岸与离岸美元利率则表现出双向波动溢出效应。

（三）一国货币离岸与在岸汇率之间的溢出效应

关于离岸市场发展对在岸货币汇率的影响，He 和 McCauley（2010）指出，离岸市场发展对汇率的影响取决于资本管制程度的大小，在资本管制下，货币的离岸使用对在岸市场汇率的影响通常是不明确的，在资本账户更为开放的背景下，货币离岸使用对在岸市场汇率的影响则取决于该货币是同时被用作投资和融资货币，还是主要被用作投资或融资货币，作为融资货币的离岸使用会对该货币带来一定程度的贬值压力，而作为投资货币的离岸使用则会对该货币产生升值压力。20世纪 90 年代以来，伴随着新兴经济体无本金交割远期外汇市场（NDF）的快速发展，一些学者开始实证分析新兴经济体货币在岸与离岸市场汇率之间的溢出效应。

Park（2001）研究了 1997 年 12 月韩元汇率制度改革前后其在岸即期汇率与 NDF 汇率间的均值和波动溢出效应，指出汇率制度改革改变了韩元即期汇率与 NDF 汇率之间的影响关系，改革之前韩元即期汇率对 NDF 汇率具有显著的单向均值溢出效应，且两者之间存在显著的双向波动溢出效应，汇率制度改革之后，仅 NDF 汇率对即期汇率的均值溢出效应和波动溢出效应显著。Misra 和 Behera（2006）对印度卢比在岸即期、远期与离岸 NDF 市场汇率间均值溢出效应和波动溢出效应的研究结果表明，卢比在岸即期和远期汇率对 NDF 汇率具有显著的均值溢出效应和波动溢出效应，NDF 汇率对在岸即期和远期汇率的波动溢出效应显著。Guru（2009）则考察了印度卢比在岸期货市场建立后，在岸期货、即期、远期和离岸 NDF 市场汇率之间的信息引导关系以及均值溢出效应和波动溢出效应，发现卢比 NDF 汇率对在岸即期和远期汇率具有显著的信息引导关系，在岸期货市场汇率可以显著引导 NDF 汇率，NDF 汇率对即期汇率具有显著的均值溢出效应，对期货市场的波动溢出效应显著。然而，Behera（2010）对印度卢比上述四个市场汇率间关系的研究却得出了相反的结论，其发现卢比 NDF 汇率对在岸即期、远期和期货市场汇率的均值溢出效应均不显著，但具有显著的波动溢出效应和冲击溢出效应，且 NDF 汇率对即期汇率的波动溢出效应伴随印度期货市场的建立而上升。Wang 等（2014）对韩元和新台币在岸即期、1 个月期限在岸远期与 1 个月期限离岸 NDF 汇率间均值溢出效应和波动溢出关系的研究结果显示，韩元在岸即期、远期和 NDF 汇率之间存在显著的双向均值溢出效应和波动溢出效应，而新台币则不同，仅有在岸即期对在岸远期和离岸 NDF 汇率具有显著的单向均值效应和波动溢出效应，且两种货币的在岸与离岸市场汇率均不存在自身波动的非对称性，但存在跨市场波动的非对称性。

二、离岸人民币市场对中国境内货币金融和稳定影响的研究述评

近年来，随着人民币国际化进程的推进、人民币跨境流通渠道的拓宽和离岸人民币市场的快速发展，离岸人民币市场发展对中国境内货币和金融稳定的影响日益受到关注。学者们基于不同视角，综合采用定性分析、经济计量分析等多种研究方法，从货币供给量、利率、汇率、债券收益率、外汇储备和短期资本流动、离岸人民币市场的风险等多个角度考察了离岸人民币市场发展对境内货币和金融稳定的影响问题。

（一）离岸人民币市场对境内货币供给量的影响

就离岸人民币市场对中国境内货币供给量的影响而言，已有研究分别基于定性分析和经济计量模型分析对该问题进行了探讨。

在定性分析方面，张青龙（2005）指出，在固定汇率制度下，尽管人民币的境外流通不会对中国宏观经济变量以及货币和财政政策造成直接影响，但会直接影响境内外汇储备水平，进而间接影响境内货币供给量。Ito（2011）认为，在人民币成为国际货币后，一旦境外持有的人民币突然大规模回流境内，将会导致境内货币供给量出现不必要的激增。马骏（2012）则指出，离岸人民币市场的发展是否会增加境内货币供给量，取决于离岸人民币是否回流以及该种回流是否替代其他流动性的产生，其在一系列假设下比较了人民币只在境内使用和建立离岸市场两种情形下广义货币供给（M_2）的变化情况，发现人民币流出至离岸市场时，其对境内广义货币供给的影响为零，而人民币回流至境内市场时，只有原来没有其他融资渠道的中资机构在香港筹得人民币并汇入境

内时，才会导致境内的 M₂ 增加，而其他类型的人民币回流并不会影响境内广义货币供给量。Xu 和 He（2016）分析了国际收支平衡表不同项目的人民币跨境结算交易的经济效应，发现进口与出口人民币结算、外资直接投资和境外直接投资人民币结算、初始阶段规模较小的人民币合格境外机构投资者境内证券投资（RQFII）和人民币合格境内机构投资者境外证券投资（RQDII）均不会影响境内货币供应量，但是在较高的 RQDII 下，境内货币供给量将下降，在较高的 RQFII 下以及点心债券人民币①的回流和境内企业增加从离岸市场的人民币贷款时，将导致境内货币供给量上升。乔依德等（2014）和杨雪峰（2016）进一步指出，在在岸市场与离岸市场之间流通渠道足够畅通的情况下，在岸与离岸市场之间人民币的大规模快速流动将严重干扰境内货币供给，但目前来看由于离岸市场规模较小，尚不足以对境内货币供给产生较大的影响。伍戈和杨凝（2015）则从离岸人民币存款创造的角度进行分析，发现对境内货币供给量产生影响的是从境内流入离岸市场并存放境内银行体系的"基础货币"，而这些"基础货币"在境外派生的人民币存款则不会对境内货币供给产生影响。

在经济计量分析方面，陶士贵和叶亚飞（2013）采用 SVAR 模型的研究结果显示，境外人民币存量变动对境内广义货币供给量会产生一定的影响，且这一影响存在滞后效应，但目前这一影响则并不十分显著。沙文兵（2016）亦采用 SVAR 模型进行研究，但是其发现境外人民币存量变动率对境内货币供给量变动率具有显著的正向影响，境外人民币存量变动率对境内货币供给变动率的贡献度达到 27.40%，且不存在滞后效应。刘华等（2016）则考察了香港离岸人民币市场对狭义货币（M₁）和广义货币（M₂）的动态影响效应，其基于广义脉冲响应函数的实证结果却发现，香港离岸人民币市场发展对 M₁ 和 M₂ 均具有显著的负面冲击，并在总体上呈现不断增强的趋势。但是叶亚飞和石建勋（2017）基于 FAVAR 模型的研究却发现，以中国银行人民币离岸指数衡量的离岸市场发展水平对境内广义货币供给变动具有较大的正向影

---

① 点心债券（dim sum bonds）在香港发行的人民币计价债券被称为"点心债券"。

响，且随着时间的推移变为负影响；而香港人民币贷款对国内广义货币供给的影响则持续为正，且下降速度相对较低。严佳佳等（2017）的研究表明，境外人民币存量并非境内货币供给量变动的格兰杰原因，当前境外人民币存量规模变动对境内货币供给量变动的影响不显著且未出现较大波动。

（二）离岸与在岸人民币利率之间的溢出效应

关于在岸与离岸人民币利率间关系的研究，相关研究成果主要集中于探讨在岸与离岸人民币利率的因果关系与溢出效应两个方面。就因果关系的研究而言，刘亚等（2009）研究了在岸银行间市场人民币利率互换价格、固息国债利率、政策性金融债利率与离岸无本金交割利率互换价格之间的因果关系，发现在岸与离岸人民币利率之间存在显著的格兰杰（Granger）引导关系，且在岸利率对离岸利率的引导关系略强于后者对前者的引导关系。周先平等（2014）以不同交易期限在岸与离岸银行间人民币同业拆借利率为对象的研究结果显示，除1年期限的交易品种外，其他各期限在岸人民币利率对离岸人民币利率存在显著的单向格兰杰（Granger）引导关系，离岸利率对在岸利率显著的单向格兰杰（Granger）因果关系仅体现在1年期限的交易品种上。陈昊等（2016）也得到了相同的结论，并指出目前人民币在岸市场仍是利率定价中心。刘华和李广众（2017）以在岸与离岸利率不同交易期限品种为样本的实证分析结果则发现，在岸与离岸人民币利率之间的因果关系更多体现为各期限离岸利率是相对应期限在岸利率的格兰杰（Granger）原因，且在岸市场商业银行贷款利率下限取消后，离岸利率对在岸利率的这种溢出效应显著增强了。

就在岸与离岸人民币利率波动溢出效应的研究而言，Yu和Zhang（2008）实证研究了在岸市场上海银行间人民币同业拆借利率与离岸市场人民币无本金交割远期隐含利率之间的波动溢出效应，结果表明离岸利率对在岸利率具有显著的波动溢出效应，而在岸利率对离岸利率的波动溢出效应则不显著。周先平等（2014）的研究则发现，不同交易期限品种在岸利率与对应期限离岸利率间的波动溢出效应不同，隔夜和6个月期限离岸利率对相应期限在岸利率具有显著的单向波动溢出效应，

1 周期限和 9 个月期限在岸利率对相应期限离岸利率的单向波动溢出效应显著，3 个月期限和 12 个月期限在岸利率与相应期限离岸利率具有显著的双向波动溢出效应，而对于 2 周期限和 1 个月期限的交易品种而言，在岸与离岸利率之间不存在波动溢出效应。李政等（2018）则考察了隔夜至 1 年期限的 7 个交易期限品种在岸与离岸利率极端波动风险溢出效应，结果显示隔夜、1 周期限、2 周期限和 1 个月期限交易品种均表现出显著的双向极端风险溢出效应，而 3 个月期限、6 个月期限和 1 年期限交易品种则均表现出以在岸利率对离岸利率的单向极端风险溢出效应为主。阙澄宇和马斌（2016）以在岸与离岸人民币银行间同业拆借市场短期利率为样本的研究结果表明，两个市场人民币利率之间不仅表现出一定的均值溢出效应、波动溢出效应和非对称溢出效应，而且两者之间的联动关系具有一定的时变性，在岸市场存款利率上限取消后，在岸与离岸人民币利率的联动性显著增强。

（三）离岸与在岸人民币汇率之间的溢出效应

国内外有关在岸与离岸人民币汇率溢出效应的研究脉络与离岸人民币市场的发展进程紧密相连。香港离岸人民币即期市场建立之前，相关研究主要探讨在岸人民币即期、可交割远期汇率与离岸人民币无本金交割远期（NDF）汇率之间的关系，并多集中在三个方面。

第一，单独探讨在岸远期汇率与离岸 NDF 汇率之间的关系。彭红枫和胡利琴（2007）的研究显示，2005 年 10 月之后上述两种汇率间的相关性以及 NDF 汇率对在岸远期汇率的影响均逐渐下降。潘慧峰等（2009）则以不同期限在岸远期汇率和离岸 NDF 汇率为对象进行实证研究，发现仅在 3 个月期限交易品种上，在岸远期汇率与离岸 NDF 汇率之间存在双向格兰杰（Granger）因果关系，其他交易期限的远期组合中，NDF 汇率均为在岸远期汇率的单向格兰杰（Granger）原因。针对上述实证检验忽略样本中可能存在的制度转换和结构突变，刘春霞和洪丽（2007）以禁止境内机构参与离岸 NDF 交易通知颁布日为临界点，将样本区间划分为两个阶段，考察 3 个月期限 NDF 汇率和相应期限在岸远期汇率间的联动关系，得出了禁止境内机构参与离岸 NDF 交易后，两种汇率由此前的双向因果关系变为 NDF 汇率单向影响在岸远期汇率的结论。王曦和郑雪峰（2009）则考察了 12 个月期限在岸与离岸远期汇率之间的关系，并将样本区间划分为四个阶段进行研究，结果显示在岸远期汇率和离岸 NDF 汇率之间的信息传导关系经历了由 NDF 汇率对在岸远期汇率单向传导向两者双向传导的转变，总体上看两个市场汇率的相互影响表现为 NDF 汇率对在岸远期汇率的影响大于后者对前者的影响，但在岸远期汇率的影响力逐步上升。鉴于上述子样本划分方法可能存在武断性，徐晟等（2013）依据在岸与离岸汇率动态相关系数走势的差异点对子样本进行划分，研究了不同期限在岸与离岸远期汇率的报酬溢出效应和波动溢出效应，结果表明离岸 NDF 汇率对在岸远期汇率具有显著的报酬溢出效应；1 个月期限和 3 个月期限在岸与离岸远期汇率存在较强的双向波动溢出效应，6 个月期限和 12 个月期限 NDF 汇率对在岸远期汇率具有较强的波动溢出效应，两个市场汇率间的波动溢出效应表现出较强的时变性。

第二，单独探讨在岸即期汇率与离岸 NDF 汇率之间的关系。黄学军和吴冲锋（2006）考察了 2005 年 7 月人民币汇率制度改革前后在岸即期汇率与 1 个月期限和 12 个月期限 NDF 汇率之间的互动关系，结果显示汇率制度改革之前在岸与离岸汇率不存在互动关系，"汇改"之后 1 个月期限 NDF 汇率与即期汇率相互引导，即期汇率单向引导 12 个月期限 NDF 汇率。Gu 和 McNelis（2011）则探讨在岸即期汇率与 3 个月期限 NDF 汇率间的相互影响，发现前者对后者的影响甚微，但却受后者的显著影响。上述文献主要考察汇率市场间的报酬溢出效应，忽略了市场波动性及相互之间的波动溢出效应，导致研究结果不仅不能准确描述市场间的信息传导，而且可能造成无效估计（Ann 和 Alles，2000；杨娇辉和王曦，2013）。鉴于此，徐剑刚等（2007）同时研究了在岸即期汇率和离岸 NDF 汇率间的报酬溢出效应和波动溢出效应，结果表明 NDF 汇率对在岸即期汇率具有单向的报酬传导，但两者之间不存在相互波动溢出效应。李晓峰和陈华（2008）对在岸即期和 12 个月期限 NDF 汇率间溢出效应的实证检验结果则发现，后者对前者具有显著的报酬溢出效应但不具有波动溢出效应，前者对后者具有显著的波动溢出效应和滞后的报酬溢出效应。严佳佳等（2017）以近年来中国人民银行扩大人民币汇率波动幅度的时间为临界点，考察了历次汇率波动幅度扩大前后在岸即期汇率与不同期限离岸 NDF 汇率间的均值溢出效应和波动溢出效应，发现在均值溢出效应方面，人民币汇率波动幅度在 0.5% 以内时，在岸即期与各期限离岸 NDF 汇率更多表现为双向引导效应，而汇率波动幅度扩至 1% 以上后，则更多体现为离岸 NDF 汇率对在岸即期汇率的单向引导，在波动溢出方面，随着人民币汇率波动幅度的扩大，在岸即期汇率与离岸 NDF 汇率之间的波动溢出表现为由前者单向引导后者逐步向离岸 NDF 汇率引导在岸即期汇率转变。

第三，综合考察在岸即期、远期和离岸 NDF 汇率之间的关系。代幼渝和杨莹（2007）采用格兰杰（Granger）因果检验的分析结果显示，在岸即期和远期汇率均对离岸 NDF 汇率具有明显的引导作用。严敏和巴曙松（2010）对在岸即期汇率与不同期限在岸远期以及离岸 NDF 汇率间报酬溢出效应和波动溢出效应的研究结果表明，在岸即期汇率对 1 个月期限、3 个月期限和 6 个月期限 NDF 汇率具有单向波动溢出效应，与 12 个月期限 NDF 汇率存在双向波动溢出效应，同时 1 个月期限、3 个月期限在岸远期汇率对相应期限 NDF 汇率具有单向溢出效应，12 个月期限在岸与离岸远期汇率的波动溢出效应表现为相反的方向，6 个月期限在岸与离岸远期汇率则不存在波动溢出效应；而四种期限合约的离岸 NDF 汇率对在岸即期和远期汇率均具有报酬溢出效应。徐剑刚和吴轶（2009）以在岸即期、3 个月期限在岸远期和离岸 NDF 汇率为研究对象，发现 NDF 汇率对在岸即期和远期汇率均具有均值溢出和波动溢出效应，但波动溢出效应是非对称的，在岸远期汇率对 NDF 汇率的均值溢出和波动溢出效应不显著，在岸即期对 NDF 汇率仅存在均值溢出效应。

2010 年 7 月香港离岸人民币即期市场建立以后，随着离岸人民币外汇市场的迅速发展，离岸人民币即期汇率逐渐进入学者们的研究视野，研究内容也相应拓宽至在岸即期、远期汇率以及离岸即期、远期汇率之间的关系。相关成果主要集中在四个方面。

一是在岸与离岸即期汇率之间的关系。贺晓博和张笑梅（2012）运用格兰杰（Granger）因果关系检验，得出在岸即期价格引导离岸即期价格，反之则不成立的结论。Cheung 和 Rime（2014）以在岸和离岸市场的标志性事件为临界点，将样本划分为三个阶段进行研究，发现两个市场即期汇率之间的关系由在岸汇率单向引导离岸汇率向后者单向引导前者转变，并指出两者的相关关系具有动态时变性。王芳等（2016）基于门限误差修正模型的实证研究结果显示，当离岸与在岸汇差较小时，在岸汇率对两个市场汇率的引导作用更强，而当两个市场汇差较大时，在岸汇率则失去引导作用。李婧等（2017）则考察了 2015 年 8 月 11 日人民币汇率形成机制改革前后在岸与离岸即期汇率间的均值溢出效应和动态关联性，发现此次"汇改"前在岸与离岸即期汇率之间存在双向均值溢出效应，但在岸即期汇率对离岸即期汇率的溢出效应相对更大，"汇改"后则更多地表现为离岸即期汇率对在岸即期汇率的单向溢出，此外两个市场间的动态相关系数波动性随着时间的推移而增强且受汇率形成机制改革的冲击较大。

二是在岸即期汇率、离岸即期汇率和离岸 NDF 汇率之间的关系。伍戈和裴诚（2012）对上述三者引导关系的研究发现，在岸和离岸即期汇率变化均显著影响离岸 NDF 汇率变化，在岸和离岸即期汇率互相影响，且在岸即期对离岸即期的影响大于后者对前者的影响。Ding 等（2014）的实证结果显示，在岸与离岸即期汇率间的相互传递关系显著，但溢出效应较小；在岸即期和离岸 NDF 汇率间的相互传递关系不仅显著而且溢出效应较大，尤其是香港离岸人民币即期市场建立后，两者之间的溢出效应显著上升。修晶和周颖（2013）考察了在岸与离岸即期以及 6 个月期限 NDF 汇率间的报酬溢出效应，发现在岸与离岸即期汇率间存在双向同期报酬溢出效应，NDF 汇率对在岸和离岸即期汇率均具有显著的同期报酬溢出效应，在滞后 3 阶时，离岸即期汇率对 NDF 汇率具有报酬溢出效应，滞后 5 阶时，在岸即期汇率对 NDF 汇率具有报酬溢出效应。

三是在岸即期、远期以及离岸即期和 NDF 汇率之间的关系。吴志明和陈星（2013）实证检验了在岸和离岸即期汇率、1 年期限在岸远期和离岸 NDF 汇率之间的报酬溢出和波动溢出关系，结果表明离岸即期和 NDF 汇率对在岸远期汇率、在岸即期汇率对离岸即期和 NDF 汇率具有显著的报酬溢出效应；离岸即期汇率对在岸即期汇率、在岸即期汇率对离岸 NDF 汇率的波动溢出效应显著。阙澄宇和马斌（2015）对在岸与离岸人民币即期汇率、远期汇率、即期与远期汇率间均值溢出效应、波动溢出效应和非对称效应的实证研究结果显示，在岸与离岸即期汇率之间、远期汇率之间以及即期与远期汇率之间均表现出一定的非对称效应，且在岸与离岸市场上不同交易期限合约汇率之间也表现出一定的均值溢出效应和波动溢出效应。

四是在岸即期、远期以及离岸即期与可交割远期汇率之间关系。Maziad 和 Kang（2012）对上述四个市场两两之间溢出关系的实证研究结果表明，在岸与离岸即期汇率之间、远期汇率之间和即期与远期汇率之间，均存在一定的均值溢出、冲击溢出和波动溢出关系。李政等（2017）基于价格发现和波动传导视角对在岸与离岸即期汇率、可交割远期汇率之间联动关系的研究发现，在即期汇率层面，在岸市场的价格发现贡献度均值以及在即期汇率波动信息传导中的能力均高于离岸市场；但在远期汇率层面，离岸市场在价格发现与波动传导中的表现则优于在岸市场。李政（2017）采用基于协整 VAR 模型的动态溢出指数方法，考察了在岸与离岸人民币汇率价格之间的动态联动关系，结果表明2015 年 8 月 11 日人民币汇率形成机制改革后，整个人民币汇率价格体系的总体溢出指数呈现明显上升趋势，不同人民币市场之间的联动水平显著提高。郝毅等（2017）则检验了在岸与离岸即期汇率、1 年期限可交割远期合约汇率间的极端风险溢出效应，发现在即期市场中，在岸与离岸汇率存在显著的双向极端风险溢出，且在岸汇率对离岸汇率的极端风险溢出效应更强，而在远期市场中，只有离岸汇率对在岸汇率的单向极端风险溢出效应显著。

（四）离岸与在岸人民币债券市场之间的溢出关系

目前学术界对离岸与在岸人民币债券市场之间溢出关系的研究相对较少。周先平等（2015）以人民币国债和金融债为研究对象，对在岸与离岸债券之间的联动关系的实证分析结论发现，在信息引导方面，无论是国债还是金融债，在岸人民币债券市场指数变动均对离岸人民币债券指数变动具有显著的单向信息引导关系；就波动溢出效应而言，在岸与离岸金融债市场之间存在显著的双向波动溢出效应，而在国债市场方面则表现为在岸国债市场对离岸国债市场的单向波动溢出效应。Löchel 等（2016）以在岸与离岸人民币政府债券收益率为样本，对在岸与离岸债券市场之间溢出效应的实证研究结果表明，在岸政府债券市场对离岸政府债券市场具有相对较弱的溢出效应，而后者对前者则不存在溢出效应。冯永琦和王丽莉（2016）对不同期限在岸与离岸人民币政府债券收益率间的波动溢出效应及动态相关性进行实证研究发现，就波动溢出效应而言，1 年期限和 7 年期限的在岸与离岸人民币债券收益率均不存在波动溢出效应，5 年期限在岸与离岸人民币债券收益率之间存在显著的双向波动溢出效应，而 3 年期限在岸与离岸人民币债券收益率之间则表现为在岸人民币债券对离岸人民币债券具有较强的单向波动溢出效应，后者对前者的波动溢出效应则相对较弱，10 年期限在岸与离岸人民币债券收益率间的波动溢出关系则与 3 年期限正好相反；在动态相关性方面，3 年期限在岸与离岸人民币债券收益率之间具有较强的正相关性，5 年期限亦是如此，7 年期限和 10 年期限在岸与离岸人民币债券收益率间的相关性均不明确，1 年期限在岸与离岸人民币债券收益率间则仅具有较弱的正相关性。

（五）离岸人民币市场对境内外汇储备和短期资本流动的影响

就离岸人民币市场发展对境内外汇储备和短期资本流动的影响而言，已有成果主要从人民币离岸套利和套汇的角度进行研究，并形成了不尽一致的观点。

一种观点认为，人民币离岸套利和套汇会导致境内外汇储备规模的大幅增加，甚至是热钱的流入。张明（2011a）指出，在人民币持续的单边升值预期下，"跛足"的人民币跨境贸易结算将会导致中国外汇储备存量的加速上升。2011 年第 1 季度境内外汇储备增量中，"跛足"的跨境贸易人民币结算贡献了约 20%。王晓雷和刘昊虹（2012）也认为，跨境贸易人民币结算的失衡是 2009—2011 年中国外汇储备规模快速增长的主要原因。在此基础上，张明和何帆（2012）、Yu（2014）进一步指出，套汇与套利驱动所导致的外汇储备的进一步上升，将继续恶化中国政府的资产负债表。余永定（2012）认为，企业的正向套汇活动意味着中国短期美元资本的流入，不仅增加了人民币升值的压力，也意味着中国将因美元贬值而遭受一定的福利损失。Garber（2011）指出，在人民币升值预期的背景下，跨境贸易和投资人民币结算更多的是利用离岸和在岸市场的汇率价差进行的投机交易，这将显著增加中国的外汇储备。王庆（2011）认为，套利驱动的跨境贸易结算下的香港人民币存款基本上可被视为伺机回流境内的热钱，具有不稳定性。李晓和付争（2011）也将离岸在岸之间的套利资金视为热钱，并指出应警惕其对在岸人民币汇率与中国宏观经济健康发展所带来的风险。张斌和徐奇渊（2012）选取 2005 年 7 月至 2011 年 10 月的相关月度数据，采用最小二乘（OLS）估计方法进行实证检验，结果表明，人民币升值预期每变化1%，将导致月均短期资本流入多增加 70—80 亿美元，人民币跨境贸易结算政策放开和香港离岸市场发展后，短期资本流入月均多增加90—100 亿美元，而中美利差对短期资本流动的影响则不显著。阙澄宇和马斌（2013）认为，基于在岸与离岸汇差和利差的套利行为所引致的跨境资本流入具有典型的投机特征，可以视为热钱。Xu 和 He（2016）也指出，在跨境贸易人民币结算初期，利用在岸与离岸市场之间的利差和汇差进行投机是跨境贸易人民币结算发展的一个重要驱动力量，跨境贸易人民币结算试点为热钱跨境流动提供了新的动力。

另一种观点认为，人民币离岸套利和套汇所带来的资本流入并不是热钱，且仅使中国外汇储备有小规模的增加。Murase（2010）指出，离岸与在岸人民币市场上的溢价可被视为一种"托宾税"，目的是向流入中国境内的短期资本征税，从而引诱热钱到香港参与人民币升值，以缓解短期资本流入中国的压力。何帆等（2011）强调，由于目前人民币回流机制基本可控，加之国内实行审慎的监管政策，因此不仅不会出现离岸套利和套汇下的大规模短期资本流入，而且随着直接投资人民币结算的发展，还将有助于降低中国外汇储备的积累速度。马骏（2012）将香港人民币存款中企业存款上升幅度与离岸套利和套汇所引致的中国外汇储备规模增加幅度进行了对比分析，发现 2010 年 1 月至 2011 年 5 月，人民币贸易结算导致的外汇储备增加仅占中国全部外汇储备增量的6.40%，并据此指出离岸套利并不是我国外汇储备增加的主要原因。

（六）离岸人民币市场的风险

关于离岸人民币市场的风险问题，早期的研究大都以人民币国际化为视角，系统考察人民币国际化进程中的风险，并对此进行评估与预警。如黄梅波和熊爱宗（2009）指出，人民币国际化可能会对中国货币政策带来一定的冲击和加剧人民币汇率的不稳定性，同时人民币国际化还可能会出现逆转风险。Stier 等（2010）认为，人民币国际化进程中的大规模投机资本进出，将会对中国的经济和货币政策带来冲击。刘仁伍和刘华（2009）则从多个角度进行考察，并指出人民币国际化可能会带来资本大规模进出风险、货币政策调控的难度加大风险、货币替代风险、"特里芬难题"和其他货币的排斥与挤压风险等。沈悦等（2013）从人民币汇率过度波动、资本异常流动、国内金融资产价格遭受冲击、国际金融危机传染、货币政策与财政政策相悖、国内金融机构经营、货币替代七个方面对人民币国际化的风险进行识别，并提出了相应的风险预警体系。进一步地，沈悦和张澄（2015）采用 BP 人工神经网络模型对人民币国际化的风险进行了预警，发现资本流动风险、政策操作风险、银行体系风险处于安全状态，而汇率波动风险、国际环境风险和资产价格波动风险则处于警戒状态，但总体而言人民币国际化进程中的风险处于基本安全状态。

近年来，随着离岸人民币市场的发展，其可能对境内货币和金融稳定所带来的风险引起了学术界的关注。李晓和付争（2011）指出，离岸人民币市场的风险主要有离岸市场货币扩张可能会削弱境内货币政策效力、离岸与在岸投机套利交易阻碍市场健康风险、离岸货币多空头寸影响在岸汇率走势、提升银行体系的系统性风险。露口洋介（2011）认为，资金跨境流通渠道的打开和拓宽可能会使中国境内和境外产生巨额的资本流动，而一旦境内与境外的资金流动变得活跃，将可能阻碍以控制银行贷款总量为内容的货币政策的有效性。中国人民大学国际货币研究所（2014）也指出，在境内利率和汇率尚未完全市场化的情况下，套利所驱动的投机资本的流入和流出可能会冲击境内金融市场稳定，并增加境内货币政策调控的难度及效果的不确定性。陈晓莉和孟艳（2014）以香港人民币债券市场为对象进行分析，并指出该市场上套利机会的存在会引致大规模的短期资本流动，从而造成境内资产价格大幅波动，并影响境内利率水平，进而冲击境内宏观经济稳定。

三、简要评述

纵观已有成果，有关一国货币离岸市场发展对货币发行国货币和金融稳定影响的研究起步较早，且较为成熟，而由于离岸人民币市场建设与发展起步较晚，学术界对人民币离岸市场发展对中国境内货币和金融稳定影响的研究近年来才开始涌现。尽管如此，学者们针对离岸人民币市场发展对境内货币和金融稳定的影响问题已经形成了相对较为丰硕的成果，并就人民币离岸市场发展对境内货币供给量、在岸人民币利率和汇率以及境内外汇储备和短期跨境资本流动的影响得出了丰富的结论。总体来看，已有文献为本书的研究奠定了良好的基础，并具有重要的参考价值和借鉴意义。然而，通过梳理可以发现，关于一国货币离岸市场对货币发行国货币金融稳定影响的研究大都以美元、日元或主要新兴市场货币为研究对象，由于发展背景、发展路径与发展阶段的差异，其所得结论是否适用于人民币尚待检验。就人民币离岸市场对中国境内货币和金融稳定的影响而言，相关研究虽已初具雏形，但仍存在以下三个方面的局限：

第一，多侧重于对货币和金融稳定的某一维度或几个维度进行考察，缺乏系统的研究。从现有研究来看，已有成果多侧重于探讨人民币离岸市场发展对境内货币供应量、人民币汇率和利率、外汇储备规模的影响，而对离岸人民币市场发展对境内股票市场、债券市场和短期资本流动影响的研究相对较少，将货币和金融稳定的不同维度作为一个系统进行研究的成果则少之又少。事实上，人民币离岸市场本身包含跨境结算、存贷款、银行间同业拆借、外汇、债券、股票等多项业务，货币和金融稳定同样也包含货币供应量、利率、汇率、资产价格、金融市场、资本流动等多个维度。离岸人民币业务的多样性和货币金融稳定的多维性决定了人民币离岸市场对境内货币和金融稳定影响的复杂性和系统性，因此，需要进行系统的研究和综合评估。故仅对货币和金融稳定的某一维度或几个维度进行研究，不免会以偏概全，不仅与离岸人民币市场和货币金融稳定的发展现实不符，而且影响了所提政策建议的参考价值。

第二，多为定性和静态分析，定量和动态研究相对较少。定性研究是分析问题的起点，但定性研究的结论能否经得起实践检验却无法得知，定量研究则可以弥补这一缺陷（马斌，2015）。然而，在目前人民币离岸市场对境内货币和金融稳定影响的研究成果中却多以定性分析为主。在为数不多的定量研究中，也更多地侧重于静态分析，且由于假设条件、所选样本和研究方法等的差异，已有成果所得出的结论也大相径庭。事实上，一方面，对于决策部门而言，从定性的角度厘清人民币离岸市场发展的影响固然重要，而精确判断其对境内货币和金融稳定的影响程度与方向更为必要，这直接关系到未来政策选择和政策目标的设定；另一方面，当前离岸人民币市场正处于如火如荼的扩张与发展阶段，离岸人民币业务种类日益丰富，业务规模不断上升，同时境内货币和金融改革亦处于稳步推进阶段，两者发展的动态性决定了人民币离岸市场发展对境内货币和金融稳定的影响程度和方向可能具有较强的时变性，而对于这一时变效应是否存在，现有研究却较少述及。

第三，较少关注离岸与境内市场之间的非对称溢出效应。无论是对在岸与离岸人民币利率、汇率溢出效应的研究，还是就离岸市场发展对境内股票价格的影响而言，已有成果大都没有考虑两个市场价格波动的非对称效应和非对称溢出。实际上，金融市场波动和信息传递过程中的非对称效应和非对称溢出经常存在（Susmel 和 Engle，1994；Cappiello 等，2006；Maya 和 Gómez，2008；Li，2011），对这一问题的忽略不仅影响了对在岸与离岸市场价格波动信息传递的准确刻画，也使得研究的政策意涵大打折扣（Tse 和 Booth，1996；Wang 等，2014）。

基于此，本研究尝试将离岸货币市场理论与人民币离岸市场和中国境内货币金融改革发展现实相结合，综合采用定性分析与定量分析相结合、静态分析与动态分析相结合的方法，从货币政策中间目标和金融市场两个层面，基于境内货币供应量、人民币利率与汇率、股票市场、债券市场、外汇储备和短期资本流动等多个维度考察人民币离岸市场发展对境内货币和金融稳定的影响，并将各维度指标纳入统一框架，对离岸人民币市场发展的金融风险进行识别与预警，进而提出有针对性的政策建议。

第三节　研究内容与方法

一、内容安排

本书以快速发展的离岸人民币市场和不断推进的境内金融改革为研究背景，以人民币离岸市场和中国境内货币和金融稳定为研究对象，系统分析和科学评估人民币离岸市场对境内货币和金融稳定的动态影响。全书分为六个部分：

第一章为绪论。主要阐述本书的研究背景、研究意义，并在梳理和评述有关离岸货币市场对货币发行国货币金融稳定影响和离岸人民币市场对中国境内货币金融稳定影响的已有研究的基础上，提出本研究的思路与内容，以及创新与不足。

第二章为离岸人民币市场的发展现状。首先，从离岸人民币货币市场、外汇市场、债券市场、股票市场以及其他人民币产品市场等方面，分析人民币离岸市场发展现状，并以此为基础总结其发展特征；其次，从经常项目、资本和金融项目和官方储备资产三个方面梳理人民币跨境流通的渠道；最后，采用缺口法测度近年来境外人民币存量规模，并分析其动态演变趋势。

第三章为离岸人民币市场对境内货币政策中间目标的动态影响。主要从境内货币供给量、利率、汇率三个维度展开。首先，采用基于VAR模型的广义脉冲响应函数和方差分解分析方法，实证研究离岸人民币市场发展对境内货币供给量的动态影响；其次，采用VAR-GJR-MGARCH-BEKK模型，实证考察在岸与离岸人民币利率之间的均值溢出效应、波动溢出效应和非对称溢出效应，并以境内存款利率上限取消的时间点为临界点进行子样本划分，分析两个市场人民币利率间溢出效应的动态变化；最后，以境内人民币汇率制度改革的时间点为临界点，对在岸与离岸人民币汇率之间的动态溢出关系变化进行实证研究。

第四章为离岸人民币市场对境内金融市场的动态影响。主要从境内股票市场、债券市场、外汇储备规模和短期资本流动三个维度展开。首先，在构建在岸与离岸人民币汇差、利差对股票市场价格影响的理论模型基础上，采用 NARDL 模型进行相应的实证分析；其次，基于动态溢出指数和滚动回归分析方法，考察在岸与离岸人民币债券市场之间的溢出关系演变路径；最后，在分析在岸与离岸人民币汇差、利差和人民币汇率预期对跨境资本流动的作用机理的基础上，采用 TVP-VAR 模型探究离岸人民币市场对境内外汇储备和短期跨境资本流动的动态冲击效应。

第五章为离岸人民币市场的风险评估与预警。首先，基于前述章节的研究，对离岸人民币市场的风险进行识别；其次，基于已识别的风险，构建离岸人民币市场风险预警体系；最后，采用小波神经网络模型对离岸人民币市场的风险进行预警和仿真模拟分析，并对 2018 年的风险进行预测。

第六章为结论与政策启示。首先，在前述各章研究的基础上，总结本书的主要结论；其次，从货币政策中间目标和金融市场两个维度，提出境内金融改革的政策启示。

二、研究方法

基于以上内容，本书拟采用以下研究方法：

第一，定性分析与经济计量分析相结合。在定性分析离岸人民币市场发展现状与特征，以及其与境内市场内在联系渠道的基础上，分别采用基于 VAR 模型的广义脉冲响应函数和方差分解分析方法、VAR-GJR-MGARCH-BEKK 模型、NARDL 模型、动态溢出指数和滚动回归分析、TVP-VAR 模型，从不同维度实证分析人民币离岸市场对境内货币和金融稳定的影响。

第二，静态分析与动态分析相结合。本研究不仅考察离岸人民币市场发展对境内货币供给量、利率、汇率、股票市场、债券市场、外汇储备和短期资本流动的总体影响效应，也分析随着离岸人民币市场发展和境内金融改革推进，人民币离岸市场对境内货币和金融稳定的动态影响或短期、中期与长期冲击。

第三，仿真模拟法。在识别离岸人民币市场风险的基础上，结合熵权法确定各风险指标的权重，采用小波神经网络对离岸人民币市场的风险进行仿真模拟与预测。

第四节　研究的创新与不足

一、主要创新点

第一，综合考虑货币和金融稳定的不同维度，系统探讨人民币离岸市场对境内货币和金融稳定的影响。本书从货币政策中间目标和金融市场两个层面，综合分析了离岸人民币市场对境内货币供应量、利率、汇率、股票市场、债券市场、外汇储备和短期资本流动的影响，并以此为基础，构建风险预警体系，对离岸人民币市场的风险进行了仿真模拟与预测，从而弥补了已有研究中多侧重于以货币和金融稳定的某一维度或几个维度为对象进行研究片面性的缺陷。

第二，综合采用定性分析与定量分析相结合、静态分析与动态分析相结合的方法进行研究。在定性分析离岸人民币市场发展现状及在岸与离岸市场之间内在联系机制的基础上，采用 VAR 模型、VAR-GJR-MGARCH-BEKK 模型、NARDL 模型、滚动回归分析、TVP-VAR 模型以及小波神经网络模型等多种经济计量方法，同时考察了离岸人民币市场对不同维度下货币和金融稳定的总体效应以及动态影响，弥补了已有成果多为定性和静态分析的缺陷。

第三，研究了在岸与离岸市场之间的非对称溢出效应。本书不仅实证分析了在岸与离岸人民币利率以及两个市场人民币汇率的非对称溢出效应，也研究了在岸与离岸人民币汇差和利差正向冲击与负向冲击对境内股票市场价格的非对称效应，从而弥补了已有研究较少关注两个市场之间非对称溢出效应的缺陷。

二、不足之处

基于人民币离岸市场与境内货币金融稳定问题的复杂性，加之受数据可得性所限，使得本研究仍存在一些不足，有待于进一步探讨、完善和改进。

第一，本书更侧重于实证研究，在人民币离岸市场对境内货币和金融稳定的理论机制上分析不足。本研究仅考察了在岸与离岸人民币汇差、利差对境内股票市场价格以及外汇储备规模和短期资本流动的作用机理，未来的研究中将进一步分析离岸人民币市场发展对货币和金融稳定其他维度的理论机制，同时采用一般均衡方法对相应的理论机制进行分析，也是后续研究的重点。

第二，本书部分的动态实证研究中，直接采用境内金融改革的时间点作为临界点对总体样本进行划分的方法仍有待改进。此外，需要说明的是，本书的结论是在当前离岸人民币市场发展仍处于初级阶段和境内金融市场与金融体系发育程度仍不高的背景下得出的，未来随着离岸市场人民币产品类别不断丰富、业务规模的日益扩大，以及境内货币和金融改革进程的持续推进，在岸和离岸人民币市场之间的相互影响机制及影响方向与程度都可能发生变化，本书目前的实证结论也可能发生改变，因此，对该问题进行动态跟踪研究进而不断丰富和完善实证结论，将是本书后续工作的一个主要方向。

第二章　离岸人民币市场的发展现状

20 世纪 90 年代以来，随着中国与周边国家和地区经贸往来的日益频繁，人民币开始在边境贸易、旅游和探亲等活动中被频繁使用，并由此促成的人民币在周边国家和地区的流通与使用，构成了离岸人民币业务的雏形。2004 年 2 月，中国香港的持牌银行正式开办人民币个人业务，标志着离岸人民币市场的正式建立。以 2007 年 7 月国家开发银行在中国香港发行首只人民币债券为标志，离岸人民币市场业务种类日益丰富；2009 年以来，随着人民币国际化序幕的拉开和进程的不断加快，离岸人民币市场取得了蓬勃发展，目前已形成以中国香港为中心，新加坡、中国台湾、英国等多个国家和地区为战略支点的庞大的离岸人民币市场网络。本章首先分析离岸人民币市场的发展现状与特征，并在梳理人民币跨境流通途径的基础上，定量考察境外人民币存量规模及其动态演变路径。

第一节　离岸人民币市场发展状况与特征

一、离岸人民币市场发展现状

近年来，随着离岸人民币市场的迅猛发展，离岸人民币市场基础设施不断完善、业务种类日益丰富，逐渐形成了包括存贷款、外汇交易、债券、股票、基金等多种业务的人民币产品市场，离岸人民币业务规模不断攀升，庞大的离岸人民币交易网络业已形成。

（一）离岸人民币货币市场

作为一种短期资金市场，离岸人民币货币市场主要涵盖存款、贷款和同业拆借等业务。

1. 离岸人民币存款

离岸人民币存款业务起源于中国香港，2003 年 11 月 19 日，中国人民银行与香港金融管理局签订《合作备忘录》，中国人民银行为在中国香港办理的存款、兑换、银行卡和汇款四项个人人民币提供清算渠道和回流机制，其中由中国银行（香港）（以下简称"中银香港"）担任清算行。2004 年 2 月，中国香港的 32 家持牌银行开始正式办理人民币个人业务，自此之后，香港地区的离岸人民币存款业务规模不断攀升。但在初期中国香港人民币存款规模相对较小且增速较为缓慢，2004 年 2 月，中国香港人民币存款规模仅为 8.95 亿元人民币，在香港总存款规模中所占的比重也仅为 0.02%，随后尽管这一规模持续增长，但总体而言增速较为缓慢。2004 年 2 月至 2017 年 12 月中国香港人民币存款情况如图 2-1 所示。从图 2-1 可以看出，2010 年中期以前，中国香港人民币存款规模一直低于 1 000 亿元人民币，其在香港人民币存款总规模中的占比也一直在 2% 以下。

2010 年 7 月中国人民银行分别与香港金融管理局和中银香港签署了扩大人民币贸易结算安排的补充合作备忘录和修订后的《香港人民币业务的清算协议》后，中国香港人民币存款规模出现了飞跃式增长。图 2-1 显示，2010 年 7 月香港人民币存款规模为 1 036.84 亿元人民币，

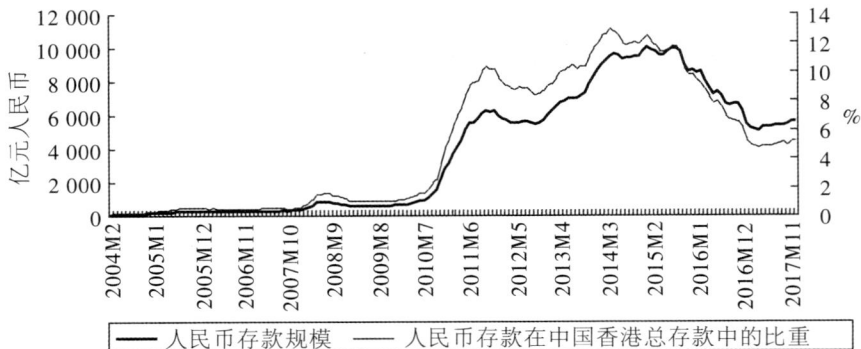

图 2-1　2004 年 2 月至 2017 年 12 月中国香港人民币存款情况

注：左轴表示中国香港人民币存款规模，右轴表示中国香港的人民币存款在其总存款中所占的比重。

资料来源：香港金融管理局，https：//www.hkma.gov.hk/chi/index.shtml。

在香港存款总规模中所占的比重为 1.84%；随后则飞速攀升，到 2011 年 9 月，这一规模达到 6 222.36 亿元人民币，在香港存款总规模中的占比也升至 10.39%；尽管自 2011 年第四季度起，伴随在岸离岸汇差逆转，香港人民币存款规模略有下降，但经历了短暂的下降趋势之后，2012 年 9 月起，人民币存款规模开启了新一轮跃升，到 2014 年 12 月，这一规模已超过万亿元人民币，达到 10 035.57 亿元人民币，在香港存款总规模中的占比也创历史新高，为 12.47%；随后，香港人民币存款规模虽有所下降，但直至 2015 年 8 月人民币汇率形成机制改革之前，一直处于"波浪形"震荡变化态势。然而，2015 年 9 月起，伴随人民币贬值压力的出现，香港人民币存款规模持续下降，至 2017 年 3 月，已降至 5 072.72 亿元人民币，创 2011 年 4 月以来的最低值，其在香港存款总规模中所占的比重也相应降至 4.74%。2017 年第二季度起，随着人民币兑美元汇率由跌转升以及市场上人民币持续贬值预期的逆转，香港人民币存款规模重拾升势，并一直保持稳定增长，2017 年 12 月，这一数字又增至 5 591.37 亿元人民币，在香港总存款中的占比也升至 5.20%。

除中国香港外，其他离岸中心的人民币存款业务也稳步推进。在中国台湾，自 2013 年 2 月 6 日台湾岛内 46 家金融机构正式开办人民币业务以来，其人民币存款规模一路飙升。2013 年 2 月至 2017 年 12 月中国台湾人民币存款情况如图 2-2 所示。

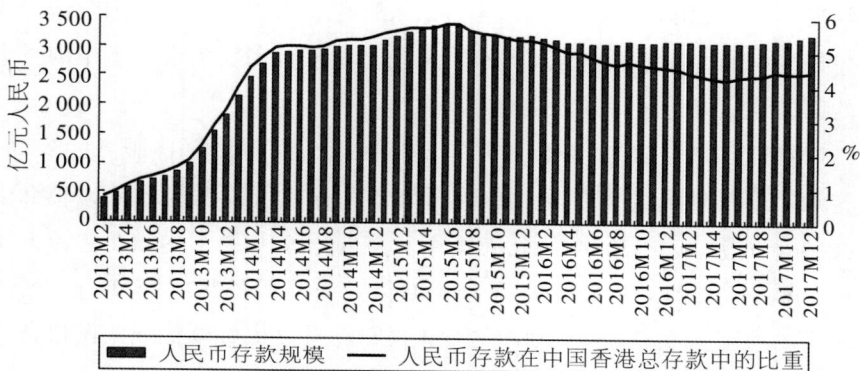

图 2-2　2013 年 2 月至 2017 年 12 月中国台湾人民币存款情况

注：左轴表示中国台湾人民币存款规模，右轴表示中国台湾的人民币存款在其总存款中所占的比重。

资料来源：Wind 金融终端。

图 2-2 显示，2013 年 2 月中国台湾人民币存款规模仅为 390.11 亿元人民币，在台湾地区存款总规模中所占的比重也仅为 0.71%；2013 年 10 月，这一规模则突破千亿，达到 1 232.47 亿元人民币，在中国台湾存款总规模中的占比也升至 2.21%；2014 年 1 月，台湾人民币存款规模突破 2 000 亿元人民币大关，并于当年 9 月突破 3 000 亿元人民币，达到 3 004.29 亿元；此后，增速虽有所下降，但一直保持稳步小幅增长的态势，2015 年 6 月，中国台湾人民币存款规模进一步增至 3 382.18 亿元人民币，在台湾总存款中的比重也升至 5.82%，创历史峰值。然而，伴随人民币贬值压力的出现，自 2015 年 8 月起，台湾人民币存款规模出现阶梯形下降趋势，至 2017 年 4 月已降至 3 077.67 亿元人民币，较 2015 年 6 月下降了 9 个百分点。图 2-2 表明，就人民币存款规模在台湾存款总额中的占比而言，2015 年 8 月以来，其走势与人民币存款规模下降趋势基本一致，2015 年 8 月—2017 年 4 月，人民币存款规模占比平均月环比降幅高达 1.51%，远高于人民币存款规模的降幅[①]，

① 根据 Wind 金融终端的数据计算，2015 年 8 月—2017 年 4 月，中国台湾人民币存款规模的平均月环比降幅为 0.42%。

2017 年 4 月中国台湾人民币存款在其总存款中的比重进一步降至 4.19%。但 2017 年 5 月起，中国台湾人民币存款规模开启了新一轮持续攀升，到 2017 年 12 月已增至 3 222.54 亿元人民币，在中国台湾存款总规模中的比重也上升至 4.44%。目前，中国台湾成为仅次于中国香港的第二大离岸人民币存款中心。

在新加坡，2013 年 5 月中国工商银行人民币清算行服务的启动，开启了新加坡人民币存款业务的新篇章，存款规模增速显著，相继由 2013 年 6 月的 1 330.00 亿元人民币升至同年 9 月的 1 490.00 亿元人民币，再增至 2013 年 12 月的 1 860.00 亿元人民币；2014 年 3 月，新加坡人民币存款规模突破 2 000 亿元人民币，为 2 050.00 亿元人民币，当年第四季度，该数值进一步上升至 2 300.00 亿元人民币；进入 2015 年后，尽管第一季度该规模降至 1 960.00 亿元人民币，但此后又迅速反弹，至 2015 年 6 月底，新加坡人民币存款规模已达 2 340.00 亿元人民币，创历史新高。但此后，新加坡人民币存款规模则快速持续下降，至 2016 年 9 月底已降至 1 200.00 亿元人民币，较 2015 年 6 月下降了 48.72%。2016 年 12 月起，新加坡人民币存款规模重拾升势，并一路攀升，到 2017 年 12 月又重新增至 1 520.00 亿元[1]。

在英国，根据英格兰银行的统计，2015 年以来英国人民币存款（含存款证）规模在波动中稳步上升，2015 年第一季度该数值为 57.35 亿英镑，至当年第二季度则上升至 61.62 亿英镑，随后则出现短暂的下降，2015 年底又降至 51.26 亿英镑；2016 年第一季度至 2017 年第二季度期间，英国人民币存款（含存款证）规模增速虽略有反复，但总体保持上升趋势，并于 2017 年第二季度增至 97.11 亿英镑，较 2016 年第一季度增加了 45.16 个百分点；然而自 2017 年第三季度起，该数值又出现大幅下降，至 2017 年第四季度已降至 71.99 亿英镑[2]。

2014 年第一季度至 2017 年第四季度全球离岸人民币存款情况如图 2-3 所示。

---

[1] 数据来源：新加坡金融管理局，http://www.mas.gov.sg/Statistics/RMB-Statistics.aspx。
[2] 数据来源：Bank of England, Renminbi Business of UK Monetary and Financial Institutions（for 2018 Q1），https://www.bankofengland.co.uk/statistics/statistics-requested-by-users，2018 年 6 月 29 日。

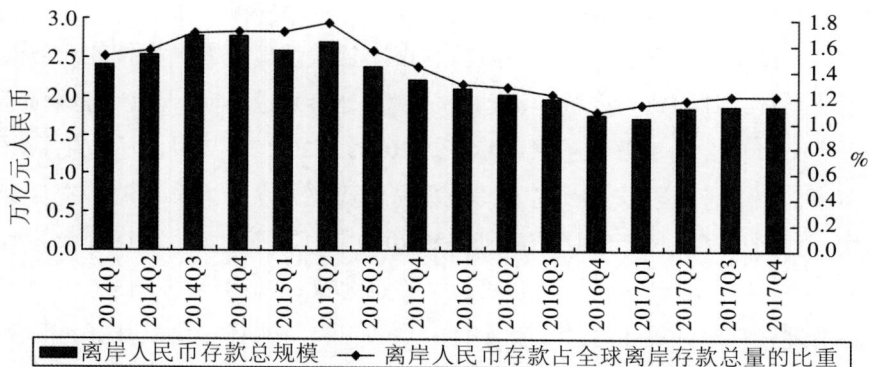

图 2-3　2014 年第一季度至 2017 年第四季度全球离岸人民币存款情况

注：左轴表示全球离岸人民币存款总规模，右轴表示离岸人民币存款在全球离岸存款总量中的比重。

资料来源：根据中国银行发布的 2014 年第一季度至 2017 年第四季度各季度《离岸人民币指数（ORI）》整理所得，http：//www.boc.cn/aboutboc/bi1。

图 2-3 显示，就全球范围而言，近年来离岸人民币存款总规模走势与主要离岸中心人民币存款规模走势情况相似，2014 年第一季度离岸人民币存款总规模约为 2.40 万亿元人民币，在全球离岸存款总量中的占比约为 1.51%，随后则稳步上升，至当年第四季度，离岸人民币存款总规模已增至 2.78 万亿元人民币，创历史峰值，在全球离岸存款总量中所占的比重也上升至 1.70%；尽管此后离岸人民币存款规模开始下降，但是其在全球离岸存款总量中的比重则在 2015 年前两个季度一直保持上升趋势，至 2015 年第二季度已增至 1.77%，达到历史最高值。2015 年第三季度起，离岸人民币存款规模及其在全球离岸存款总量中的比重同步下降，其中离岸人民币存款在全球离岸存款总量中的占比于 2016 年第四季度降至最低，仅为 1.09%，而离岸人民币存款总规模则于 2017 年第一季度降至最低，为 1.74 万亿元人民币。2017 年以来，随着人民币兑美元贬值预期的逆转，离岸人民币存款规模及其在全球中的占比均保持小幅稳定增长之势，截至 2017 年第四季度，离岸人民币存款规模又升至 1.89 万亿元，在全球离岸存款总量中的比重也增至 1.21%。

2. 离岸人民币贷款

人民币贸易融资、流动性贷款、银团贷款是离岸人民币贷款业务的重要品种，其中贸易融资与流动性贷款又是境外进口商开展跨境贸易获得人民币资金的重要渠道（杨承亮，2014）。2009 年 7 月以后，中银香港相继完成了中国香港首笔人民币贸易融资业务以及人民币流动资金贷款，并推出了人民币银团贷款业务；2010 年 12 月，恒生银行牵头其他 9 家银行与中国自动化集团有限公司签订协议，并向该公司提供了中国香港地区首笔人民币银团贷款。此后，香港离岸人民币贷款业务迅猛发展。2011 年 12 月，香港人民币贷款规模即已达到 308.00 亿元人民币，2012 年 3 月又进一步上升至 420.00 亿元人民币，而一年之后的 2013 年 3 月，香港地区的人民币贷款规模较去年同期增加了 1.11 倍，达到 887.00 亿元人民币，到 2015 年 3 月，这一规模上升至 2 237.00 亿元人民币，随后仍保持稳步增长态势，至 2016 年 9 月已突破 3 000 亿元人民币，达到 3 074.00 亿元；但是近年来，中国香港的人民币贷款规模则不断下降，至 2017 年 3 月，已降至 2 583.00 亿元人民币，2017 年 11 月又进一步降至 1 487.00 亿元人民币[①]。

除中国香港之外，在其他离岸中心，随着人民币存款业务的开办和迅速发展，人民币贷款业务规模也稳步上升。在中国台湾，正式开办人民币业务之初的 2013 年 2 月，人民币贷款规模仅为 66.21 亿元人民币，随后则不断攀升，至 2014 年 2 月达到 142.08 亿元人民币，2015 年 7 月这一规模进一步增至 280.92 亿元人民币，创历史新高。但是，此后中国台湾人民币贷款规模却持续下降，至 2016 年 4 月已降至 123.08 亿元人民币；2016 年 5 月以来，在经历了短暂的回升之后，人民币贷款规模又继续下降，至 2017 年 12 月已降至 128.68 亿元人民币[②]。在英国，人民币贷款业务也取得了较快发展，但发展趋势并不稳定，人民币贷款规模一直处于波动态势之中。2015 年第一季度，英国人民币贷款规模即已达到 72.97 亿英镑，但是随后的三个季度这一数值则持续下降，至当年第四季度已降至 47.16 亿英镑；2016 年前三季度，英国人民币贷款

---

① 数据来源：Wind 金融终端。
② 数据来源：Wind 金融终端。

余额呈现稳步上升趋势，到第三季度又增至 75.36 亿英镑，然而随后又开启了新一轮下降与上升，到 2017 年第二季度又升至 75.55 亿英镑，此后仍是进入下降趋势，2017 年第四季度，英国人民币贷款余额仅为 65.00 亿英镑[1]。

除离岸人民币贷款业务外，近年来境内金融机构人民币境外贷款余额也稳步增加，相继由 2011 年底的 1 548.44 亿元人民币持续上升至 2017 年底的 4 420.75 亿元人民币，人民币境外贷款在金融机构贷款总额中所占的比重也由 2011 年底的 0.28% 增至 2017 年底的 0.37%[2]。

3. 离岸人民币同业拆借业务

由于离岸人民币同业拆借业务规模数据暂时难以获得，本书着重分析离岸人民币同业拆息的发展历程。相对而言，同业拆借利息更能真实地反映离岸市场货币的资金供求状况。离岸人民币同业拆息最早由中银香港于 2009 年 11 月推出，即香港人民币同业拆息（HIBOR CNY），并以此为基础设立了人民币融资贷款利率。2012 年 1 月 4 日起，香港财资市场公会开始公布每日中银香港、汇丰银行和渣打银行三家银行从隔夜到 1 年期限的 9 种人民币银行间同业拆借利率。2012 年 4 月和 2012 年 8 月，香港人民币银行间同业拆息报价银行分别增至 8 家和 13 家[3]。2013 年 6 月 24 日，香港财资市场公会正式推出香港人民币银行间同业拆借利率定价（CNH HIBOR），报价涵盖隔夜、1 周期限、2 周期限、1 个月期限、2 个月期限、3 个月期限、6 个月期限、9 个月期限和 12 个月期限 9 个交易品种。CNH HIBOR 的推出，为其他离岸金融合约定价提供了参考，有助于促进离岸人民币金融业务的快速发展。

（二）离岸人民币外汇市场

离岸人民币外汇市场，起源于在中国香港和新加坡所出现的离岸无本金远期交割市场。2010 年 7 月 19 日，中国人民银行分别与香港金融

① 数据来源：Bank of England, Renminbi Business of UK Monetary and Financial Institutions (for 2018 Q1), https://www.bankofengland.co.uk/statistics/statistics-requested-by-users, 2018 年 6 月 29 日。
② 数据来源：中国人民银行调查统计司，http://www.pbc.gov.cn/diaochatongjisi/116219/index.html。
③ 2012 年 4 月新增的 5 家银行分别是中国工商银行（亚洲）有限公司（工银亚洲）、摩根大通集团、三菱东京日联银行、交通银行（香港）有限公司（交银香港）和东亚银行；2012 年 8 月新增的 5 家银行分别为恒生银行、花旗银行、星展银行、中信银行国际和建银香港。

管理局和中银香港签署了扩大人民币贸易结算安排的补充合作备忘录和修订后的《香港人民币业务的清算协议》后，香港人民币即期外汇市场迅猛发展，离岸人民币即期汇率逐渐形成。2011 年 6 月 27 日香港财资市场公会正式推出人民币兑美元即期汇率定盘价，随后的 2012 年 9 月 17 日香港交易所又推出了人民币离岸可交割远期交易品种，离岸人民币外汇市场基础设施逐步完善。

近年来，随着人民币国际化的推进，离岸市场人民币外汇交易规模显著增加。据国际清算银行（BIS）统计，2013 年境外人民币外汇日均交易规模为 1 140.53 亿美元，在人民币外汇日均交易总额中的占比为 77.29%，2016 年则分别上升为 1 998.24 亿美元和 78.31%[①]。2016 年境外人民币外汇交易地域分布见表 2-1。

表 2-1   **2016 年境外人民币外汇交易地域分布**

排名	交易国家和地区	境外人民币外汇日均交易规模（亿美元）	在境外人民币外汇交易总额中的比重（%）	在本地外汇交易总额中的比重（%）
1	中国香港	770.92	38.58	17.66
2	新加坡	425.35	21.29	8.22
3	英国	391.54	19.59	1.63
4	美国	242.42	12.13	1.91
5	中国台湾	39.86	1.99	15.00
6	日本	28.19	1.41	0.71
7	韩国	26.39	1.32	5.52
8	澳大利亚	21.60	1.08	1.78
9	德国	15.78	0.79	1.36
10	法国	10.45	0.52	0.58

资料来源：BIS 发布的《Triennial Central Bank Survey – Global Foreign Exchange Market Turnover in 2016》，December 2016。

表 2-1 显示，就境外人民币交易的地域分布而言，中国香港是境

----

① 数据来源：根据 BIS 发布的《Triennial Central Bank Survey – Global Foreign Exchange Market Turnover in 2013》（February 2014）和《Triennial Central Bank Survey – Global Foreign Exchange Market Turnover in 2013》（December 2016）计算所得。

外最大的人民币外汇交易中心，2016 年在中国香港交易的人民币外汇规模日均为 770.92 亿美元，在境外人民币外汇日均交易总额中所占的比重高达 38.58%，新加坡、英国和美国分别位列第二、三和四位，在上述三国交易的人民币外汇规模日均分别为 425.35 亿美元、391.54 亿美元和 242.42 亿美元，在境外人民币外汇日均交易总额中的占比分别为 21.29%、19.59% 和 12.13%。2016 年，中国香港、新加坡、英国和美国的人民币日均交易规模之和在境外人民币外汇日均交易总额中占比高达 91.59%。中国台湾、日本、韩国、澳大利亚、德国和法国分别位列第五至第十大境外人民币外汇交易中心，尽管如此，在该六个国家和地区交易的人民币外汇规模却相对较小，在境外人民币外汇日均交易总规模中的占比亦均在 2% 以下。另一方面，从各地外汇市场人民币日均交易规模在本地外汇日均交易总额中所占的比重来看，本地外汇市场上人民币交易规模占比较高的分别是中国香港、中国台湾、新加坡和韩国，意味着在这四个外汇市场中，人民币外汇交易占据重要地位，尤其在中国香港和中国台湾，其外汇市场交易总额中分别有 17.66% 和 15.00% 是人民币外汇交易。此外，尽管英国和美国人民币外汇日均交易规模相对较高，但是人民币并非是该两国外汇市场上的主要交易货币，从表 2-1 可以看出，在英国和美国外汇市场上交易的人民币外汇规模在两国外汇交易总额中的占比分别仅为 1.63% 和 1.91%。

（三）离岸人民币债券市场

离岸人民币债券主要包括"点心债"和"合成债"两种发行类型，其中"点心债"是以人民币为计价与结算货币的债券，于 2007 年在中国香港首次发行，"合成债"则是以人民币计价但以美元结算的债券，于 2010 年在中国香港出现，但规模相对较小，离岸人民币债券仍以"点心债"为主。

自 2007 年 7 月国家开发银行在中国香港发行规模为 50 亿元的人民币债券以来，离岸人民币债券市场发展步伐日渐加快，离岸人民币债券发行市场已由中国香港扩展至伦敦、中国台湾、新加坡、悉尼和法兰克福等国家和地区；目前已有包括中国大陆、中国台湾、中国香港、德国、韩国、美国、英国、法国、俄罗斯、新加坡、日本、印度等 30 多个国家和地区涉足离岸人民币债券市场，发行主体也由内地的政府部门、银行、国有企业拓展至内地和香港的私营企业以及外资跨国企业、外国政府和金融机构，涵盖了金融、房地产、能源和电力等多个行业①。

从发行期限来看，初期离岸市场上人民币债券发行期限以中短期为主，2007 年和 2008 年，香港人民币债券的期限大都为 2 年期和 3 年期，随着离岸人民币债券市场的发展，5 年及以上的更长期限的离岸人民币债券逐渐被市场所推出，2013 年离岸市场首次发行了 30 年期限人民币债券。目前离岸市场人民币债券的发行期限涵盖了 1 年期、2 年期、3 年期、5 年期、7 年期、10 年期、15 年期、20 年期和 30 年期 9 个交易品种。但是，总体而言，离岸人民币债券加权平均期限并未随着长期交易品种的出现而显著上升，目前仍多为中短期债券。

2014 年第一季度至 2017 年第四季度离岸人民币债券发行情况如图 2-4 所示。

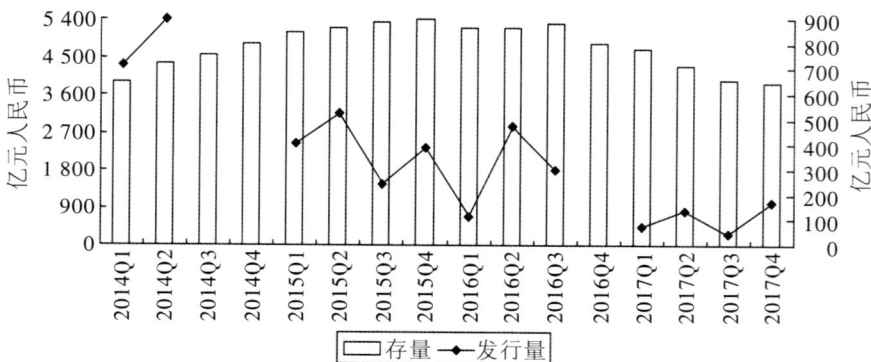

图 2-4　2014 年第一季度至 2017 年第四季度离岸人民币债券发行情况

注：左轴表示离岸人民币债券存量规模，右轴表示当季度离岸人民币债券新发行规模。

资料来源：根据中国银行发布的 2014 年第一季度至 2017 年第四季度各季度《离岸人民币指数（ORI）》整理所得，http://www.boc.cn/aboutboc/bi1/。

---

① 渣打银行和汤森路透（Thomson Reuters）2014 年 5 月发布的《人民币路线图》显示：2010 年以来，在涉足离岸人民币债券的 30 多个国家和地区中，中国内地的发行主体占据 49%，中国香港占据 20%，德国和韩国的占比均为 4%，美国占比为 3%，包括英国、法国、中国台湾、俄罗斯、新加坡、日本和印度的其他 27 个国家和地区的发行主体占比为 20%；在离岸人民币债券的产业构成方面，金融业占据 53% 的份额，政府/机构的占比为 12%，房地产、能源/电力、工业的份额均为 7%，其他行业的比重为 14%。在发行主体中，金融机构占据主导地位，占据全部离岸人民币债券一半以上的份额，政府和机构的发行量紧随其后。

就发行规模而言，图 2-4 显示，2014 年与 2015 年离岸人民币债券存量规模持续攀升，由 2014 年第一季度的 3 900.00 亿元人民币一直增长至 2015 年第四季度的 5 400.00 亿元人民币，2016 年第一季度起离岸人民币债券存量规模则略有下降，但降幅不大，甚至于当年第三季度略有回升，然而自 2016 年第四季度起，离岸人民币债券存量规模则持续下降，至 2017 年第四季度已降至 3 877.00 亿元人民币，较去年同期下降了 19.65%。在新增发行量方面，2014 年前两个季度，离岸市场人民币债券发行规模持续攀升，并维持在 700.00 亿元以上的季度发行规模，但是进入 2015 年后，离岸人民币债券季度发行规模骤降，除当年第二季度发行规模为 529.00 亿元人民币外，其他三个季度发行量均在 500.00 亿元人民币以下，甚至 2015 年第三季度的发行规模仅为 244.00 亿元；2016 年第一季度离岸人民币债券发行量进一步降至 115.00 亿元人民币，尽管当年第二季度猛增至 478.00 亿元，但第三季度又降至 299.00 亿元。进入 2017 年之后，受境外利率高于境内利率以及境内银行间债券市场进一步开放的影响，越来越多的境外发行人选择在境内发行人民币债券，离岸市场人民币债券发行量进一步下降，甚至在当年第三季度离岸人民币债券发行规模仅为 44.00 亿元人民币，2017 年全年离岸人民币债券发行规模仅为 420.00 亿元，较 2015 年全年的 1 568.00 亿元下降了 73.21 个百分点。

（四）离岸人民币股票市场

2011 年 4 月 29 日，汇贤产业信托正式在香港交易所挂牌交易人民币股票，成为首只在离岸市场交易的人民币股票。自该股票发行至 2011 年 12 月底，累计实现人民币交易规模达 80.4397 亿元。2013 年 4 月 10 日，新加坡交易所首席执行官 Magnus Böcker 表示，"新交所将推出人民币股票、债券、衍生品和大宗商品等资产类别，其中人民币股票有望在今年年内推出"。2013 年 8 月 5 日，扬子江船业（控股）有限公司在新加坡交易所实行新加坡元和人民币双币交易，成为在新交所上市的首只以人民币交易的股票。

2014 年 11 月，沪港股票市场交易互联互通机制试点正式启动，此后香港中央结算有限公司可以开立人民币沪股通专用存款账户，使用人民币进行沪股通证券交易结算，同时中国证券登记结算公司或其分公司可开立人民币港股通专用存款账户，专门用于港股通业务相关业务资金往来①。2016 年 12 月，深港通正式启动。据中国人民银行的数据，2015 年沪股通资金流入总金额为 1 623.90 亿元人民币，流出总金额为 1 450.00 亿元人民币，净流入金额为 173.90 亿元人民币；港股通资金流出总金额为 1 181.90 亿元人民币，流入总金额为 157.00 亿元人民币，净流出金额为 1 024.90 亿元人民币②。2016 年，沪股通和深股通资金流入和流出总金额分别为 1 105.50 亿元人民币和 528.50 亿元人民币，净流入 577.00 亿元人民币；港股通资金流入和流出总金额分别为 276.10 亿元人民币和 2 287.60 亿元人民币，净流出 2 011.50 亿元人民币③。

2015 年 5 月，中国证监会批准上海证券交易所和中国金融期货交易所与德意志交易所集团合作在法兰克福建立欧洲离岸人民币金融工具交易平台，并共同出资成立运营管理该交易平台的合资公司④；2015 年 11 月 18 日，中欧国际交易所股份有限公司正式成立，并挂牌交易首批人民币计价和结算的证券现货产品。

（五）离岸人民币基金、衍生品等其他市场

首先，就离岸人民币基金业务而言，2010 年 8 月，海通资产管理（香港）公司在中国香港发行首只募集金额为 50 亿元人民币的人民币计价公募基金，随后恒生银行、建银国际（控股）有限公司（建银国际）、工银亚洲、中国平安资产管理（香港）有限公司等先后发行了人民币计价公募基金。与此同时，中国香港本地的资产管理公司 Income Partners 也于 2010 年 12 月发行私募人民币计价基金。但是，总体而言，在

① 中国人民银行，证监会. 中国人民银行 中国证券监督管理委员会关于沪港股票市场交易互联互通机制试点有关问题的通知［EB/OL］（2014-11-04）.http://www.gov.cn/zhengce/2014-11/04/content_5023453.htm.
② 数据来源：中国人民银行. 2016 年人民币国际化报告［M］. 北京：中国金融出版社.
③ 数据来源：中国人民银行. 2017 年人民币国际化报告［M］. 北京：中国金融出版社.
④ 根据 2015 年 3 月 19 日首届中德高级别财金对话会后联合声明，合资公司将定名为"中欧国际交易所股份有限公司"（China Europe International Exchange）。上海证券交易所和德意志交易所集团各持有合资公司 40% 的股权，中国金融期货交易所持有 20% 的股权。

RQFII 获批前的离岸市场发展初期，人民币计价基金普遍面临着严峻的投资标的不足问题。

其次，在外汇衍生品交易方面，自 2006 年 8 月，芝加哥商业交易所（CME）推出人民币兑美元、欧元和日元的期货合约以来，CME 欧洲交易所、新加坡交易所、中国香港交易所、中国台湾期货交易所等相继推出人民币兑美元期货合约，南非约翰内斯堡证券交易所、巴西圣保罗证券期货交易所、莫斯科交易所也分别推出人民币/兰特期货、人民币/雷亚尔期货和人民币/卢布期货交易。近年来，随着离岸人民币即期外汇市场的快速发展，芝加哥商业交易所、新加坡交易所、中国香港交易所和中国台湾期货交易所又相继推出了美元/离岸人民币期货，并取得了快速发展。据统计，2017 年，中国香港交易所美元兑人民币期货、美元兑离岸人民币期货成交量分别达到 732 569 手和 10 473 手，年末持仓分别为 24 483 手和 3 113 手；芝加哥商业交易所美元兑人民币期货、美元兑离岸人民币期货成交量分别为 345 手和 19 826 手，年末持仓分别为 16 手和 798 手；新加坡交易所美元兑离岸人民币期货成交量为 1 902 105 手，年末持仓 25 697 手[①]。

最后，在利率衍生品方面，BIS 的数据显示，尽管 2016 年人民币利率衍生品场外日均交易规模较 2013 年相比出现了明显下降[②]，但是在境外交易的人民币利率衍生品日均交易规模却显著上升。2013 年，在境外交易的经当地经销商间重复计算调整之后的人民币单一利率衍生品日均交易规模仅为 30.20 亿美元，2016 年这一数字上升至 96.60 亿美元，较 2013 年增加了 2.20 倍。

2016 年境外人民币利率衍生品场外交易地域分布情况如图 2-5 所示。

---

① 数据来源：中国人民银行上海总部金融市场管理部. 2017 年 12 月境外人民币市场综述 [J]. 中国货币市场，2018（1）：87.
② BIS 发布的《Triennial Central Bank Survey – Interest Rate Derivatives Market Turnover in 2016》（December 2016）和《Triennial Central Bank Survey – Interest Rate Derivatives Market Turnover in 2013》（December 2013）的数据显示，2013 年，经当地经销商间重复计算调整之后的人民币单一利率衍生品日均交易规模为 155.03 亿美元，2016 年这一数字仅为 128.98 亿美元。

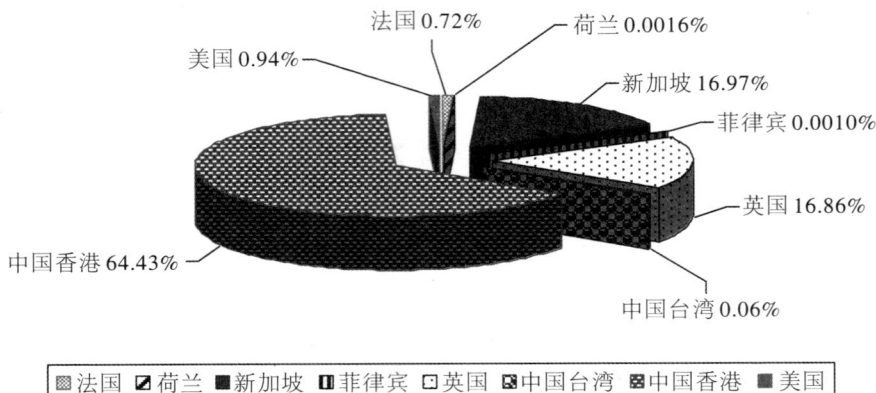

图 2-5　2016 年境外人民币利率衍生品场外交易地域分布情况

注：各经济体人民币利率衍生品日均交易规模在境外人民币利率衍生品日均交易总额中的占比根据四舍五入法保留两位小数，但由于人民币利率衍生品在荷兰和菲律宾的日均交易规模占比极低，本书根据四舍五入法保留四位小数，从而导致境外各地区日均交易规模占比之和不等于 100%，但不影响本书的分析。

资料来源：BIS 发布的《Triennial Central Bank Survey-Interest Rate Derivatives Market Turnover in 2016》，December 2016。

图 2-5 显示，从境外交易的地域分布来看，2016 年人民币利率衍生品境外交易发生地主要分布在中国香港、新加坡、英国、美国、法国、中国台湾、荷兰和菲律宾八个国家和地区。其中，中国香港是最大的境外人民币利率衍生品交易中心，2016 年中国香港人民币利率衍生品日均交易规模为 62.24 亿美元，在境外人民币利率衍生品日均交易总额中的占比为 64.43%；新加坡为第二大境外人民币利率衍生品交易中心，但日均交易额仅为 16.40 亿美元，在境外人民币利率衍生品日均交易总额中的占比也仅为 16.97%；英国人民币利率衍生品日均交易额略低于新加坡，为 16.29 亿美元，在境外人民币利率衍生品日均交易总额中所占的比重为 16.86%。中国香港、新加坡和英国，人民币利率衍生品日均交易额之和所占份额高达 98.26%。相比较而言，人民币利率衍生品在美国、法国、中国台湾、荷兰和菲律宾五个经济体的交易则十分不活跃，尤其在荷兰和菲律宾，该两国人民币利率衍生品日均交易额之和在境外人民币利率衍生品日均交易总额中的占比均仅

为 0.001% 左右。

二、离岸人民币市场发展特征

前文的分析表明，近年来随着人民币国际化的发展和境内资本管制的逐步放松，离岸人民币市场建设已取得了重大进展，市场地域分布日益多元化，离岸人民币业务种类不断丰富，业务规模日益提高。但是与美元、欧元等主要国际货币的离岸市场相比，人民币离岸市场发展程度依然相对较低。总体而言，离岸人民币市场发展还处于初级阶段。

（一）离岸人民币业务主要集中于中国香港

离岸人民币业务的起源于中国香港，早在 1996 年，中国香港即已形成离岸人民币无本金交割远期外汇市场，2004 年 2 月，香港的持牌银行正式开办人民币个人业务，拉开了离岸人民币市场建设的序幕。2008 年全球金融危机爆发后，在中国中央政府的支持以及中央政府与香港特别行政区政府的紧密合作之下，香港离岸人民币业务取得了快速发展。尽管随着人民币国际化进程的推进，新加坡、英国、中国台湾等国际或区域金融中心离岸人民币业务不断取得新的突破，但是无论是业务种类还是业务规模，其发展程度均低于香港人民币市场。相比较而言，新加坡、英国、中国台湾等地的离岸人民币业务仍处于起步发展阶段，当前离岸人民币业务主要集中于中国香港。

首先，中国香港是最大的离岸人民币清算中心与境外跨境人民币收付中心。在人民币清算方面，根据环球同业银行金融电讯协会（SWIFT）的统计，中国香港人民币清算额在全球人民币清算总额中所占的比重长期保持在 70% 以上，2017 年 12 月中国香港人民币清算额占比高达 75.68%，依然保持最大离岸人民币清算中心的位置，而排名第二的英国人民币清算额占比仅为 5.59%，新加坡人民币清算额占比为 4.41%，位居第三位；中国台湾人民币清算额占比仅为 2.19%，位居韩国和美国之后，排名第六[①]。就跨境人民币收付而言，中国人民银行的数据显示，2016 年与中国内地发生跨境人民币收付业务的国家和地区

① 数据来源：SWIFT 发布的《RMB Tracker-January 2018》，https://www.swift.com/our-solutions/compliance-and-shared-services/business-intelligence/renminbi/rmb-tracker/document-centre#topic-tabs-menu。

有 239 个，其中中国香港与内地的跨境人民币收付金额占比为 53.60%，位列第一，而排名第二的新加坡的这一数字仅为 8.20%，中国台湾与大陆的跨境人民币收付金额占比为 4.10%，低于德国的 4.20% 而位列第四，英国的这一数字为 2.40%，低于日本和韩国，位列第七[①]。

其次，香港是离岸市场中最大的人民币资金池。以离岸人民币存款为例，中国香港人民币存款规模于 2010 年 7 月即已突破千亿元人民币，至 2014 年 12 月甚至突破万亿元人民币，而在其他主要离岸人民币存款中心如中国台湾的人民币存款规模一直在 3 500 亿元人民币以下，新加坡人民币存款规模也尚未突破 2 500 亿元人民币。尽管随后在人民币贬值预期的影响下，香港人民币存款规模有所下降，但如前文所述，在人民币贬值的背景下，主要离岸人民币存款中心的人民币存款规模均出现了不同幅度的下降。总体来看，中国香港依然是离岸市场中最大的人民币资金池。

主要离岸中心人民币存款在全球离岸人民币总存款中的占比如图 2-6 所示。

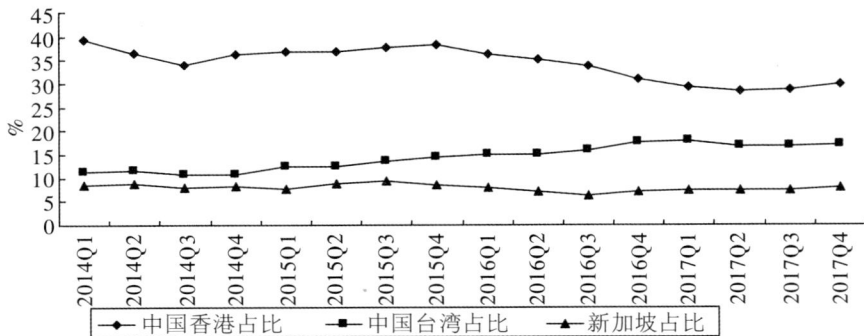

图 2-6　主要离岸中心人民币存款在全球离岸人民币总存款中的占比

资料来源：中国香港人民币存款规模数据来源于香港金融管理局；中国台湾人民币存款规模数据来源于 Wind 金融终端；新加坡人民币存款规模数据来源于新加坡金融管理局，全球离岸人民币存款规模数据来源于中国银行发布《离岸人民币指数（ORI）》。

---

① 数据来源：中国人民银行. 2017 年人民币国际化报告 [M]. 北京：中国金融出版社，2017.

从图 2-6 也可以看出，近年来，中国香港人民币存款规模在全球离岸人民币存款规模中所占的比重一直在 30% 左右，尤其 2016 年第二季度之前，一直保持在 35% 以上，虽然此后这一数字略有下降，但是依然高于 28%；另一方面，尽管中国台湾和新加坡人民币存款规模在全球离岸人民币存量中的占比较为稳定，甚至 2016 年下半年之后有上升趋势，但是中国台湾的人民币存款占比依然没有超过 20%，新加坡人民币存款占比也长期低于 10%。

最后，中国香港是主要离岸人民币产品的定价中心。前文的分析已经表明，中国香港是最大的境外人民币外汇、利率衍生品交易地。从离岸人民币产品定价的角度看，中国香港先后形成了离岸人民币即期汇率、可交割远期汇率，中国香港银行间人民币同业拆借利率，并初步形成了离岸人民币债券收益率曲线，中国香港逐步成为离岸人民币产品的定价中心。

中国香港成为最大的离岸人民币市场，既离不开中央政府的支持，也是香港独特的地缘、经济优势以及与中央政府密切合作等因素共同作用的结果。但是，离岸人民币业务高度集中于中国香港地区，也使得离岸人民币市场发展面临较大的脆弱性，只要香港人民币业务发展受阻或者出现较大波动，境外人民币使用就会受到较大冲击。典型的表现是 2015 年 8 月 11 日人民币汇率形成机制改革后，随着人民币兑美元升值预期逆转，香港人民币存款、债券等主要业务均受到显著冲击，从而致使境外人民币总体使用规模出现明显下降。其中的原因在于，香港实行联系汇率制度，当人民币兑美元贬值时，人民币兑港元也出现了相应的贬值，从而对香港人民币使用造成了较大冲击，但是在人民币兑美元贬值的时期，人民币兑部分欧洲国家和新兴市场经济体货币则依然保持着升值趋势（周宇，2016），因此，积极拓展中国香港之外的其他金融中心的人民币业务有助于降低人民币汇率变动对离岸人民币业务的冲击。

（二）不同离岸人民币产品市场发展程度具有较大差异

近年来，尽管离岸人民币业务种类日益丰富，但不同离岸人民币产品市场的发展程度具有较大差异。第一，离岸人民币货币市场、外汇市场、债券市场发展程度高于股票市场。受不同类型离岸人民币业务起步时间以及境内资本账户开放进程的影响，离岸人民币存贷款、境外人民币外汇交易以及离岸人民币债券发行等业务均取得了较快发展，在短期内实现了较大的市场规模，并且相继形成了离岸汇率、银行间同业拆借利率和债券收益率曲线，但是离岸市场上人民币计价的股票发行则进展缓慢，尽管近年来随着"沪港通"的开通，香港市场上人民币股票业务取得了长足的进步，但是与存款、债券等市场相比，规模依然相对较小。第二，离岸人民币资产业务发展程度高于负债业务。以离岸人民币存贷款为例，2015 年中期之前，受人民币升值及升值预期的影响，离岸市场人民币存款规模持续增长，然而离岸人民币贷款业务则发展缓慢，如前所述，中国香港市场上人民币贷款规模长期低于 3 000 亿元人民币，中国台湾人民币贷款规模也一直在 300 亿元人民币以下，离岸人民币贷款规模显著低于存款规模①。

第二节 离岸市场与在岸市场的内在联系：人民币跨境流通

人民币在在岸市场与离岸市场之间的跨境流通是两个市场之间相互影响的主要途径。在岸市场的人民币流出构成了离岸人民币市场的资金来源，而离岸市场上人民币资金能否顺畅的回流和运用是决定非居民对人民币持有意愿强弱的重要因素之一，同时离岸市场上人民币的大规模回流也可能对境内货币和金融稳定产生重要影响。根据人民币跨境使用所涉及交易的性质和内容，人民币跨境流动渠道大致包括三个方面：经常项目渠道、资本和金融项目渠道、官方储备资产渠道。本节将据此对人民币跨境流通的路径进行梳理。

一、经常项目渠道

经常项目下的人民币流出与回流主要包括企业的跨境贸易人民币结算与个人或居民的跨境汇兑、消费及现钞携带。

---

① 对此，周宇（2016）认为，"人民币升值会使还债负担上升，从而不利于离岸人民币贷款业务的发展，而人民币贬值可以降低非居民用本币偿还人民币借款的负担"，据此，其认为尽管人民币贬值及贬值预期不利于存款等资产业务的发展，但却为离岸人民币负债业务的发展带来了机遇，并建议"在人民币贬值期间，中国境外金融机构可以重点发展非居民人民币负债业务，尤其重点发展对非居民的人民币贷款业务"。

就跨境贸易人民币结算而言，进口贸易人民币结算构成了人民币的跨境流出，出口贸易人民币结算则构成了离岸人民币的回流。人民币通过跨境贸易人民币结算的流出与回流起步较早，早在 1997 年国家外汇管理局发布的《边境贸易外汇管理暂行办法》中就明确允许边境贸易①可以以人民币计价结算，构成了人民币通过贸易形式跨境流通的雏形。美国次贷危机爆发后，中央政府于 2009 年 7 月正式启动跨境贸易人民币结算试点，初期试点范围仅限于境内的上海、广州、深圳、珠海、东莞五个城市和港澳地区以及东盟国家，但是彼时在试点的五个城市所有企业均可参与服务贸易和进口货物贸易人民币结算，而获准参与出口贸易人民币结算的出口企业仅有 365 家；2010 年 6 月，跨境贸易人民币结算试点范围进一步扩大，境内试点地区扩大至北京等 20 个省（自治区、直辖市），境外试点范围则扩大至全球所有国家和地区，同年 12 月，又将出口贸易人民币结算试点企业扩大至 67 359 家；2011 年 8 月，跨境贸易人民币结算境内范围扩大至覆盖全境；随后的 2012 年 6 月，将出口贸易人民币结算企业范围扩大至境内所有具有进出口经营资格的企业。至此，跨境贸易人民币结算业务已覆盖中国境内所有企业和境外所有国家和地区之间的跨境货物贸易、服务贸易和其他经常项目结算。据中国人民银行的数据，自试点至 2017 年底，跨境贸易人民币结算收付金额累计实现 32.83 万亿元人民币，其中货物贸易累计收付金额为 28.10 万亿元人民币，服务贸易和其他经常项目累计收付金额为 4.73 万亿元人民币②。

就个人或居民跨境汇兑、消费和现钞携带而言，跨境贸易人民币结算试点启动之前，在岸与离岸市场之间的人民币流动主要依靠个人业务进行。其中，境内人民币通过个人业务流向离岸市场主要有三种渠道：一是内地居民赴境外消费以人民币结算，二是境外银行机构为境外个人提供人民币的汇兑，三是境内居民携带人民币现钞出境。离岸人民币通过个人业务回流与境内人民币资金流出的渠道类似，主要包括境外居民

---

① 该办法规定的边境贸易包括边民互市贸易、边境小额贸易和边境地区对外经济技术合作。
② 数据来源：2009—2016 年数据来源于中国人民银行发布的《2017 年人民币国际化报告》，第 5 页；2017 年数据来源于中国人民银行发布的 2017 年第四季度《中国货币政策执行报告》。

或个人携带人民币资金入境、银行汇兑。

二、资本和金融项目渠道

中国政府明确支持资本和金融项目下人民币跨境流通的政策，始于 2010 年 8 月 16 日中国人民银行发布的《关于境外人民币清算行等三类机构运用人民币投资银行间债券市场试点有关事宜的通知》，随后政府相继进行了境外人民币直接投资结算试点、外商直接投资人民币结算试点、人民币合格境外机构投资者境内证券投资（RQFII）试点、人民币合格境内机构投资者境外证券投资（RQDII）试点等，逐步打通了人民币通过资本和金融项目跨境流动的渠道。尽管当前中国的资本账户尚未实现完全开放，资本和金融项目渠道下的人民币流出和回流仍受到较大的限制与约束，但是随着跨境人民币资本流动试点的推进，资本和金融项目下人民币流出和回流的规模不断攀升。未来随着境内资本账户开放进程的推进，人民币通过资本和金融项目渠道的跨境流通将日益频繁，该渠道也将成为继经常项目渠道之后人民币跨境流通的又一主要渠道。资本和金融项目下人民币跨境流动的渠道主要包括三个方面。

一是直接投资。对外直接投资人民币结算和外商直接投资人民币结算分别构成了直接投资项下的人民币流出和回流。就对外直接投资人民币结算而言，2011 年 1 月 6 日由中国人民银行发布的《境外直接投资人民币结算试点管理办法》规定："经境外直接投资主管部门核准，境内机构（在跨境贸易人民币结算试点地区登记注册的非金融企业）可以使用人民币资金通过设立、并购、参股等方式在境外设立或取得企业或项目全部或部分所有权、控制权或经营管理权"。2011 年 8 月 23 日跨境贸易人民币结算试点地区扩大至境内所有省份之后，全国的银行和企业均可以开展人民币对外直接投资业务。在外商直接投资人民币结算方面，2011 年 6 月 3 日中国人民银行公布的《关于明确跨境人民币业务相关问题的通知》中首次公开明确了外商直接投资人民币结算的办法。2011 年 10 月 13 日中国人民银行在《外商直接投资人民币结算业务管理办法》中明确了外商直接投资人民币结算的业务办理和监督管理细则。翌日，商务部发布的《关于跨境人民币直接投资有关问题的通知》

中规定，"境外投资者（含港澳台投资者）可以运用合法获得的境外人民币依法开展直接投资活动"，并明确了跨境人民币直接投资的审批管理程序。2013 年 9 月 23 日，中国人民银行发布通知，允许境外投资者在取得金融监管部门批准后，可使用人民币投资境内金融机构，具体包括新设、增资、并购、参股、股权转让、利润分配、清算、减资、股份减持或先行收回投资等。至此，直接投资人民币结算业务全面放开。中国人民银行的数据显示，2010—2017 年直接投资项下的人民币收付金额累计已达 8.60 万亿元人民币，其中对外直接投资人民币收付额累计为 2.63 万亿元人民币，外商直接投资人民币收付累计金额为 5.97 万亿元人民币①。

二是金融市场。金融市场渠道的人民币跨境流通路径主要包括境外人民币清算行等三类机构投资境内银行间债券市场、RQFII、RQDII、离岸人民币债券回流、"沪港通"、"深港通"、"债券通"②等。其中，RQDII、"沪港通"下的"港股通"与"深港通"下的"港股通"是人民币通过金融市场流出的重要路径，境外人民币清算行等三类机构投资境内银行间债券市场、"债券通"的"北向通"、RQFII、"沪股通"、"深股通"、离岸人民币债券回流是离岸市场人民币进入境内市场的主要渠道。

第一，就境外人民币清算行等三类机构投资境内银行间债券市场和"债券通"的"北向通"而言，一方面，根据《关于境外人民币清算行等三类机构运用人民币投资银行间债券市场试点有关事宜的通知》，境外中央银行、港澳人民币清算行和跨境贸易人民币结算的境外参加行三类金融机构，可将通过开展央行货币合作、跨境贸易和投资人民币业务获得的人民币资金，经中国人民银行批准后，在核准的额度内在银行间债券市场从事债券投资业务③。另一方面，2017 年 7 月 3 日，"债券通"

① 数据来源：2010—2016 年数据来源于中国人民银行发布的《2017 年人民币国际化报告》，第 6 页；2017 年数据来源于中国人民银行发布的《2017 年金融统计数据报告》。
② 截至 2017 年底，"债券通"中仅有"北向通"正式上线运行。
③ 根据该通知，从事债券投资业务的具体投资方式主要有：第一，境外央行和港澳人民币清算行可委托具有国际结算业务能力的银行间债券市场结算代理人进行债券交易和结算；也可以直接向中央国债登记结算有限公司申请开立债券账户，向全国银行间同业拆借中心申请办理债券交易联网手续。第二，境外参加行应当委托具有国际结算业务能力的银行间债券市场结算代理人进行债券交易和结算。

的"北向通"正式上线，境外投资者可以通过"北向通"直接投资境内银行间债券市场。截至 2017 年底，共有来自 19 个国家和地区的 247 家境外机构投资者通过"北向通"进入境内银行间债券市场[①]。

第二，就离岸人民币债券回流而言，企业或金融机构可以将在离岸市场发行的人民币计价债券所募集到的资金回流至在岸市场，通常而言离岸人民币债券资金回流有三种方式：向境内公司贷款、对境内的直接投资和进口贸易人民币结算。

第三，在 RQFII 方面，根据 2011 年 12 月 16 日中国证监会、中国人民银行和国家外汇管理局联合发布的《基金管理公司、证券公司人民币合格境外机构投资者境内证券投资试点办法》的规定，"境内基金管理公司、证券公司的香港子公司，均可运用在香港募集的人民币资金投资境内证券市场"，但这一投资行为须经中国证监会的批准，投资额度也受到国家外汇管理局的限制。2013 年 3 月 1 日上述三部委又联合发布《人民币合格境外机构投资者境内证券投资试点办法》，将合格境外机构投资者扩大至境内基金管理公司、证券公司、商业银行、保险公司等的香港子公司，以及注册地及主要经营地在香港地区的金融机构。随后，RQFII 试点范围逐步扩大，截至 2017 年 9 月 30 日，RQFII 试点范围已扩展至中国香港、英国、新加坡、法国、韩国、德国、卡塔尔、加拿大、澳大利亚、瑞士、卢森堡、智利、匈牙利、马来西亚、阿联酋、泰国、美国、爱尔兰等 18 个国家和地区，试点额度也由试点之初的 200 亿元人民币增至 17 400 亿元人民币[②]。截至 2018 年 2 月 27 日，共有 196 家境外机构获得 RQFII 试点资格，累计获批投资额度 6 123.62 亿元人民币[③]。

第四，在 RQDII 方面，2014 年 11 月中国人民银行发布《关于人民币合格境内机构投资者境外证券投资有关事项的通知》，规定"人民币合格投资者可以自有人民币资金或募集境内机构和个人人民币资金，投

---

① 数据来源：中国人民大学国际货币研究所. 人民币国际化报告 2018［M］. 北京：中国人民大学出版社，2018.
② 数据来源：中国人民银行发布的"人民币合格境外机构投资者（RQFII）额度一览表（截至 2017 年 9 月 30 日）"。
③ 数据来源：国家外汇管理局发布的"人民币合格境外机构投资者（RQFII）投资额度审批情况表"（截至 2018 年 2 月 27 日）。

资于境外金融市场的人民币计价产品（银行自有资金境外运用除外）"，并将人民币合格投资者限定为"取得国务院金融监督管理机构许可并以人民币开展境外证券投资的境内金融机构"。与 RQFII 需要额度审批不同的是，RQDII 不另设额度审批，RQDII 项下的人民币境外投资资金汇出规模以实际募集规模为准，并不得超过其向国务院金融监督管理机构报送的产品最大发行规模，但最大发行规模可以根据实际募集情况在报送国务院金融监督管理机构的基础上适当上调。RQDII 的推出，拓宽了境内人民币投资境外人民币计价资本市场的渠道，带动了人民币的流出，同时也可以提高离岸市场上人民币金融产品交易活跃度和资产规模，并推动离岸市场上人民币计价金融产品加快创新。

第五，就"沪港通"与"深港通"而言，2014 年 11 月，沪港股票市场交易互联互通机制试点正式启动，此后香港中央结算有限公司可以开立人民币沪股通专用存款账户，使用人民币进行沪股通证券交易结算，同时中国证券登记结算公司或其分公司可开立人民币港股通专用存款账户，专门用于港股通业务相关业务资金往来①。2016 年 12 月，深港通正式启动。据统计，2017 年，"沪股通"和"深股通"买入成交总金额 12 325.30 亿元人民币，卖出成交总金额 10 327.93 亿元人民币，净买入 1 997.37 亿元人民币；"港股通"买入成交总金额 11 238.04 亿元人民币，卖出成交总金额 8 288.75 亿元人民币，净买入 2 949.29 亿元人民币②。

三是贷款。境内银行业金融机构的境外项目人民币贷款是在岸市场人民币流向离岸市场的又一渠道。根据《中国人民银行关于境内银行业金融机构境外项目人民币贷款的指导意见》，境内银行可以为"境内机构'走出去'过程中开展的各类境外投资和其他合作项目提供人民币贷款"，这些境外项目"包括但不限于境外直接投资、对外承包工程以及出口买方信贷等"；"根据办理境外项目人民币贷款需要，银行可以向其境外分行调拨人民币资金，也可以向其境外子行或境外代理行融出人民

① 中国人民银行，证监会. 中国人民银行 中国证券监督管理委员会关于沪港股票市场交易互联互通机制试点有关问题的通知 [EB/OL]. (2014-11-04). http://www.gov.cn/zhengce/2014-11/04/content_5023453.htm.
② 中国人民大学国际货币研究所. 人民币国际化报告 2018 [M]. 北京：中国人民大学出版社，2018.

币资金"①。此外，境内企业也可以从境外银行进行人民币贷款，但该政策仍处于在境内部分地区的试点阶段。据刘华和李广众（2017）的研究，截至 2016 年 5 月，共有深圳前海深港现代服务业合作区、上海自由贸易试验区、苏州工业园区、天津生态城、云南沿边金融综合改革试验区、广西沿边金融综合改革试验区、广州南沙新区、珠海横琴新区、厦门、青岛财富管理金融综合改革试验区、昆山深化两岸产业合作试验区、泉州金融综合改革试验区、郑州航空港区等 13 个城市和地区开展了企业自境外借入人民币借款业务，累计签订借款合同金额 1 045.30 亿元人民币，提款金额 827.90 亿元人民币，还款金额 235.20 亿元人民币，借款余额 592.70 亿元人民币②。

三、官方储备资产渠道

官方储备资产渠道的人民币跨境流动主要依靠境外央行或货币当局与中国人民银行之间的双边本币互换。通过与中国的双边本币互换，对方可以将人民币注入本国金融体系，从而为本国金融市场提供紧急流动性支持。

中国所签署的双边本币互换协议，可以追溯至东亚金融危机后东盟 10 国与中国、日本、韩国在"清迈倡议"框架下所签署的双边互换协议。截至 2009 年 4 月，在该框架下，中国分别与日本、韩国、泰国、马来西亚、菲律宾、印度尼西亚签署了总额为 235 亿美元的双边互换协议，其中与日本、韩国和菲律宾的互换协议可以使用双边本币支付，规模为 160 亿美元③。

2008 年全球金融危机爆发后，在"清迈倡议"框架外，中国人民银行相继与韩国银行、香港金融管理局等多个经济体的中央银行或货币当局签署或续签了双边本币互换协议。截至 2017 年 7 月 21 日，与中国人民银行签署双边本币互换协议的境外央行或货币当局达到 36 个，总

---

① 中国人民银行. 中国人民银行关于境内银行业金融机构境外项目人民币贷款的指导意见（银发〔2011〕255 号）[EB/OL]（2011-10-26）.http://www.pbc.gov.cn/tiaofasi/144941/3581332/3586900/index.html.
② 刘华，李广众. 离岸人民币市场发展的影响：理论、实证与政策研究 [M]. 北京：社会科学文献出版社，2017.
③ 数据来源：Ministry of Finance Japan：Network of BSAs under the CMI [EB/OL].http://www.mof.go.jp/english/international_policy/financial_cooperation_in_asia/index.html.

规模为 33 437 亿元人民币①。然而，目前这些互换协议并未得到充分的使用，因而并未成为境内人民币流出的主要渠道。据中国人民银行的数据，截至 2016 年底，在中国人民银行与境外中央银行或货币当局签署的双边本币互换协议下，境外中央银行或货币当局累计动用的人民币仅为 3 655.31 亿元，中国人民银行累积动用的外币折合 1 128.41 亿元人民币②。

总体而言，随着人民币国际化进程推进过程中旨在促进人民币跨境使用的多项政策与措施的陆续出台，离岸市场与在岸市场之间人民币跨境流通的渠道日益拓宽，目前人民币的流出与回流机制已初步建成。人民币在两个市场之间的跨境流动和动态循环，必将使在岸与离岸市场之间的联系不断加深，在境内金融改革尚未完成的背景下，这有助于政府充分利用离岸市场自由灵活的特征和价格发现功能，进一步推进境内金融改革，但同时也应谨防离岸人民币的大量沉淀和循环使用对境内货币金融稳定可能带来的潜在冲击。

第三节　境外人民币存量的动态演进

本节以境外人民币存量作为对离岸人民币市场发展程度的衡量，以综合考察离岸人民币市场发展的总体情况。然而，由于目前国内外尚未有专门机构对境外人民币存量进行统计，因此，本节将采用经济计量方法对境外人民币存量规模进行测度，并以此为基础，分析了近年来境外人民币存量的动态演进过程。

一、测算方法选择

对于境外货币存量规模的测算，学术界通常采用两种估计方法：直接法和间接法。其中，直接法主要通过边境贸易额、出入境人员携带数

---

① 包含已失效但未续签的双边本币互换协议规模。其中，已失效的双边本币互换协议分别是中国人民银行与乌兹别克斯坦中央银行、巴西中央银行、阿尔巴尼亚银行、印度尼西亚银行所签署的互换协议；已失效协议规模为 2 927 亿元人民币。数据来源于中国人民银行发布的《中国人民银行和其他中央银行或货币当局双边本币互换一览表（截至 2017 年 7 月底）》，http://www.pbc.gov.cn/huobizhengceersi/214481/214511/214541/3353326/index.html。
② 数据来源：中国人民银行. 2017 年人民币国际化报告 [M]. 北京：中国金融出版社，2017.

量等调查资料进行推断，如李婧等（2004）通过对边境贸易、游客跨境人民币支付以及地下渠道的人民币交易数据的估算结果显示，2002年人民币境外存量约为50亿～120亿元。但是，直接法仅能获得边境贸易和出入境人员携带等能够观察得到渠道的人民币数量，对其他不易观察或非正常渠道流出、流入的数量难以评估，在人民币国际化早期和离岸人民币市场之初该方法可能还具有适用性，但随着人民币跨境流通渠道的不断拓宽，采用该方法估算的境外人民币存量或流通规模与实际值的偏差越来越大，此外，该估计方法具有较大的主观随意性。

鉴于直接法的缺陷，越来越多的学者采用间接法对境外货币存量进行估算，比较典型的间接法有季节法、生物计量法、最大似然法、M0/GDP趋势法和缺口法。但前四种方法主要见诸对境外美元存量的测算，考虑到人民币境外存量的阶段性特征、数据可获取性等问题，难以采用这四种方法对境外人民币存量进行估算，且具体应用时存在较大困难（马荣华和饶晓辉，2007；宋芳秀和刘芮睿，2016）。基于缺口法的可操作性和数据可获取性，近年来其得到了诸多国内学者的青睐，已成为测算人民币境外存量的主流方法。如董继华（2008）采用缺口法对1999—2005年各季度境外人民币持有规模进行了估算，结果表明，1999年以来境外人民币持有规模不断攀升，至2005年已达到250多亿元。巴曙松和严敏（2010）以年度数据为样本，也以1999年为样本分割点的估计结果则显示，境外人民币流通规模已由1999年的596.37亿元持续增加至2008年的3 426.99亿元。李继民（2011）以2001年为样本分割点，基于季度数据的估计结果发现，2001年以来人民币境外存量季度末平均值已由2001年的116.80亿元增至2008年的926.50亿元。陶士贵和叶亚飞（2013）将2005年视为人民币境外流通的时间分界点，采用缺口法进行估计发现，境外人民币存量季度平均值由2006年的588亿元增长到了2012年的6 740亿元。与之类似，严佳佳等（2017）也以2005年为分界点，基于季度数据测算得到境外人民币存量已由2006年第一季度的3 744.013亿元增至2014年第三季度的25 243.36亿元。此外，沙文兵和童文俊（2014）、余道先和王云（2015）、宋芳秀和刘芮睿（2016）、杨荣海（2018）也分别使用缺口法，基于不同的样本数据对境外人民币存量或需求规模进行了估算。

缺口法的基本思想是：假设境内货币需求函数是稳定的，首先，将样本分为两个时间段，并假设第一时间段无货币跨境流通，即境外货币存量为零，对境内货币需求函数进行估计，得到境内货币需求函数估计系数。其次，将第二时间段的数据带入到前述估计得出的境内货币需求函数中，得出的拟合值作为第二时间段的境内货币需求。最后，采用国内货币供应量减去拟合的第二时段境内货币需求，即为境外人民币存量。

根据对前述文献的梳理与归纳可以发现，由于样本选取、数据处理以及对人民币境外流通时间分界点选择等的差异，已有成果所估计出的境外人民币存量规模各不相同，甚至存在较大差异。尽管如此，缺口法依然被视为估计境外人民币存量的可靠方法（宋芳秀和刘芮睿，2016）。基于此，本文将在充分借鉴上述研究的基础上，以缺口法为基础对境外人民币需求规模进行测算。

二、境外人民币存量规模测度

（一）境内人民币需求函数设定

本文以费里德曼的现代货币数量说为基础，借鉴 Ball（2012）和沙文兵（2016）等的研究，将境内货币需求函数形式[①]设定如下：

$$Ln\left(\frac{M_{0t}}{P_t}\right) = \alpha_0 + \alpha_1 Ln\left(\frac{GDP_t}{P_t}\right) + \alpha_2 R_t + \varepsilon_t \qquad (2-1)$$

其中，M_{0t} 为 t 时期中国狭义货币现金总额，即流通中货币期末余额，P_t 为 t 时期的居民消费价格指数，$\left(M_{0t}/P_t\right)$ 则表示 t 时期中国境内实际货币需求；GDP_t 和 $\left(GDP_t/P_t\right)$ 分别为 t 时期中国的名义国内生产总值和实际国内生产总值；R_t 为实际利率，采用 t 时期一年期定期存款利率（整存整取）减去通货膨胀率计算得到。根据货币需求理论，可以预期

[①] 关于中国境内货币需求函数的设定，部分学者认为还应纳入国外利率以及衡量股票市场与房地产市场发展的因素等。然而，一方面，当前我国股票市场仍不发达以及利率市场化程度较低，因此国外利率和股票市场并不是中国境内货币需求的主要驱动因素（伍戈，2009），故本文不将上述因素纳入货币需求函数之中。另一方面，由于房地产市场兼有商品市场和资本市场的属性，加之难以区分真实居住用途和投资性住房（严佳佳等，2017），且房地产的建设已部分计算在 GDP 之中（刘林和朱孟楠，2013），因而本文也不单独纳入衡量房地产市场的指标。

$\alpha_1 > 0$、$\alpha_2 < 0$。

(二) 数据说明、来源与处理

本节选取 1996 年第一季度至 2017 年第三季度的季度数据进行分析,并将样本划分为 1996 年第一季度至 2003 年第四季度、2004 年第一季度至 2017 年第三季度两个阶段。其中,使用第一时间阶段的数据估计境内货币需求函数,并以所估计结果为基础测度第二时间阶段的境外人民币存量规模。

选取 1996 年为样本起点的原因在于,1994 年国家陆续出台了多项经济体制改革措施,货币需求可能随着经济体制改革而发生较大变化,故为了剔除"政策措施起始效应",选取 1996 年为样本起始点。而选择 2004 年为境外人民币存量分割点主要是出于以下考虑:第一,2003 年 6 月 29 日和 2003 年 10 月 18 日《内地与香港关于建立更紧密经贸关系的安排》和《内地与澳门关于建立更紧密经贸关系的安排》签署后,人民币境外流通速度明显加快(宋芳秀和刘芮睿,2016)。第二,2003 年 11 月,中国人民银行宣布同意为开办存款、兑换、汇款及人民币银行卡业务的中国香港的银行提供清算安排,2004 年 2 月中国香港的银行正式开办人民币业务,标志着中国香港离岸人民币市场开始正式建立。第三,尽管部分研究认为 1997 年亚洲金融危机后,人民币就已在周边国家和地区逐步流通,但 1998—2004 年期间人民币主要通过边境贸易、出国留学、个人旅游消费等渠道流出,人民币流通规模并不大,可以忽略不计(沙文兵和童文俊,2012)。

本节所涉及的 M_0、GDP 数据来源于中经网统计数据库,居民消费价格指数数据来源于国际货币基金组织的国际金融统计数据库,一年期定期存款利率(整存整取)数据来源于 Wind 金融终端。其中,居民消费价格指数以 2010 年为基期,t 时期的通货膨胀率(π_t)采用如下公式计算:$\pi_t = \dfrac{CPI_t - CPI_{t-1}}{CPI_{t-1}} \times 100\%$,$CPI_t$ 为 t 时期以 2010 年为基期的居民消费价格指数。由于一年期定期存款利率(整存整取)并非频繁变动,因此,对于季度存款利率本节采用如下方法计算,如果当季度中国人民银行对利率进行了调整,则依据该季度内调整前后的不同利率具体执行天数进行加权计算得出本季度利率水平，如果季度内利率水平并未发生调整，则以该利率水平作为对当季度利率的度量。

（三）境内人民币需求函数估计结果

1. 单位根检验

采用第一时间段样本对式（2-1）进行估计，即可得到境内人民币需求函数。建模之前，判断时间序列是否平稳至关重要。如果序列不平稳，则该序列的数字特征（如均值、方差和协方差）往往随着时间而发生变化，即非平稳序列的随机规律在不同时点会发生变化，难以通过已知数据信息推断序列整体随机特征。此时，如果直接建模，可能存在伪回归现象。因此，须对上述所有序列进行单位根检验。本节采用 ADF 检验方法对各变量进行了检验，结果见表 2-2。

表 2-2　　　　　　　　　　各变量单位根检验结果

变量名称	检验形式 (C, T, L)	ADF统计量	1%临界值	5%临界值	10%临界值	结论
$Ln\left(M_{0t}/P_t\right)$	(C, T, 4)	-1.8581	-4.3393	-3.5875	-3.2292	非平稳
$\Delta Ln\left(M_{0t}/P_t\right)$	(C, 0, 3)	-2.0824	-3.6999	-2.9763	-2.6274	非平稳
$\Delta^2 Ln\left(M_{0t}/P_t\right)$	(0, 0, 2)	-15.8495***	-2.6534	-1.9539	-1.6096	平稳
$Ln\left(GDP_t/P_t\right)$	(C, T, 3)	0.1074	-4.3240	-3.5806	-3.2253	非平稳
$\Delta Ln\left(GDP_t/P_t\right)$	(C, 0, 3)	-1.8271	-3.6999	-2.9763	-2.6274	非平稳
$\Delta^2 Ln\left(GDP_t/P_t\right)$	(0, 0, 2)	-129.7676***	-2.6534	-1.9539	-1.6096	平稳
R_t	(C, T, 5)	-1.9640	-4.3561	-3.5950	-3.2335	非平稳
ΔR_t	(C, 0, 3)	-2.3613	-3.6999	-2.9763	-2.6274	非平稳
$\Delta^2 R_t$	(0, 0, 3)	-6.2040***	-2.6569	-1.9544	-1.6093	平稳

注：（1）原假设 H_0：序列存在单位根，拒绝原假设可以说明序列平稳。（2）"***"表示显著水平为 1%。（3）检验形式中 C 表示含有常数项，T 表示趋势项，L 为 ADF 检验滞后阶数（根据 SC 信息准则进行判断）。（4）"Δ"和"Δ^2"分别表示对变量进行一阶差分和二阶差分。

表 2-2 显示，各变量原始序列及其一阶差分序列的 ADF 统计量均

不能拒绝原假设，即各变量原始序列及其一阶差分都是非平稳的。但是各变量的二阶差分序列的 ADF 统计量在 1% 显著水平上均拒绝原假设，表明各变量均为二阶单整过程，即 $Ln\left(M_{0t}/P_t\right)$、$Ln\left(GDP_t/P_t\right)$、$R_t \sim \mathrm{I}$（2）。

2. 协整关系检验

对于非平稳序列，如果采用差分方法消除数据中隐含的非平稳趋势进行建模可能导致差分后的序列不再具有直接经济含义，难以进行经济学解释。但是，如果非平稳序列的线性组合为平稳序列，即这些变量之间满足协整关系，意味着变量间存在长期均衡关系，则可以直接建模分析。采用 Johansen 检验对变量间的协整关系进行检验的结果见表 2-3。从表 2-3 可以看出，在 5% 显著水平上，$Ln\left(M_{0t}/P_t\right)$、$Ln\left(GDP_t/P_t\right)$、$R_t$ 存在协整关系，因此，各变量之间存在长期均衡关系，可以进行建模分析。

表 2-3　　　　　　　　　　Johansen 协整检验结果

H₀：原假设	特征根	迹统计量	5% 临界值	相伴概率（P 值）
0 个协整向量**	0.7326	58.7082	35.1928	0.0000
最多 1 个协整向量**	0.5053	23.0904	20.2618	0.0199
最多 2 个协整向量	0.1405	4.0868	9.1645	0.3994

注："**"表示在 5% 显著水平上拒绝原假设。

3. 模型参数估计

采用第一时间段样本数据对式（2-1）进行最小二乘回归，得到如下方程：

$$Ln\left(\frac{M_{0t}}{P_t}\right) = 1.3967 + 0.6657 Ln\left(\frac{GDP_t}{P_t}\right) - 0.0420 R_t \qquad (2\text{-}2)$$

$$se = （0.4974）（0.0832）　　　　（0.0077）$$

$$t = （2.8080）^{***}（7.9966）^{***}　　　（-5.4208）^{***}$$

$$Adj - R^2 = 0.9251,\ F\ 统计量 = 192.3146,\ P（F 统计量）= 0.0000$$

其中，"****"表示待估参数在 1% 显著水平上显著异于 0。对式

（2-2）的残差进行单位根检验，结果显示其在 1% 显著水平上拒绝存在单位根的原假设，从而本文的估计结果是稳健的。

从式（2-2）可以看出，$Ln\left(GDP_t/P_t\right)$ 的系数均为正，R_t 的系数为负，意味着中国实际国内生产总值的增加，可以显著促进境内货币需求规模的上升，而提高实际利率水平，则会使境内货币需求规模下降，这一结论与前文的预期一致。就各变量的影响程度而言，式（2-2）表明，在其他条件不变的情况下，中国实际国内生产总值增加一个百分点，境内对人民币的需求将上升 0.6657%，境内人民币实际利率上升 1%，将使境内人民币需求规模下降 4.20 个百分点。

（四）境外人民币存量规模测算结果

根据缺口法的基本思想，假设两个时间段内，境内货币需求函数稳定，不发生结构性变化，将第二时间段（2004 年第一季度至 2017 年第三季度）各变量数据代入式（2-2），即可得到该时间段境内货币需求的预测值（$\hat{M}_0$），同时采用该时间段 M_0 的实际值减去 $\hat{M}_0$，便可测算出境外人民币存量规模。相关结果见表 2-4。

表 2-4　　　　　　　　**2004 第一季度至 2017 年**

第三季度境外人民币存量　　　单位：亿元人民币

时间	境外存量	时间	境外存量	时间	境外存量	时间	境外存量	时间	境外存量
2004Q1	726.29	2007Q1	898.89	2010Q1	2 882.07	2013Q1	8 073.28	2016Q1	5 845.26
2004Q2	168.20	2007Q2	710.78	2010Q2	2 802.02	2013Q2	8 269.25	2016Q2	4 759.64
2004Q3	824.56	2007Q3	−140.60	2010Q3	2 952.76	2013Q3	6 821.26	2016Q3	3 473.25
2004Q4	−220.28	2007Q4	−297.85	2010Q4	−427.83	2013Q4	4 666.45	2016Q4	1 372.30
2005Q1	948.27	2008Q1	−168.89	2011Q1	3 536.23	2014Q1	9 314.98	2017Q1	6 886.88
2005Q2	1 076.39	2008Q2	1 410.71	2011Q2	3 489.20	2014Q2	8 407.66	2017Q2	4 231.74
2005Q3	1 156.89	2008Q3	2 538.99	2011Q3	3 846.76	2014Q3	6 613.55	2017Q3	3 047.28
2005Q4	49.79	2008Q4	3 453.81	2011Q4	5 883.17	2014Q4	4 357.12		
2006Q1	886.09	2009Q1	3 619.95	2012Q1	7 130.85	2015Q1	10 196.04		
2006Q2	1 098.29	2009Q2	2 519.10	2012Q2	7 122.76	2015Q2	5 501.99		
2006Q3	2 350.06	2009Q3	3 083.62	2012Q3	7 989.40	2015Q3	2 545.50		
2006Q4	82.99	2009Q4	432.86	2012Q4	5055.42	2015Q4	2174.17		

三、境外人民币存量规模变动趋势

根据表 2-4，可得近年来境外人民币存量变动趋势图，如图 2-7 所示。据此可以看出，2004 年第一季度至 2017 年第三季度期间，境外人民币存量规模的动态演进路径具有以下显著特征：

第一，总体来看，境外人民币存量规模呈现先上升后下降之势。2004 年第一季度境外人民币存量规模仅为 726.29 亿元，随后则保持在波动中不断上升之势，至 2015 年第一季度已上升至 10 196.04 亿元，创历史最高值，较 2004 年第一季度增加了 13.04 倍。然而，自 2015 年中期起，受人民币汇率形成机制改革后人民币兑美元升值预期逆转，以及中国人民银行加强了对跨境资本流出管制等因素的影响，境外人民币存量规模开始出现显著下降，期间虽在部分季度略有上升，但总体上维持下降趋势。

第二，具体来看，境外人民币存量规模变化表现出明显的阶段性特征。图 2-7 显示，2004 年第一季度至 2017 年第三季度期间，境外人民币存量规模变化过程整体上可以划分为三个阶段。其中，第一阶段为 2004 年第一季度至 2008 年第二季度，境外人民币存量较小且变动趋势平稳。这一期间，随着中国香港人民币业务的推出，以及人民币在边贸、跨境旅游消费中的接受程度不断上升，境外人民币存量规模逐步攀升，但总体上上升趋势较为平稳且规模相对较小。第二阶段为 2008 年第三季度至 2015 年第一季度，境外人民币存量规模快速增加。2008 年 9 月国际金融危机全面爆发，主要国际货币汇率波动剧烈，而人民币汇率不仅较为稳定且保持持续升值之势，使得国际市场对人民币的需求不断攀升，加之 2009 年起中国政府相继推出人民币双边本币互换、跨境贸易人民币结算试点等一系列旨在促进人民币国际使用的政策与措施，因此自 2008 年第三季度开始，境外人民币存量规模显著攀升，但是由于在初期跨境人民币业务仍处于试点阶段，且多集中于在经常项目交易中的使用，故 2008 年第三季度至 2011 年第一季度期间，境外人民币存量规模增速相对较低，甚至在部分季度出现了一定程度的下降。然而，自 2011 年第一季度起，伴随跨境贸易人民币结算业务的全面放开、外商直接投资人民币结算和对外直接投资人民币结算的启动，以及新加坡、中国台湾等离岸人民币市场的建立和"沪港通"等的启动，境外人民币存量规模迅猛攀升，并于 2015 年第一季度达到历史峰值。第三阶段为 2015 年第二季度至 2017 年第三季度，境外人民币存量规模显著下降。如前所述，2015 年人民币汇率形成机制改革后，人民币开始出现贬值，人们普遍对人民币持贬值预期，境外对人民币的需求显著减弱，人民币境外存量开始下降，尽管 2017 年初伴随着人民币的升值，境外人民币存量略有上升，但随后又开始下降，至 2017 年第三季度境外人民币存量已降至 3 047.28 亿元，与 2015 年第一季度相比下降了 70.11%。

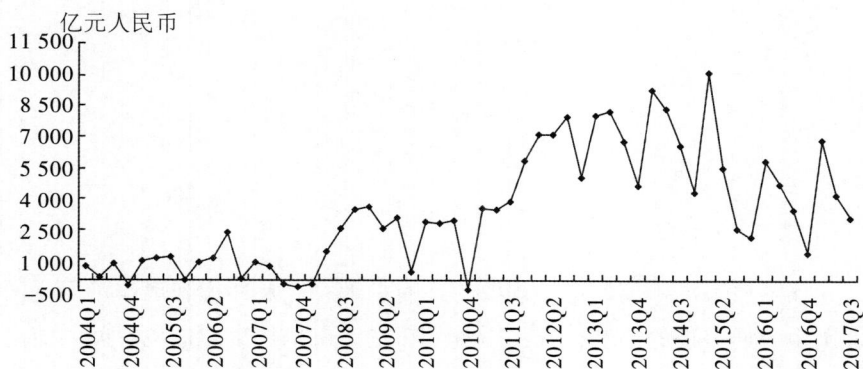

图 2-7　2014 年第一季度至 2017 年第三季度境外人民币存量规模走势

第三章 离岸人民币市场对境内货币政策中间目标的动态影响

伴随着人民币离岸市场规模的不断扩大，以及在岸与离岸市场之间人民币流通渠道的拓宽，人民币资金在在岸市场与离岸市场之间的流动更加频繁。快速发展的人民币离岸市场与人民币在两个市场之间的频繁流动引发了学术界对于境内货币政策有效性的担忧。当前，中国的货币政策框架仍以数量型调控为主，货币供给量依然是货币政策的主要中间目标，但是随着货币政策框架由以数量型调控为主向以价格型调控为主的转变，利率和汇率在货币政策中间目标中的重要性将日益提升。因此，本章从货币供给量、利率、汇率三个层面分别讨论离岸人民币市场发展对境内货币政策中间目标的动态影响。

第一节 离岸人民币市场对境内货币供给量的动态影响

一国货币在离岸市场上的信贷扩张是否会削弱货币发行当局对境内货币供给量的控制能力，一直以来都是学者们争论的焦点。部分学者认为，本国货币离岸市场的发展可能使货币发行国中央银行更难测量并控制其货币的供给量（如 Klopstock，1968；Frydl，1982）；但也有学者认为，离岸市场发展对境内货币供给量的影响有限，且可控（如 Brimmer，1969；Gibson，1971）。近年来，随着离岸人民币市场的迅猛发展，其将对中国境内货币供给量产生怎样的影响日渐引起学术界的关注。本节在借鉴已有研究的基础上，采用基于 VAR 模型的广义脉冲响应函数和方差分解方法对此问题进行实证分析。采用脉冲响应函数和方差分解方法不仅可以考察离岸人民币市场对境内货币供给量的短期影响，亦能分析相应的动态冲击效应。

一、经济计量模型选取

（一）VAR 模型构建

根据中央银行及商业银行资产负债表构建原理，合并中央银行及商业银行资产负债表，在禁止财政赤字货币化的条件下，可以得出：广义货币供给量变化等于贷款增加额与通过商业银行结售汇的外汇增加额之和（张春生和蒋海，2013）。因此，从资产负债的角度来说，境内广义货币供给量主要受境内信贷规模和外汇储备规模的影响。此外，已有研究也表明，尽管离岸市场的人民币派生并不影响境内货币供给量（伍戈和杨凝，2015），但是人民币在离岸市场与在岸市场之间的跨境流动则会影响境内基础货币和货币乘数，并进而影响境内广义货币供给量（严佳佳等，2017）。因此，本节在设定经济计量模型时，着重考察离岸人民币市场发展程度、信贷规模和外汇储备对境内广义货币供给量的影响。同时，考虑境内货币供给量与信贷规模或外汇储备之间可能存在的双向因果关系，本节通过构建向量自回归（VAR）模型，并采用基于 VAR 模型的广义脉冲响应函数[①]和方差分解方法进行实证分析。对于滞后期为 p 的包含上述四个变量的 VAR 模型，有：

$$Y_t = C_t + \Phi_1 Y_{t-1} + \Phi_2 Y_{t-2} + \cdots + \Phi_p Y_{t-p} + \varepsilon_t \qquad (3-1)$$

其中，$Y_t = (M_{2t}, OFM_t, LOAN_t, FX_t)$，为 4 维内生变量列向量，且 M_{2t}、

---

① 与 Cholesky 或 Bernanke 脉冲响应分析等传统的脉冲响应函数分析法相比，广义脉冲响应函数的分解结果不会受到模型结构关系的不同设定或变量不同排序的影响。

OFM_t、$LOAN_t$ 和 FX_t 分别表示 t 时期境内货币供给量、离岸人民币市场发展程度、境内信贷规模和境内外汇储备规模；$\Phi_1, \cdots, \Phi_p$ 为 4×4 维待估参数矩阵，C_t 为 4 维常数列向量，ε_t 为 4 维扰动列向量。通过估计式（3-1）并在此基础上进行脉冲响应函数与方差分解分析，便可以考察离岸人民币市场发展对境内广义货币供给量的动态影响。

（二）变量说明、数据来源及处理

对于式（3-1）中的各内生变量，采用如下方法进行衡量：首先，对于境内货币供给量 M_2，采用广义货币供给期末余额进行衡量。其次，对于境内信贷规模，采用金融机构各项人民币贷款余额进行测度。再次，对于境内外汇储备规模，采用各期外汇储备额进行衡量。最后，对于离岸市场发展程度，本节采用中国香港人民币存款规模进行衡量，主要原因在于：一方面，香港离岸人民币业务起步最早、发展最为成熟，也是当前规模最大、人民币产品种类最多的离岸人民币市场，且人民币跨境流通的渠道在所有离岸人民币市场中也是最为丰富的；另一方面，尽管离岸人民币业务还包括债券、股票、现金等其他业务种类，但是相对而言，人民币存款规模最大，是离岸市场人民币最主要的资产形式（王书朦，2016）。此外，香港离岸人民币存款规模时间序列数据起始更早且易得，可以更好地满足经济计量模型对数据样本长度的要求。

鉴于香港自 2004 年 2 月起正式开办人民币业务，故本书选取 2004 年 2 月至 2017 年 10 月的月度数据进行分析。其中，境内广义货币供给期末余额数据来源于中经网统计数据库，金融机构各项人民币贷款余额数据来源于 Wind 金融终端，境内外汇储备规模数据来源于国家统计局，香港人民币存款规模数据来源于香港金融管理局。本书采用 Census X12 方法对上述各变量进行季节调整。同时，为了消除异方差的影响，本书对 M_{2t}、OFM_t、$LOAN_t$ 和 FX_t 均取自然对数，分别记为 LnM_{2t}、$LnOFM_t$、$LnLOAN_t$ 和 $LnFX_t$。

二、计量结果与讨论

（一）单位根检验

采用 ADF 检验和 PP 检验方法分别对 LnM_{2t}、$LnOFM_t$、$LnLOAN_t$ 和

$LnFX_t$ 进行单位根检验，结果显示，上述四个变量的原始序列均不平稳，但是各变量一阶差分在 10% 显著水平上均为平稳序列，即各变量均服从一阶单整过程。因此，在建立 VAR 模型时，本书采用各变量的一阶差分[①]（分别记为 $DLnM_{2t}$、$DLnOFM_t$、$DLnLOAN_t$、$DLnFX_t$）进行建模。

（二）模型最优滞后期选择与稳定性检验

在对 $DLnM_{2t}$、$DLnOFM_t$、$DLnLOAN_t$、$DLnFX_t$ 四个内生变量构成的 VAR（p）模型进行协整关系检验之前，首先要确定模型的最优滞后阶数，根据 AIC 准则，本书认为 4 期为最优滞后期，因此建立 VAR（4）模型是最优的。

此外，由于非稳定的 VAR 模型不可以进行脉冲响应函数和方差分解分析，因此本书首先对 VAR（4）模型的稳定性进行检验。结果显示，模型所有特征根模的倒数均位于单位圆内，故本书所建立的 VAR（4）模型是稳定的，可以进行脉冲响应函数和方差分解分析。

（三）协整关系检验

采用 Johansen 协整检验方法对 $DLnM_{2t}$、$DLnOFM_t$、$DLnLOAN_t$、$DLnFX_t$ 之间的协整关系进行检验，无论特征根迹检验还是最大特征值检验结果均表明，在 5% 显著水平上，上述四个变量之间均存在协整关系。

（四）脉冲响应函数结果分析

采用广义脉冲响应技术方法对 $DLnOFM_t$、$DLnLOAN_t$、$DLnFX_t$ 冲击引起 $DLnM_{2t}$ 响应的脉冲响应分析结果如图 3-1 所示。其中，横轴表示冲击作用的滞后期（单位：月），纵轴表示境内广义货币供给量变动率，实线为脉冲响应函数，虚线为正负两倍标准差偏离线。

从图 3-1 可以看出，首先，就离岸市场发展程度对境内货币供应量的影响而言，图 3-1（a）显示，香港人民币存款规模变动率一个单位的正向冲击后，境内广义货币供给量变动率在当期为正，并于第二期开始上升至最大值；然而，从第三期开始，境内广义货币供给量变动率

---

① 此时，$DLnM_{2t}$、$DLnOFM_t$、$DLnLOAN_t$、$DLnFX_t$ 分别表示境内广义货币供给量变动率、香港人民币存款规模变动率、境内信贷规模变动率、境内外汇储备规模变动率。

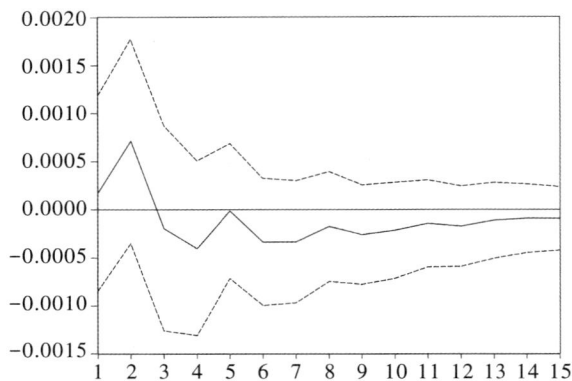

（a）$DLnM_{2t}$ 对 $DLnOFM_t$ 冲击的脉冲响应

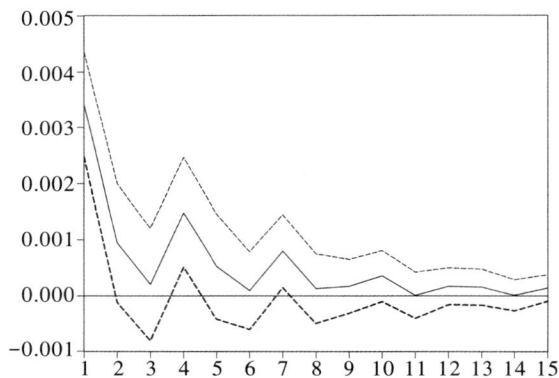

（b）$DLnM_{2t}$ 对 $DLnLOAN_t$ 冲击的脉冲响应

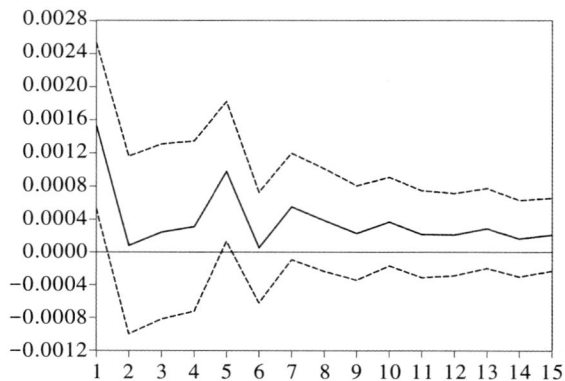

（c）$DLnM_{2t}$ 对 $DLnFX_t$ 冲击的脉冲响应

图 3-1　$DLnM_{2t}$对各变量冲击的脉冲响应函数

变为负，并于第四期达到负的最大值；尽管从第五期开始境内广义货币供给量变动率略有上升，但是依然为负，且于第六期开始又出现下降，意味着此时香港人民币存款规模变动率冲击对境内货币供给量变动率的负向效应有所增加；此后，境内广义货币供给量变动率的脉冲响应值虽略有反复，但一直为负，且自第九期开始基本保持稳定。这表明，香港人民币存款规模变动率的一单位正向冲击对境内货币供应量变动率具有较长的持续效应，虽然香港人民币存款变动率的正向冲击在短期内会使境内货币供应量增加，但是长期来看将使境内货币供给量下降。因此，中国人民银行在实施以货币供给量为中间目标的货币政策时，不仅应考虑离岸市场发展在当期所带来的正向冲击效应，更要考虑其在长期所带来的负向效应和滞后效应，长期内适当提高货币供给量增速的目标值。不过，从图 3-1（a）的置信区间来看，所有时期的脉冲响应曲线的置信区间均包含 0，意味着香港人民币存款规模变动率冲击对境内货币供给量变动率的影响效应并不显著。对此，本书认为，这可能与当前在岸与离岸市场之间人民币流通的渠道仍不畅通有关，尽管近年来跨境人民币交易管制不断放松且资本账户开放进程不断推进，但是仅经常项目下的人民币跨境业务实现了完全放开，资本和金融项目下的诸多人民币跨境业务仍处于试点阶段，这可能限制了人民币跨境流通的规模以及频率。本节的这一结论也表明，当前离岸人民币市场发展并未对境内货币供应量产生显著的影响，尽管如此，仍要防范未来随着资本账户开放和离岸市场发展，跨境人民币的大规模频繁流动对境内货币供给量的长期持久负面效应。

其次，就境内信贷规模和外汇储备规模对境内货币供给量的影响而言，图 3-1（b）显示，境内信贷规模变动率一个单位的正向冲击后，境内货币供给量变动率当期为正，且最大，随后则出现"下降-上升"的震荡型波动态势，且波动幅度不断下降，第十一期后则基本维持稳定态势，尽管如此，境内货币供给量变动率的脉冲响应值一直为正。从图3-1（c）可以看出，境内外汇储备规模变动率一个单位正向冲击后，境内货币供给量变动率的响应值变动趋势与信贷规模冲击时一致，大体表现为当期最大，在第十一期之前呈"下降-上升"的震荡型波动且波动幅度不断下降,第十一期之后则逐渐趋向稳定,境内货币供给量变动率对外汇储备变动率冲击的脉冲响应值也一直为正。以上结果表明,境内信贷规模和外汇储备规模增加均会使境内货币供给量增加,且这一促进效应具有长期持久性和滞后性。然而,从置信区间来看,在大多数时期内图 3-1(b)和图 3-1(c)的脉冲响应函数曲线的置信区间均包含 0,意味着该两个变量并未对境内货币供给量变动率产生长期的显著影响。

最后,就香港人民币存款规模变动率、境内信贷规模变动率与外汇储备规模变动率一个单位正向冲击后,境内货币供给量变动率的脉冲响应值来看,比较图 3-1(a)、(b)、(c)可以发现,信贷规模变动率冲击所引起的境内货币供给量变动率的脉冲响应值最大,其次为境内外汇储备规模变动率冲击,而香港人民币存款规模变动率冲击的脉冲响应值最小,这也进一步证明,当前离岸市场发展并不会对境内货币供给量变化产生较大冲击。

(五)方差分解结果分析

为了进一步分析上述各变量对境内货币供给量变动率变化影响的相对重要程度及动态变化过程,本部分对前述 VAR(4)模型进行方差分解,结果见表 3-1。可以看出:第一,境内货币供给量变动率变化更多是由其自身变化冲击所驱动的,但其自身影响贡献度呈现出显著的下降趋势,到第十五期,境内货币供给量变动率冲击对其自身方差的贡献率降至 89.6481%。第二,就其他三个变量而言,香港人民币存款规模变动率、境内信贷规模变动率和境内外汇储备规模变动率冲击对境内货币供给量变动率变动的贡献率均随着时间的推移而上升,但就贡献率的大小而言,境内信贷规模变动率冲击的贡献程度最高,其次为境内外汇储备规模变动率,而香港人民币存款规模变动率冲击的贡献率最低,至第十五期,境内信贷规模变动率冲击和境内外汇储备规模变动率冲击对境内货币供给量变动率变化的贡献率分别达到 4.9061% 和 3.0502%,而香港人民币存款规模变动率冲击的贡献率仅为 2.3957%,不及境内信贷规模变动率冲击贡献度的 1/2。以上结果表明:一方面,在本书所考察的影响境内货币供给量的三个因素中,其均对境内货币供给量有长期持久的影响;另一方面,境内信贷规模变动率冲击对境内货币供给量变动率变动具有重要影响，相对而言香港人民币存款规模变动率冲击的贡献程度较低，与脉冲响应函数分析的结论一致。

表 3-1　　　　境内货币供给量变动率的方差分解结果（%）

时期	$DLnM_{2t}$	$DLnOFM_t$	$DLnLOAN_t$	$DLnFX_t$
1	100.0000	0.0000	0.0000	0.0000
2	96.5988	1.1584	2.2392	0.0037
3	96.0390	1.2327	2.7147	0.0136
4	93.7606	1.5658	4.5432	0.1304
5	92.3703	1.5245	4.4519	1.6533
6	92.1357	1.7616	4.4562	1.6465
7	90.9608	1.9719	4.8626	2.2047
8	90.7064	2.0294	4.8516	2.4126
9	90.5411	2.1640	4.8370	2.4579
10	90.1570	2.2493	4.8804	2.7133
11	90.0347	2.2878	4.9194	2.7581
12	89.9320	2.3455	4.9059	2.8167
13	89.7840	2.3664	4.8952	2.9544
14	89.7256	2.3812	4.9119	2.9813
15	89.6481	2.3957	4.9061	3.0502

　　总体来看，广义脉冲响应函数和方差分解的分析表明：第一，香港人民币存款规模变动率、境内信贷规模变动率和外汇储备规模变动率对境内货币供给量变动率均具有长期持久性和滞后效应，其中香港人民币存款规模变动率的持久和滞后效应为负，其他两个变量的持久和滞后效应为正，且香港人民币存款规模变动率并未对境内货币供给量变动率产生显著影响。第二，在本节所考察的影响境内货币供给量的三个因素中，境内信贷规模变动率冲击对境内货币供给量变动率变动的贡献度最高，而香港人民币存款规模变动率冲击的贡献度最低。

第二节　离岸与在岸人民币利率的动态溢出效应

离岸与在岸货币市场利率之间的溢出效应，不仅关乎金融市场参与者利率风险管理战略的制定（Tse 和 Booth，1996），更关系到境内货币当局实施独立货币政策的能力（Mougoué 和 Wagster，1997）。近年来随着离岸人民币市场的发展，离岸人民币银行间同业拆借利率业已形成；同时中国境内金融市场改革与资本账户开放步伐日益加快，利率市场化进程稳步推进。离岸市场的存在和发展，为人民币在境外的流转和使用提供了平台，在资本账户开放进程不断加快的背景下，在岸与离岸人民币市场的相互渗透也将日益加深，日渐市场化的在岸人民币利率将不可避免地受到离岸人民币市场的冲击，而境内市场的人民币利率变化也会给离岸人民币市场带来重要影响。因此，分析在岸与离岸人民币利率之间的溢出效应[①]尤为必要。此外，基于离岸人民币市场发展和境内货币金融改革进程的动态性，离岸与在岸人民币汇率之间的溢出效应可能具有一定的时变性。本节在考虑金融市场价格波动可能存在非对称效应的基础上，采用经济计量模型实证检验在岸与离岸人民币市场之间均值溢出效应、波动溢出效应和非对称溢出效应，并深入考察两个市场之间溢出关系的动态变化。

一、实证模型设定

（一）经济计量模型建立

为了同时考察在岸与离岸人民币利率之间的均值溢出效应、波动溢出效应和非对称溢出效应，本书建立二元 VAR-GJR-MGARCH-BEKK 模型。首先，构建基于 VAR 系统的条件均值方程，分析在岸与离岸人

[①]　在岸与离岸人民币利率之间的溢出效应指两个市场间的信息传递，包括均值溢出效应和波动溢出效应。其中均值溢出效应指在岸人民币利率与离岸人民币利率在价格水平之间的信息传递，衡量了在岸（离岸）市场利率水平变化对离岸（在岸）市场利率水平变化的影响；波动溢出效应指在岸人民币利率波动和离岸人民币利率波动之间的信息传递，衡量了在岸（离岸）人民币利率波动对离岸（在岸）人民币利率波动的影响。若一个市场利率波动面临相同大小的正向或负向新的信息冲击引致另一个市场利率波动程度不同，则称该市场对另一个市场具有非对称效应。在岸与离岸人民币利率间的均值溢出效应、波动溢出效应和非对称效应既可以是双向的，也可以是单向的。

民币利率间的均值溢出效应；其次，在二元 MGARCH-BEKK 模型条件
方差方程的基础上，纳入负向冲击的杠杆效应（Nelson，1991；Glosten
等，1993），构建二元 GJR-MGARCH-BEKK 模型，探讨在岸与离岸人
民币利率间的波动溢出效应和来自不同市场的正负新的信息冲击可能造
成的非对称效应。

1. 条件均值方程：VAR 模型

衡量在岸与离岸人民币利率间均值溢出效应的条件均值方程可
以采用二元 VAR 模型刻画。滞后阶数为 1 的二元 VAR 模型可以表
示为：

$$R_t = \mu + \beta R_{t-1} + \varepsilon_t \tag{3-2}$$

其中，$R_t = (R_{1,t}, R_{2,t})$，为 t 时期在岸人民币利率变化率（$R_{1,t}$）和离岸
人民币利率变化率（$R_{2,t}$）组成的 2 维列向量；μ 为 2 维常数列向量；
$\beta = \begin{bmatrix} \beta_{11} & \beta_{12} \\ \beta_{21} & \beta_{22} \end{bmatrix}$，为系数矩阵；$\varepsilon_t = (\varepsilon_{1,t}, \varepsilon_{2,t})$ 为随机误差向量，$\varepsilon_{1,t}$ 和
$\varepsilon_{2,t}$ 是随机误差项，且有 $\varepsilon_t | \Omega_{t-1} \sim N(0, H_t)$，$\Omega_{t-1}$ 为（$t-1$）时期的信息
集，H_t 为 2×2 阶时变的条件方差协方差矩阵，$H_t = \begin{bmatrix} h_{11,t} & h_{12,t} \\ h_{21,t} & h_{22,t} \end{bmatrix}$，$h_{11,t}$
和 $h_{22,t}$ 分别表示在岸人民币利率变化和离岸人民币利率变化的条件方
差，$h_{12,t}$ 和 $h_{21,t}$ 分别表示在岸人民币利率变化和离岸人民币利率变化的
条件协方差。

将式（3-2）展开，可得：

$$R_{1,t} = \mu_1 + \beta_{11} R_{1,t-1} + \beta_{12} R_{2,t-1} + \varepsilon_{1,t} \tag{3-3}$$

$$R_{2,t} = \mu_2 + \beta_{21} R_{1,t-1} + \beta_{22} R_{2,t-1} + \varepsilon_{2,t} \tag{3-4}$$

其中，参数 β_{11} 和 β_{22} 分别表示在岸人民币利率（$t-1$）时期变化对其自
身 t 时期变化的影响和离岸人民币利率（$t-1$）时期变化对其自身 t 时
期变化的影响，分别为在岸人民币利率和离岸人民币利率变化的自回归
滞后系数；β_{12} 表示（$t-1$）时期离岸人民币利率变化对 t 时期在岸人
民币利率变化的影响，衡量了离岸利率对在岸利率的均值溢出效应；β_{21}
表示（$t-1$）时期在岸人民币利率变化对 t 时期离岸人民币利率变化的
影响，衡量了在岸利率对离岸利率的均值溢出效应。

2.条件方差方程：GJR-MGARCH-BEKK 模型

衡量在岸与离岸人民币利率间波动溢出效应和非对称效应的条件方差方程可以采用二元 GJR-MGARCH-BEKK 模型刻画。ARCH 项和 GARCH 项滞后阶数均为 1 的二元 GJR-MGARCH-BEKK 模型可以表示为：

$$H_t = C'C + A'\varepsilon_{t-1}\varepsilon'_{t-1}A + B'H_{t-1}B + D'z_{t-1}z'_{t-1}D \tag{3-5}$$

其中，$C = \begin{bmatrix} c_{11} & 0 \\ c_{21} & c_{22} \end{bmatrix}$，为下三角矩阵；$A$、$B$、$D$ 均为 2×2 阶系数方阵，且有 $A = \begin{bmatrix} a_{11} & a_{12} \\ a_{21} & a_{22} \end{bmatrix}$，$B = \begin{bmatrix} b_{11} & b_{12} \\ b_{21} & b_{22} \end{bmatrix}$，$D = \begin{bmatrix} d_{11} & d_{12} \\ d_{21} & d_{22} \end{bmatrix}$；$z_{t-1}$ 为 2 维列向量矩阵，且有 $z_{t-1} = (z_{1,t-1}, z_{2,t-1})$，当 $\varepsilon_{i,t-1}$（$i = 1$ 或 2）为负时，有 $z_{i,t-1} = \varepsilon_{i,t-1}$，否则，$z_{i,t-1} = 0$。因此，式（3-5）系数矩阵 D 中的元素衡量了在岸利率和离岸利率变化的非对称效应。

将式（3-5）展开，可得：

$$h_{11,t} = c_{11}^2 + c_{21}^2 + a_{11}^2\varepsilon_{1,t-1}^2 + 2a_{11}a_{21}\varepsilon_{1,t-1}\varepsilon_{2,t-1} + a_{21}^2\varepsilon_{2,t-1}^2 + b_{11}^2 h_{11,t-1} + 2b_{11}b_{21}h_{12,t-1} +$$
$$b_{21}^2 h_{22,t-1} + d_{11}^2 z_{1,t-1}^2 + 2d_{11}d_{21}z_{1,t-1}z_{2,t-1} + d_{21}^2 z_{2,t-1}^2 \tag{3-6}$$

$$h_{12,t} = c_{21}c_{22} + a_{11}a_{12}\varepsilon_{1,t-1}^2 + (a_{12}a_{21} + a_{11}a_{22})\varepsilon_{1,t-1}\varepsilon_{2,t-1} + a_{21}a_{22}\varepsilon_{2,t-1}^2 + b_{11}b_{12}h_{11,t-1} +$$
$$(b_{12}b_{21} + b_{11}b_{22})h_{12,t-1} + b_{21}b_{22}h_{22,t-1} + d_{11}d_{12}z_{1,t-1}^2 + (d_{12}d_{21} + d_{11}d_{22})z_{1,t-1}z_{2,t-1} +$$
$$d_{21}d_{22}z_{2,t-1}^2 \tag{3-7}$$

$$h_{22,t} = c_{22}^2 + a_{12}^2\varepsilon_{1,t-1}^2 + 2a_{12}a_{22}\varepsilon_{1,t-1}\varepsilon_{2,t-1} + a_{22}^2\varepsilon_{2,t-1}^2 + b_{12}^2 h_{11,t-1} + 2b_{12}b_{22}h_{12,t-1} +$$
$$b_{22}^2 h_{22,t-1} + d_{12}^2 z_{1,t-1}^2 + 2d_{12}d_{22}z_{1,t-1}z_{2,t-1} + d_{22}^2 z_{2,t-1}^2 \tag{3-8}$$

其中，a_{11}^2 和 b_{11}^2 分别表示在岸人民币利率波动自身存在的 ARCH 效应和 GARCH 效应，分别衡量了在岸利率波动的集聚性和持续性；a_{22}^2 和 b_{22}^2 分别表示离岸人民币利率波动自身存在的 ARCH 效应和 GARCH 效应，分别衡量了离岸利率波动的集聚性和持续性；a_{12}^2 和 b_{12}^2 分别表示在岸人民币利率波动的集聚性和持续性对离岸人民币利率波动的溢出效应，分别衡量了在岸人民币利率对离岸人民币利率的 ARCH 型波动溢出效应和 GARCH 型波动溢出效应。同理 a_{21}^2 和 b_{21}^2 分别衡量了离岸人民币利率对在岸人民币利率的 ARCH 型波动溢出效应和 GARCH 型波动溢出效应。d_{11}^2 和 d_{22}^2 分别为在岸人民币利率和离岸人民币利率自身负向冲击的非对称性影响系数；d^2_{12} 衡量了在岸人民币利率波动对离岸人民币利率波动的非对称溢出效应；d^2_{21} 衡量了离岸人民币利率波动对在岸人民币利率波动的非对称溢出效应。

（二）数据来源与处理

本书选取上海银行间同业拆借利率（Shibor）和人民币香港银行间同业拆借利率（CNH Hibor）作为对在岸和离岸人民币利率的衡量。人民币香港银行间同业拆借利率于 2013 年 6 月 24 日由香港财资市场公会推出，并公布每个交易日隔夜、1 周期限、2 周期限、1 个月期限、2 个月期限、3 个月期限、6 个月期限和 12 个月期限八个交易品种利率报价。与此同时，上海银行间同业拆借市场也于每个交易日公布隔夜、1 周期限、2 周期限、1 个月期限、3 个月期限、6 个月期限、9 个月期限和 12 个月期限八个交易品种利率报价。本节主要考察在岸和离岸市场具有相同期限"利率对"的相互溢出效应，并选取交易较为活跃、发展相对成熟的中短期期限的交易品种进行分析，故最终选择在两个市场同时报价的隔夜、1 周期限、2 周期限、1 个月期限、3 个月期限这五个交易品种为研究对象，并将相应交易期限的在岸人民币利率分别记为 SHON、SH1W、SH2W、SH1M、SH3M，将相应交易期限的离岸人民币利率分别记为 HKON、HK1W、HK2W、HK1M、HK3M。此外，为消除 2013 年 7 月 20 日在岸市场取消贷款利率下限的影响，本书选取 2013 年 7 月 22 日至 2017 年 10 月 31 日的日度数据进行分析。考虑两个市场节假日的差异，剔除交易日不匹配的数据，共得到 1013 个交易日数据样本。书中所有数据均来源于 Wind 金融终端。由于利率的变动率较水平值更能反映两个市场间的联系（陈昊等，2016），故本节取各利率序列的对数一阶差分进行实证分析，相应的计算公式为：$R_{i,t} = 100 \times (LnP_{i,t} - LnP_{i,t-1})$，其中 $R_{i,t}$（$i = 1$ 或 2）为第 t 个交易日市场 i 上的人民币利率变动率，$P_{i,t}$ 为第 t 个交易日市场 i 上的人民币利率水平。

此外，为深入考察样本期间在岸与离岸人民币利率间溢出效应的动态变化，本书以取消存款利率上限的 2015 年 10 月 24 日为临界点，对全样本进行划分。存款利率上限的取消，标志着在岸市场利率市场化改革基本完成，基于此，可以将全样本划分为两个阶段：2013 年 7 月 22 日至 2015 年 10 月 23 日，为利率市场化改革基本完成之前时期，记为子样本一；2015 年 10 月 26 日至 2017 年 10 月 31 日，为利率市场化改革基本完成之后时期，记为子样本二。剔除在岸与离岸市场不匹配的交易日之后，子样本一共包含 533 个观测值，子样本二则包含 480 个观测值。

二、估计结果与分析

（一）在岸与离岸利率间的总体溢出效应：总体样本估计结果与分析

1. 描述性统计分析

总体样本期间各期限在岸与离岸人民币利率变动率的基本描述性统计结果见表 3-2，可以看出：

第一，从反映利率变化趋势的均值来看，所有交易期限在岸人民币利率平均变动率均为负，意味着样本期间各交易期限在岸人民币利率均呈现一定的下降趋势，其中 1 周期限在岸利率平均下降程度最高，3 个月期限在岸利率的平均下降幅度最小；所有交易期限离岸人民币利率平均变动率均为正，表明样本期间各交易期限离岸人民币利率均呈现一定的上升趋势，其中 3 个月期限离岸人民币利率的平均上升幅度最大，而 1 周期限离岸人民币利率的平均上升幅度最小。

第二，就反映利率变化率波动的极差和标准差而言，从极差来看，离岸人民币利率变动率极差随着交易期限的上升而下降，交易期限在 1 周以上的在岸利率的极差也随着交易期限的上升而下降；在在岸与离岸市场的所有交易品种中，隔夜离岸人民币利率变动率的极差最大，1 周期限、2 周期限和 1 个月期限离岸人民币利率则紧随其后，表明以上交易品种具有较高的波动性，3 个月期限在岸人民币利率变动率的极差最小，意味着其相对较为稳定。从标准差来看，与极差的情形类似，离岸人民币利率变动率的标准差依然随着交易期限的上升而下降，其中隔夜离岸人民币利率变动率的标准差仍是在岸与离岸市场所有交易品种中最大的，而 3 个月期限在岸人民币利率变动率的标准差最小。比较在岸与

表3-2

总体样本在岸与离岸人民币利率变动率序列的基本统计描述

变量代码	变量名称	样本量	均值	最大值	最小值	极差	标准差	偏度	超额峰度	Jarque-Bera统计量	LB (12)	LB² (12)
SHON	Shibor: 隔夜	1012	-0.0125	32.2222	-19.3116	51.5338	3.5489	1.7597 (0.0000)	20.8165 (0.0000)	18 794.2291 (0.0000)	92.9530 (0.0000)	92.2920 (0.0000)
SH1W	Shibor: 1周	1012	-0.0301	28.7744	-42.3800	71.1544	4.5013	-0.9608 (0.0000)	24.0885 (0.0000)	24 623.2127 (0.0000)	56.9870 (0.0000)	165.1840 (0.0000)
SH2W	Shibor: 2周	1012	-0.0063	29.9126	-35.8617	65.7743	4.5259	-0.2005 (0.0093)	16.0817 (0.0000)	10 912.0789 (0.0000)	177.8830 (0.0000)	163.5130 (0.0000)
SH1M	Shibor: 1个月	1012	-0.0175	17.3330	-27.9006	45.2336	2.6868	-1.2034 (0.0000)	19.4432 (0.0000)	16 184.9391 (0.0000)	191.0360 (0.0000)	104.4000 (0.0000)
SH3M	Shibor: 3个月	1012	-0.0056	5.6123	-4.6739	10.2862	0.5916	0.2446 (0.0015)	22.0543 (0.0000)	20 519.6930 (0.0000)	2329.9130 (0.0000)	585.2910 (0.0000)
HKON	CNH Hibor: 隔夜	1012	0.0346	160.6971	-208.4468	369.1439	28.8572	-0.3530 (0.0000)	7.3303 (0.0000)	2 286.7546 (0.0000)	89.0480 (0.0000)	92.290 (0.0000)
HK1W	CNH Hibor: 1周	1012	0.0233	110.1606	-103.9045	214.0651	16.0304	0.2348 (0.0023)	8.9480 (0.0000)	3 385.4144 (0.0000)	55.5300 (0.0000)	460.9750 (0.0000)
HK2W	CNH Hibor: 2周	1012	0.0272	107.8320	-93.4880	201.3200	13.0045	0.4590 (0.0000)	12.2348 (0.0000)	6 347.4791 (0.0000)	46.8320 (0.0000)	393.4820 (0.0000)
HK1M	CNH Hibor: 1个月	1012	0.0330	58.4728	-55.1016	113.5744	8.5553	0.5459 (0.0000)	11.0574 (0.0000)	5 205.8417 (0.0000)	42.9130 (0.0000)	323.5240 (0.0000)
HK3M	CNH Hibor: 3个月	1012	0.0405	36.4166	-32.2448	68.6614	4.9255	0.6697 (0.0000)	12.6226 (0.0000)	6 794.1021 (0.0000)	46.0620 (0.0000)	351.6770 (0.0000)

注：（1）极差=最大值减最小值；超额峰度=峰度减 3；（2）括号内数字为对应 p 值，其中偏度的原假设样本无偏的，超额峰度的原假设样本超额峰度等于 0，Jarque-Bera 统计量的原假设样本服从正态分布；（3）LB (12) 和 LB^2 (12) 分别表示变动率和变动率平方序列的 Ljung-Box 统计量，原假设分别是序列不存在自相关性和集聚性。

离岸相同交易期限"利率对"的极差与标准差可以发现，各期限在岸人民币利率变动率标准差和极差均远小于相应期限离岸产品的标准差和极差，表明在岸人民币利率波动程度相对较低，这可能与在岸利率市场化程度相对较低有关。

第三，在反映利率变动分布情况的偏度、超额峰度和 Jarque-Bera 统计量方面，从偏度来看，除隔夜和 3 个月期限在岸利率表现为显著的右偏外，其他各期限在岸交易品种均表现为显著的左偏，除隔夜离岸利率表现为显著的左偏外，其他各期限离岸交易品种均表现为显著的右偏。在超额峰度方面，在岸与离岸各期限交易品种均具有显著的尖峰特征。衡量正态性的 Jarque-Bera 统计量及其显著性结果表明，各利率变动率序列均不服从正态分布。总体而言，各期限交易品种的在岸与离岸人民币利率变动率均表现出典型的"尖峰厚尾"特征。

第四，利率变动率序列和利率变动率平方序列的 Ljung-Box Q 检验结果表明，在岸与离岸各交易品种利率变动率序列均具有显著的自相关性和集聚性，表明可以建立 GARCH 模型，并用其描述在岸与离岸人民币利率变动率的波动集群性特征。

2.基本统计检验与模型滞后阶数选择

采用 ADF 检验和 PP 检验分别对各期限在岸与离岸人民币利率变动率序列进行单位根检验，结果显示各序列均为平稳序列。VAR 模型最优滞后期检验结果表明，各期限在岸与离岸"利率对"间的 VAR 方程的最优滞后期均为 1 期[①]，Johansen 协整关系检验结果显示，上述所有"利率对"在 1% 显著水平上均存在协整关系。对于 GJR-MGARCH-BEKK 模型最优滞后阶数的选择，借鉴已有研究（Tse 和 Booth，1996；刘亚等，2009），并结合本书数据特征，选择一阶滞后形式。

3.VAR-GJR-MGARCH-BEKK 模型估计结果与分析

由于各交易期限在岸与离岸人民币利率变动率序列存在显著的"尖峰厚尾"特征，因此采用基于多元正态分布的估计模型可能导致估计结果产生偏误，故本书选择假定误差服从多元 t 分布的估计方法，对二元

---

① 本书 VAR 模型的最优滞后期选择根据 SC 准则确定。

VAR-GJR-MGARCH-BEKK 模型进行估计①。

不同交易期限在岸与离岸人民币利率间均值溢出效应、波动溢出效应和非对称溢出效应的估计结果如表 3-3 所示。根据该表，首先，就均值溢出效应而言，除隔夜和 3 个月期限离岸人民币利率外，1 周期限、2 周期限和 1 个月期限离岸人民币利率与所有交易期限在岸人民币利率，均具有显著的自身滞后效应，突出表现为式（3-3）和式（3-4）中的 β_{11} 和 β_{22} 均显著，意味着在这些交易期限品种中，$(t-1)$ 时期在岸或离岸人民币利率变化对其自身 t 时期的变化具有显著影响，与前文的描述性统计分析结论基本一致。在两个市场利率间的相互影响方面，估计结果显示，各交易期限在岸人民币利率对相应期限离岸人民币利率以及各交易期限离岸人民币利率对相应期限在岸人民币利率的均值溢出效应均不显著，表明在岸与离岸人民币利率之间不存在显著的均值溢出效应。

其次，在波动溢出效应方面，除 1 周期限在岸人民币利率和 1 周期限离岸人民币利率自身波动仅具有显著的持续性外，其他各期限在岸与离岸人民币利率自身波动既具有显著的持续性，也存在显著的集聚性。在跨市场波动溢出方面，仅隔夜在岸人民币利率对相应期限离岸人民币利率具有显著的 ARCH 型波动溢出效应。除此之外，隔夜离岸人民币利率对隔夜在岸人民币利率的 ARCH 型波动溢出效应和该两种利率之间的 GARCH 型波动溢出效应，以及其他各交易期限在岸人民币利率与离岸人民币利率间的 ARCH 型波动溢出效应与 GARCH 型波动溢出效应均不显著②。

再次，就非对称效应而言，表 3-3 显示，在所有交易期限的在岸人民币利率中，仅有隔夜、1 个月期限与 3 个月期限三个交易品种自身具有显著的非对称效应，且该三个交易品种在岸人民币利率对相应期限离岸人民币利率还具有显著的非对称溢出效应，这意味着与面临正向冲

---

① 阙澄宇和马斌（2015）以在岸与离岸人民币汇率为对象的研究表明，在估计存在"尖峰厚尾"的时间序列时，假定误差服从多元 t 分布的估计优于假定误差服从多元正态分布的估计。
② 本书的这一结论与 Tse 和 Booth（1996）的研究结论基本一致，其采用 3 个月期限美国国债期货利率与欧洲美元期货利率的研究结果也发现在岸与离岸美元利率间的波动溢出效应并不显著。

击相比，在面临负向冲击时，隔夜、1 个月期限和 3 个月期限在岸人民币利率波动程度较为剧烈，且该三个期限在岸人民币利率波动还会引致相应期限离岸人民币利率发生显著的波动。此外，尽管 2 周期限在岸人民币利率自身波动的非对称效应不显著，但是其对相应期限离岸人民币利率波动则具有显著的非对称溢出效应；而 1 周期限在岸人民币利率不仅自身非对称效应不显著，其对 1 周期限离岸人民币利率的非对称溢出效应亦不显著。在所有交易期限的离岸人民币利率中，除 2 周期限外，其他各期限离岸品种自身均具有显著的非对称效应。除此之外，对于隔夜、2 周期限和 1 个月交易期限的三个品种而言，其对相应期限的在岸人民币利率还具有显著的非对称溢出效应，表明在面临负向冲击时，隔夜和 1 个月交易期限的离岸人民币利率波动程度不仅会加大，而且会使相应期限的在岸人民币利率波动程度增加，而尽管 2 周期限离岸人民币利率波动程度不会出现明显加大，但是其可以使 2 周期限在岸人民币利率波动程度加大。总之，就在岸与离岸市场间的非对称溢出效应而言，隔夜、2 周期限和 1 个月期限在岸与离岸人民币利率具有显著的双向非对称溢出效应，但在该三个交易品种中，在岸市场对离岸市场的非对称溢出效应均远高于后者对前者的非对称溢出效应；在 3 个月期限交易品种上，两个市场间的非对称溢出效应表现为在岸人民币利率对离岸人民币利率的单向非对称溢出效应；而 1 周期限在岸人民币利率与离岸人民币利率间则不存在显著的非对称溢出效应。

最后，综合考察在岸与离岸人民币利率间的 ARCH 型波动溢出效应、GARCH 型波动溢出效应和非对称溢出效应可以发现，1 周期限在岸与离岸人民币利率间的溢出效应不显著，2 周期限、1 个月期限和 3 个月交易期限在岸人民币利率与相应期限离岸人民币利率间的波动溢出效应更多地体现在非对称溢出方面，其中 2 周期限和 1 个月期限在岸与离岸人民币利率之间存在显著的双向非对称溢出效应，但是在面临负向新的信息冲击时，2 周期限和 1 个月期限在岸人民币利率波动引致相应期限离岸人民币利率波动程度高于该两个期限离岸人民币利率波动引致相应期限在岸人民币利率波动程度，而在 3 个月期限交易品种上，则表现为在岸人民币利率对离岸人民币利率的单向非对称溢出效应，意味着

表 3-3 总体样本期间不同交易期限在岸与离岸人民币利率间的溢出效应

待估参数	SHON对HKON	SH1W对HK1W	SH2W对HK2W	SH1M对HK1M	SH3M对HK3M	待估参数	HKON对SHON	HK1W对SH1W	HK2W对SI2W	HK1M对SH1M	HK3M对SH3M
β_{21}	0.0434 (0.3183)	-0.0055 (0.7073)	0.0055 (0.5927)	-0.0051 (0.5701)	-0.0809 (0.1428)	β_{12}	-0.0003 (0.4397)	0.0001 (0.8067)	0.0007 (0.3359)	0.0001 (0.9413)	-0.0000 (0.7163)
β_{22}	0.0346 (0.1688)	0.0956 (0.0002)	0.0470 (0.0784)	0.0619 (0.0131)	0.0128 (0.5134)	β_{11}	0.4789 (0.0000)	0.4038 (0.0000)	0.5244 (0.0000)	0.6766 (0.0000)	0.7847 (0.0000)
a_{22}	5.5383 (0.0073)	8.3934 (0.1342)	7.9387 (0.0017)	6.6027 (0.0000)	0.8335 (0.0000)	a_{11}	14.9001 (0.0099)	19.0479 (0.1311)	14.7249 (0.0005)	12.6916 (0.0000)	6.4991 (0.0000)
b_{22}	-0.9343 (0.0000)	0.9488 (0.0000)	0.9534 (0.0000)	0.9479 (0.0000)	0.9649 (0.0000)	b_{11}	0.6812 (0.0000)	0.7820 (0.0000)	0.8370 (0.0000)	0.8149 (0.0000)	0.2211 (0.0000)
d_{22}	-3.6769 (0.0008)	-4.3463 (0.0645)	1.2908 (0.2004)	-1.3677 (0.0541)	0.3360 (0.0025)	d_{11}	3.8698 (0.0120)	3.6982 (0.4279)	-0.7247 (0.1662)	4.8436 (0.0010)	-4.3534 (0.0000)
a_{12}	1.0970 (0.0330)	0.3503 (0.5690)	-0.0692 (0.5974)	0.0170 (0.6767)	-0.0191 (0.9524)	a_{21}	-0.0178 (0.1127)	-0.0301 (0.1352)	0.0069 (0.6397)	-0.0123 (0.1680)	0.0000 (0.5092)
b_{12}	0.1785 (0.1154)	-0.0004 (0.9616)	0.0018 (0.6901)	-0.0024 (0.3170)	0.0279 (0.5264)	b_{21}	0.0007 (0.5377)	0.0004 (0.1018)	0.0000 (0.9797)	0.0001 (0.7130)	0.0000 (0.5756)
d_{12}	3.4515 (0.0136)	-0.1893 (0.5918)	0.7589 (0.0092)	0.6041 (0.0000)	1.2422 (0.0023)	d_{21}	-0.0333 (0.0749)	0.0005 (0.9864)	-0.1802 (0.0014)	-0.2051 (0.0000)	-0.0000 (0.8030)

注：(1) 括号内数字表示对应 T 统计量的 p 值；(2) SHON 对 HKON 列对应的估计参数表示以 HKON 为被解释变量的回归结果，其他各列的含义与此相同；(3) 对于各待估参数估计结果，本节采用四舍五入法保留 4 位小数，故可能出现待估参数估计结果为 0.0000 的情形，但这并不影响本节的分析。

在负向信息冲击下，3个月期限在岸人民币利率波动可以致使相应期限离岸人民币利率也出现波动，但相反的方向则不成立。就隔夜交易品种而言，在岸利率与离岸利率之间不仅存在显著的双向非对称溢出效应，而且在岸人民币利率对离岸人民币利率还具有显著的 ARCH 型波动溢出效应，总体上隔夜在岸人民币利率对相应期限离岸人民币利率的溢出效应高于后者对前者的溢出效应。以上表明，目前在岸市场仍然是人民币利率的"定价中心"。出现这种结果的原因可能在于：一是两个市场规模差异较大，虽然随着人民币国际化进程的加快，离岸人民币市场规模不断攀升，但是与在岸人民币市场规模相比仍差距较大；二是两个市场利率定价机制与利率自由化程度不同，离岸人民币市场是不受管制的自由市场，离岸人民币利率定价直接反映了境外人民币供求，并可以敏感地捕捉到国际市场信息，而目前在岸市场人民币利率仍未实现完全的市场化，这使得在岸人民币市场信息可以及时传递到离岸人民币市场，而后者信息向在岸人民币市场传递的难度则相对较大。

4. 模型诊断检验

为了进一步检验计量结果的稳健性，本书对上述每一"利率对"的估计结果进行诊断检验，结果如表 3-4 所示。

首先，对每一"利率对"模型估计的标准化残差序列自身及其对应的平方项进行 Ljung-Box Q 检验，以确定模型是否成功解决了各期限在岸与离岸人民币利率序列的自相关性和集聚性问题，结果表明在 1% 显著水平上，隔夜和 3 个月期限离岸人民币利率的标准化残差序列无法接受不存在自相关性的原假设，但其平方项可以接受不存在集聚性的原假设，同时其他各序列均可接受标准化残差自身及其对应平方项不存在自相关和集聚性的原假设，表明本书所采用的 MGARCH 模型较好地解决了各利率序列存在的自相关性和集聚性问题。

其次，采用 Wald 检验考察各模型衡量 ARCH 型波动溢出效应、GARCH 型波动溢出效应和非对称溢出效应的参数是否同时为 0，检验结果显示，除 1 周期限"利率对"模型，以及隔夜和 3 个月期限离岸人民币利率对相应期限在岸人民币利率溢出效应的方程接受上述三种效应的参数同时为 0 的原假设外，其他各期限在岸与离岸人民币利率间溢出

表 3-4

总体样本估计结果的诊断性检验结果

	SHON与HKON		SH1W与HK1W		SH2W与HK2W		SH1M与HK1M		SH3M与HK3M	
	SHON	HKON	SH1W	HK1W	SH2W	HK2W	SH1M	HK1M	SH3M	HK3M
LB (12)	7.7471 (0.8046)	27.5410 (0.0065)	7.5715 (0.8177)	7.2544 (0.8404)	12.9638 (0.3717)	7.7830 (0.8019)	19.7175 (0.0726)	13.7636 (0.3161)	0.0121 (1.0000)	27.6011 (0.0063)
LB² (12)	3.5313 (0.9905)	2.2157 (0.9990)	2.3562 (0.9986)	2.7662 (0.9970)	2.7735 (0.9969)	1.3797 (0.9999)	0.2136 (1.0000)	16.1090 (0.1863)	0.0121 (1.0000)	7.0481 (0.8544)
shape	2.0030 (0.0000)		2.0010 (0.0000)		2.0010 (0.0000)		2.0018 (0.0000)		2.0627 (0.0000)	
Wald检验										
$a_{12}=b_{12}=d_{12}=0$	8.6626 (0.0341)		0.6221 (0.8914)		9.2125 (0.0266)		54.2167 (0.0000)		9.9614 (0.0189)	
$a_{21}=b_{21}=d_{21}=0$		4.2608 (0.2346)		5.7938 (0.1221)		18.4248 (0.0004)		24.6673 (0.0000)		1.0793 (0.3564)
$a_{12}=a_{21}=b_{12}=b_{21}$ $=d_{12}=d_{21}=0$	10.0399 (0.1230)		5.9466 (0.4292)		25.1767 (0.0003)		63.8566 (0.0000)		13.2286 (0.0395)	
符号检验（Engle 和 Ng, 1993）										
符号偏差检验	-0.0135 (0.0307)	-0.0010 (0.4107)	-0.0017 (0.1789)	-0.0004 (0.4958)	0.0003 (0.7778)	0.0003 (0.7234)	-0.0077 (0.2974)	-0.0013 (0.1278)	0.0000 (0.3233)	-0.0311 (0.4436)
负尺度偏差检验	0.0619 (0.3069)	-0.0116 (0.4641)	0.0172 (0.3437)	-0.0096 (0.4657)	0.0020 (0.8925)	0.0024 (0.8990)	0.0172 (0.7340)	0.0211 (0.1749)	0.0000 (0.9749)	0.0786 (0.5216)
正尺度偏差检验	0.0275 (0.4502)	0.0225 (0.0830)	0.0105 (0.5067)	0.0117 (0.1735)	-0.0034 (0.8391)	0.0080 (0.4760)	-0.0438 (0.6630)	0.0220 (0.0233)	0.0000 (0.8416)	0.1386 (0.0594)
联合检验	1.5624 (0.1969)	1.6384 (0.1788)	0.6760 (0.5668)	1.2233 (0.3000)	0.0538 (0.9835)	0.3924 (0.7585)	0.7441 (0.5259)	1.9437 (0.1209)	0.3261 (0.8065)	1.2038 (0.3072)

注：（1）括号内数字表示各检验统计量的 p 值；（2）Shape 表示反映 t 分布的形状参数。

效应的估计结果均拒绝原假设，但是观察表 3-3 的结果可以发现，1 周期限在岸与离岸人民币利率间以及 3 个月期限离岸人民币利率对在岸人民币利率的 ARCH 型波动溢出效应、GARCH 型波动溢出效应以及非对称溢出效应均不显著，隔夜离岸人民币利率对隔夜在岸人民币利率的 ARCH 型波动溢出效应和 GARCH 型波动溢出效应也不显著，这与 Wald 检验的结果基本一致。

再次，采用 Engle 和 Ng（1993）的符号偏差检验、负尺度符号偏差检验、正尺度符号偏差检验和上述三种检验的联合检验，验证考虑非对称效应的正确性，结果表明在 1% 显著水平上，均无法拒绝不存在非对称效应的原假设，表明本书的 VAR-GJR-MGARCH-BEKK 模型较好地吸收了在岸与离岸人民币利率波动的非对称效应。

最后，观察各"利率对"模型中反映 t 分布的形状参数，发现 Shape 的估计结果均是显著的，意味着本书采用基于 t 分布的估计较好地描述了各期限在岸与离岸人民币利率变动率的"尖峰厚尾"特征。

（二）在岸与离岸人民币利率溢出效应的动态变化：子样本估计结果与分析[①]

1. 子样本一的实证结果与分析

采用基于多元 t 分布的二元 VAR-GJR-MGARCH-BEKK 模型对子样本一时期各交易期限在岸与离岸人民币利率间的均值溢出效应、波动溢出效应和非对称溢出效应进行估计，结果见表 3-5。

表 3-5 显示，利率市场化改革基本完成之前，各期限在岸与离岸人民币利率自身均具有显著的滞后效应，表明其均具有显著的自相关性。但是除 1 周期限离岸人民币利率对在岸人民币利率的均值溢出效应显著外，其他各期限离岸人民币利率对相应期限在岸人民币利率，以及各期限在岸人民币利率对相应期限离岸人民币利率的均值溢出效应均不

---

① 采用与总体样本相似的偏度、超额峰度、Jarque-Bera 统计量、利率变动序列和其平方的 Ljung-Box Q 检验结果显示，子样本一和子样本二期间各在岸与离岸人民币利率序列均不服从正态分布，并存在"尖峰厚尾"特征，且存在显著的自相关性与集聚性，因此，可以使用 MGARCH 模型对其波动特征进行刻画。此外，对子样本一和子样本二时期各"利率对" VAR 模型的最优滞后期检验结果也显示，1 期均为各方程的最优滞后期；Johansen 协整关系检验结果也表明，所有在岸与离岸"利率对"间均存在协整关系。同时，对于两个子样本时期所使用 MGARCH-BEKK 模型的滞后阶数，本书也选择 1 阶。

表3-5　利率市场化改革基本完成之前不同交易期限在岸与离岸利率间的溢出效应

待估参数	SHON对HKON	SH1W对HK1W	SH2W对HK2W	SH1M对HK1M	SH3M对HK3M	待估参数	HKON对SHON	HK1W对SH1W	HK2W对SH2W	HK1M对SH1M	HK3M对SH3M
β_{21}	0.0197 (0.6598)	-0.0051 (0.7080)	0.0079 (0.4341)	-0.0071 (0.3113)	-0.0582 (0.3147)	β_{12}	-0.0010 (0.6170)	-0.0073 (0.0888)	-0.0073 (0.2931)	-0.0019 (0.5141)	-0.0000 (0.9218)
β_{22}	0.0957 (0.0060)	0.1257 (0.0001)	0.0825 (0.0133)	0.1143 (0.0032)	0.0416 (0.0899)	β_{11}	0.5014 (0.0000)	0.3259 (0.0000)	0.3496 (0.0000)	0.4876 (0.0000)	0.7082 (0.0000)
a_{22}	1.7893 (0.0000)	4.8222 (0.0029)	4.4551 (0.0000)	1.0719 (0.0062)	0.4588 (0.0000)	a_{11}	8.8748 (0.0000)	12.8210 (0.0246)	9.8232 (0.0000)	1.1345 (0.0034)	4.3347 (0.0000)
b_{22}	0.9807 (0.0000)	0.9582 (0.0000)	0.9761 (0.0000)	0.8727 (0.0000)	0.9829 (0.0000)	b_{11}	0.6326 (0.0000)	0.7653 (0.0000)	0.8769 (0.0000)	0.8811 (0.0000)	0.0913 (0.0000)
d_{22}	-1.2698 (0.0481)	2.7319 (0.0055)	0.0043 (0.9935)	-0.6264 (0.0411)	0.0833 (0.6395)	d_{11}	1.0533 (0.4910)	-3.5843 (0.1109)	-0.0019 (0.9991)	0.4749 (0.1468)	-6.5950 (0.0000)
a_{12}	0.4077 (0.4227)	0.1345 (0.4952)	-0.1164 (0.1366)	0.0436 (0.1280)	0.0118 (0.9561)	a_{21}	-0.0684 (0.0462)	-0.0546 (0.5862)	-0.2473 (0.0019)	0.0022 (0.8289)	0.0000 (0.9711)
b_{12}	-0.0329 (0.3058)	0.0015 (0.8296)	0.0028 (0.3379)	-0.0029 (0.3813)	0.0200 (0.7113)	b_{21}	0.0014 (0.2906)	-0.0001 (0.9709)	0.0016 (0.4171)	0.0001 (0.9135)	-0.0000 (0.6285)
d_{12}	1.0815 (0.1161)	0.2000 (0.4357)	-0.0074 (0.9949)	-0.0852 (0.0165)	0.8686 (0.1278)	β_{21}	0.0010 (0.9189)	0.0672 (0.5655)	-0.0009 (0.9939)	-0.0081 (0.5011)	-0.0000 (0.4103)

注：（1）括号内数字表示对应T统计量的p值；（2）SHON对HKON为被解释变量的回归结果，其他各列的含义与此相同；（3）对于各估计结果，本节采用四舍五入法保留4位小数，故可能出现待估参数估计结果为0.0000的情形，但这并不影响本节的分析。

显著。在波动溢出效应方面，各在岸与离岸人民币利率收益率序列自身均表现出显著的 ARCH 效应和 GARCH 效应，意味着其均存在较强的集聚性和持续性；然而就两个市场间的波动溢出效应而言，各期限在岸人民币利率对相应期限离岸人民币利率的 ARCH 型波动溢出效应和 GARCH 型波动溢出效应均不显著，同时各期限离岸人民币利率对相应期限在岸人民币利率的 GARCH 型溢出效应也不显著，仅隔夜和 2 周期限离岸人民币利率对相应期限在岸人民币利率具有显著的 ARCH 型波动溢出效应[①]。

就非对称溢出效应而言，从表 3-5 可以看出，仅 3 个月期限在岸人民币利率波动自身具有显著的非对称溢出效应，在离岸市场上，隔夜、1 周期限、1 个月期限人民币利率波动自身也具有显著的非对称溢出效应，表明该四个期限交易品种在面临负向冲击时，波动程度将有所增加。但是在两个市场间的非对称溢出效应方面，除 1 个月期限在岸人民币利率对相应期限离岸人民币利率具有显著的非对称溢出效应外，其他各期限在岸与离岸利率间的非对称溢出效应均不显著。

2. 子样本二的实证结果与分析

表 3-6 是采用基于多元 t 分布的二元 VAR-GJR-MGARCH-BEKK 模型对子样本二时期各交易期限在岸与离岸人民币利率间的均值溢出效应、波动溢出效应和非对称溢出效应的估计结果。

从表 3-6 可以看出，在岸市场利率市场化改革基本完成之后，各交易期限在岸人民币利率自身仍具有显著的滞后效应，但各交易期限离岸人民币利率自身的滞后效应则不再显著。就两个市场间的均值溢出效应而言，2 周期限在岸与离岸人民币利率之间存在显著的双向均值溢出效应，且在岸人民币利率对离岸人民币利率的溢出效应大于后者对前者的溢出效应；但是，对于隔夜、1 周期限、1 个月期限和 3 个月期限四个交易品种而言，在岸与离岸人民币利率间的均值溢出效应依然不显著。

---

① 这一结论与冯永琦等（2014）对日元的检验结果基本一致，其发现日本全面实现利率市场化之前，在岸与离岸日元利率间不存在显著的波动溢出效应。

表3-6　利率市场化改革基本完成之后不同交易期限在岸与离岸利率间的溢出效应

待估参数	SHON 对 HKON	SH1W 对 HK1W	SH2W 对 HK2W	SH1M 对 HK1M	SH3M 对 HK3M	待估参数	HKON 对 SHON	HK1W 对 SH1W	HK2W 对 SH2W	HK1M 对 SH1M	HK3M 对 SH3M
β_{21}	0.0503 (0.9146)	1.3747 (0.1497)	-1.4631 (0.0885)	0.3237 (0.5990)	0.1381 (0.8270)	β_{12}	-0.0002 (0.6748)	-0.0000 (0.9706)	0.0010 (0.0806)	0.0001 (0.9566)	-0.0007 (0.3852)
β_{22}	-0.0153 (0.1926)	0.0043 (0.9168)	-0.0069 (0.8631)	0.0233 (0.5298)	0.0215 (0.6357)	β_{11}	0.5169 (0.0000)	0.4664 (0.0000)	0.6789 (0.0000)	0.7499 (0.0000)	0.7484 (0.0000)
a_{22}	1.8632 (0.0000)	1.0764 (0.0078)	0.9872 (0.0794)	0.6534 (0.0016)	0.6103 (0.0118)	a_{11}	2.5818 (0.0000)	1.0151 (0.0092)	1.9821 (0.0678)	0.7975 (0.0076)	0.9601 (0.0112)
b_{22}	-0.6109 (0.0000)	-0.8694 (0.0000)	-0.9186 (0.0000)	0.9234 (0.0000)	0.9031 (0.0000)	b_{11}	-0.6458 (0.0000)	0.8090 (0.0000)	-0.5165 (0.0000)	0.7978 (0.0000)	0.7616 (0.0000)
d_{22}	-1.5207 (0.0002)	0.1308 (0.7481)	-0.2633 (0.4554)	0.0182 (0.9108)	0.3822 (0.1142)	d_{11}	1.3770 (0.0008)	0.0862 (0.7742)	0.4015 (0.5798)	0.1427 (0.5185)	-0.9183 (0.0493)
a_{12}	-5.4614 (0.0068)	-0.8214 (0.8166)	-7.3835 (0.1732)	-4.6316 (0.1122)	4.1960 (0.1619)	a_{21}	-0.0007 (0.7188)	-0.0018 (0.4435)	0.0008 (0.7900)	0.0005 (0.8071)	0.0009 (0.6925)
b_{12}	-0.8256 (0.1260)	0.4550 (0.9212)	-0.8019 (0.4814)	1.9250 (0.0594)	0.2942 (0.7593)	b_{21}	0.0011 (0.2489)	0.0001 (0.9465)	-0.0002 (0.8321)	-0.0001 (0.8288)	-0.0006 (0.4501)
d_{12}	7.6903 (0.0653)	-4.2844 (0.4842)	3.2010 (0.4901)	4.2156 (0.3846)	2.2694 (0.5805)	d_{21}	-0.0068 (0.0739)	0.0076 (0.2408)	0.0202 (0.1071)	-0.0204 (0.0041)	0.0031 (0.5798)

注：（1）括号内数字表示对应 T 统计量的 p 值；（2）SHON 对 HKON 列对应的估计参数表示以 HKON 为被解释变量的回归结果，其他各列的含义与此相同；（3）对于各待估参数估计结果，本节采用四舍五入法保留 4 位小数，故可能出现待估参数估计结果为 0.0000 的情形，但这并不影响本节的分析。

　　在波动溢出效应方面，表 3-6 显示，各期限在岸与离岸人民币利率收益率序列均具有显著的 ARCH 效应和 GARCH 效应，表明其均具有显著的集聚性和持续性。在两个市场之间的相互溢出方面，隔夜在岸人民币利率对相应期限离岸人民币利率具有显著的单向 ARCH 型波动溢出效应，1 个月期限在岸人民币利率对 1 个月期限离岸人民币利率的 GARCH 型波动溢出效应亦显著，其他各期限在岸人民币利率对相应期限离岸人民币利率以及所有交易期限品种离岸人民币利率对相应期限在岸人民币利率的 ARCH 型波动溢出效应和 GARCH 型波动溢出效应均不显著。

　　就非对称溢出效应而言，估计结果显示，利率市场化改革基本完成之后，除隔夜在岸与离岸人民币利率以及 3 个月期限在岸人民币利率自身波动的非对称溢出效应显著外，两个市场上其他各期限人民币利率自身波动的非对称溢出效应均不显著，这可能是由于子样本二的样本期较短所致。但同时隔夜在岸人民币利率与相应期限离岸人民币利率间存在显著的双向非对称溢出效应，且相对来说，面临负向新的信息冲击时，在岸人民币利率波动引致离岸人民币利率波动的程度较后者波动引致前者的波动程度大；在其他交易期限的品种中，除 1 个月期限离岸人民币利率对相应期限在岸人民币利率的非对称溢出效应显著外，剩余各期限在岸与离岸人民币利率之间均不存在显著的非对称溢出效应。

　　综合考察在岸与离岸人民币利率间的波动溢出效应和非对称溢出效应发现，在上述溢出效应显著的隔夜和 1 个月期限两个交易品种中，在岸人民币利率波动所引致的离岸人民币利率波动程度明显高于离岸人民币利率波动所引致的在岸人民币利率波动程度。结合均值溢出效应的结论，可以得出，利率市场化改革基本完成之后，在岸人民币利率仍是境内外人民币利率的"定价中心"。

　　综上所述，本书样本期内，在岸与离岸人民币利率间的溢出效应发生了显著变化。存款利率上限取消之前，无论均值溢出还是 ARCH 型波动溢出抑或 GARCH 型波动溢出，在岸与离岸市场之间的溢出关系均表现为离岸人民币利率对在岸人民币利率的单向溢出，在岸人民币利率对离岸人民币利率的单向溢出效应仅体现在 1 个月交易期限的非对称溢出效应方面，两个市场利率间并不存在显著的双向均值溢出效应、波动溢出效应和非对称溢出效应。2015 年 10 月 24 日以取消存款利率上限为标志的在岸人民币利率市场化改革基本完成之后，在岸与离岸人民币利率间的联动性明显增强，两个市场之间均值溢出、波动溢出或非对称溢出显著的"利率对"数量明显增加，尤其在 2 周期限和隔夜交易品种上已出现显著的双向溢出效应。就波动溢出效应而言，利率市场化改革基本完成之后，无论是 ARCH 型波动溢出还是 GARCH 型波动溢出，均表现为在岸人民币利率对离岸人民币利率的单向溢出。总体而言，存款利率上限取消之前，在岸与离岸人民币利率之间的溢出效应以离岸人民币利率对在岸人民币利率的单向溢出为主，而取消存款利率上限之后，两个市场同一交易品种之间双向溢出开始显现，且在其他单向溢出中更多地以在岸市场对离岸市场的溢出为主，在岸市场逐步占据了人民币利率的"定价中心"的位置，这也与总体样本的结论基本一致[1]。

第三节　离岸与在岸人民币汇率的动态联动关系

延续前一节的逻辑思路，本节从汇率的角度实证研究在岸与离岸人民币价格之间的均值溢出效应、波动溢出效应和非对称溢出效应，并以在岸人民币汇率制度改革的时间点为临界点将样本进行划分，以考察两个市场人民币汇率溢出关系的动态变化。

一、计量模型构建

（一）模型说明

为同时考察在岸与离岸人民币汇率的均值溢出效应、波动溢出效应和非对称溢出效应，本节仍采用上一节分析在岸与离岸人民币利率溢出效应时所使用的二元 VAR-GJR-MGARCH-BEKK 模型。此时，式

①　本节也采用了对总体样本估计结果进行诊断的四种模型诊断方法对两个子样本的估计结果进行诊断检验，结果显示，本书所采用的模型分别对两个子样本进行估计是恰当的，且估计结果均稳健。

（3-2）中的 $R_t = (R_{1,t}, R_{2,t})$ 为 t 时期在岸人民币汇率收益率（$R_{1,t}$）和离岸人民币汇率收益率（$R_{2,t}$）组成的 2 维列向量。式（3-3）和式（3-4）中的参数 β_{11} 和 β_{22} 分别表示在岸人民币汇率和离岸人民币汇率收益率（$t-1$）时期变化对其自身 t 时期变化的影响，分别为在岸人民币汇率和离岸人民币汇率收益率的自回归滞后系数；β_{12} 表示（$t-1$）时期离岸人民币汇率收益率变动对 t 时期在岸人民币汇率收益率变动的影响，衡量了离岸人民币汇率对在岸人民币汇率的均值溢出效应；β_{21} 则为（$t-1$）时期在岸人民币汇率收益率变动对 t 时期离岸人民币汇率收益率变动的影响，衡量了在岸人民币汇率对离岸人民币汇率的均值溢出效应。

式（3-5）中时变条件方差协方差矩阵 H_t 的元素 $h_{11,t}$ 和 $h_{22,t}$ 分别表示在岸人民币汇率收益率和离岸人民币汇率收益率的条件方差，$h_{12,t}$ 和 $h_{21,t}$ 分别表示在岸人民币汇率收益率和离岸人民币汇率收益率的条件协方差。系数矩阵 D 中的元素衡量了在岸人民币汇率收益率和离岸人民币汇率收益率波动的非对称溢出效应。

根据式（3-6）和式（3-8），a_{11}^2 和 b_{11}^2 分别表示在岸人民币汇率收益率波动自身存在的 ARCH 效应和 GARCH 效应，分别衡量了在岸人民币汇率收益率波动的集聚性和持续性；a_{22}^2 和 b_{22}^2 则分别表示离岸人民币汇率收益率波动自身存在的 ARCH 效应和 GARCH 效应，分别衡量了离岸人民币汇率收益率波动的集聚性和持续性。a_{12}^2 和 b_{12}^2 分别表示在岸人民币汇率收益率波动的集聚性和持续性对离岸人民币汇率收益率波动的溢出效应，分别衡量了在岸人民币汇率对离岸人民币汇率的 ARCH 型波动溢出效应和 GARCH 型波动溢出效应；同理，a_{21}^2 和 b_{21}^2 则衡量了离岸人民币汇率对在岸人民币汇率的 ARCH 型波动溢出效应和 GARCH 型波动溢出效应。d_{11}^2 和 d_{22}^2 分别为在岸人民币汇率和离岸人民币汇率自身负向冲击的非对称性影响系数，d_{12}^2 衡量了在岸人民币汇率收益率波动对离岸人民币汇率收益率波动的非对称溢出效应，d_{21}^2 则衡量了离岸人民币汇率收益率波动对在岸人民币汇率收益率波动的非对称溢出效应。

（二）数据来源与处理

由于离岸人民币即期交易于 2010 年 7 月 19 日开始放开，故本书剔除了 2010 年 9 月 30 日之前的在岸和离岸市场人民币即期和远期汇率数据，以消除市场交易初期的"虚假起始交易效应"（Ding 等，2014），最终选择 2010 年 10 月 8 日至 2017 年 10 月 31 日的数据进行分析。本节以在岸与离岸人民币对美元即期和远期交易每日收盘价的收益率为研究对象，为方便起见，分别以 CNY、DF、CNH 和 NDF 表示人民币对美元在岸即期交易收盘价收益率、人民币对美元在岸可交割远期交易收盘价收益率、人民币对美元离岸即期交易收盘价收益率和人民币对美元离岸无本金交割远期交易收盘价收益率。其中人民币对美元在岸可交割远期和离岸无本金交割远期价格均包含 1 个月期限、3 个月期限、6 个月期限、9 个月期限和 12 个月期限五个交易合约，分别记为 DF1M、DF3M、DF6M、DF9M、DF12M 和 NDF1M、NDF3M、NDF6M、NDF9M、NDF12M。考虑节假日的差异，剔除汇率序列交易日不匹配的数据，共得到 1 718 个日交易收盘价数据样本。书中所有交易品种和期限收盘价数据均来源于 Thomson Reuters。各市场人民币汇率收益率以相应收盘价的对数一阶差分乘以 100 计算，公式为：$R_{i,t} = 100 \times (\ln P_{i,t} - \ln P_{i,t-1})$，其中 $R_{i,t}$ 表示第 t 日市场 i 上人民币对美元交易价格收益率，$P_{i,t}$ 表示第 t 日市场 i 上人民币对美元交易收盘价。

为了进一步考察在岸与离岸人民币汇率间溢出效应的动态演变过程，本节以中国人民银行扩大银行间即期外汇市场人民币兑美元交易价浮动幅度和人民币汇率形成机制改革的时间点[①]为临界点，将总体样本划分为四个阶段：第一阶段为 2010 年 10 月 8 日至 2012 年 4 月 13 日；第二阶段为 2012 年 4 月 16 日至 2014 年 3 月 16 日；第三阶段为 2014 年 3 月 17 日至 2015 年 8 月 10 日；第四阶段为 2015 年 8 月 11 日至 2017 年 10 月 31 日。剔除在岸与离岸市场交易日不匹配的数

---

①　根据中国人民银行的公告，2012 年 4 月 16 日与 2014 年 3 月 17 日，中国人民银行相继将银行间即期外汇市场人民币兑美元交易价浮动幅度由 5‰ 扩大至 1% 和由 1% 扩大至 2%；2015 年 8 月 11 日中国人民银行宣布调整人民币兑美元汇率中间价报价机制，做市商参考上日银行间外汇市场收盘汇率，综合考虑外汇供求情况以及国际主要货币汇率变化向中国外汇交易中心提供中间价报价。

据后，第一至第四阶段的子样本分别包含 368、463、346、541 个观测值。

二、实证结果与分析

（一）在岸与离岸人民币汇率的总体溢出效应：总体样本估计结果与分析

1. 描述性统计分析

总体样本期间在岸即期、可交割远期和离岸即期、无本金交割远期汇率收益率的基本统计描述结果如表 3-7 所示。可以看出：第一，就均值而言，样本期间除在岸即期汇率和 1 个月期限在岸远期可交割汇率均值为负外，其他各交易品种汇率的均值均为正，且在岸与离岸远期汇率的均值均随着交易期限变长而增加。相对而言，12 个月期限离岸无本金交割汇率的均值最大，而在岸即期汇率的均值最小。

第二，就反映汇率收益率波动情况的极差和标准差而言，从极差来看，离岸人民币汇率均高于在岸人民币汇率，且离岸无本金交割和在岸可交割远期汇率又均高于相应市场的即期汇率，在所有交易品种中，3 个月期限离岸无本金交割远期汇率的极差最高，在岸即期汇率的极差则最低。从标准差来看，除 1 个月期限离岸无本金交割远期汇率外，离岸即期汇率和其他各交易品种离岸无本金交割远期汇率标准差均高于在岸即期和可交割远期汇率，在在岸交易品种中，远期汇率的标准差高于即期汇率；在所有交易品种中，12 个月期限离岸无本金交割远期汇率的标准差最大，其波动程度最大，其次分别为 9 个月期限和 6 个月期限离岸无本金交割远期品种，在岸即期汇率的标准差最小，意味着其具有较高的稳定性，这与中国人民银行对在岸即期汇率波动幅度的限制紧密相关。

第三，从反映汇率收益率分布特征的偏度、超额峰度和 Jarque-Bera 统计量来看，所有交易品种和期限汇率收益率均表现出显著的右偏特征与尖峰特征，且各汇率收益率序列均不服从正态分布。总体而言，在岸与离岸人民币汇率收益率表现出典型的"尖峰厚尾"特征。

表3-7　在岸与离岸人民币汇率收益率序列的基本统计描述（总体样本）

变量代码	变量名称	样本量	均值	最大值	最小值	极差	标准差	偏度	超额峰度	Jarque-Bera统计量	LB(12)	LB²(12)
CNY	在岸即期	1717	-0.0003	1.8161	-1.1741	2.9902	0.1533	0.7129 (0.0000)	17.1192 (0.0000)	21 308.3534 (0.0000)	31.8720 (0.0014)	87.5950 (0.0000)
CNH	离岸即期	1717	0.0006	2.7649	-1.5998	4.3647	0.2157	0.6812 (0.0000)	23.6510 (0.0000)	40 151.2061 (0.0000)	20.9580 (0.0510)	102.6560 (0.0000)
DF1M	1个月在岸可交割远期	1717	-0.0002	1.9365	-1.1769	3.1134	0.1628	1.7354 (0.0000)	26.3688 (0.0000)	50 605.7139 (0.0000)	29.8420 (0.0030)	333.8330 (0.0000)
DF3M	3个月在岸可交割远期	1717	0.0002	1.9006	-1.2142	3.1148	0.1765	1.0509 (0.0000)	19.1140 (0.0000)	26 453.4868 (0.0000)	39.5400 (0.0001)	350.5760 (0.0000)
DF6M	6个月在岸可交割远期	1717	0.0008	1.9529	-1.2482	3.2011	0.1887	0.8203 (0.0000)	15.1049 (0.0000)	16 515.4362 (0.0000)	42.9790 (0.0000)	316.7980 (0.0000)
DF9M	9个月在岸可交割远期	1717	0.0012	1.9995	-1.2596	3.2591	0.2060	0.6262 (0.0000)	11.9597 (0.0000)	10 345.0765 (0.0000)	75.7080 (0.0000)	417.6970 (0.0000)
DF12M	12个月在岸可交割远期	1717	0.0017	2.0337	-1.2529	3.2866	0.2046	0.4353 (0.0000)	10.9319 (0.0000)	8 603.8830 (0.0000)	44.2800 (0.0000)	148.4280 (0.0000)
NDF1M	1个月离岸无本金交割远期	1717	0.0000	3.8787	-0.8706	4.7493	0.1908	5.5354 (0.0000)	109.6308 (0.0000)	868 621.9717 (0.0000)	84.8870 (0.0000)	136.6140 (0.0000)
NDF3M	3个月离岸无本金交割远期	1717	0.0008	4.1125	-1.3319	5.4444	0.2151	4.3691 (0.0000)	86.3470 (0.0000)	538 863.5347 (0.0000)	73.6780 (0.0000)	121.5220 (0.0000)
NDF6M	6个月离岸无本金交割远期	1717	0.0015	3.9610	-1.4248	5.3858	0.2315	2.9500 (0.0000)	56.3846 (0.0000)	229 937.6256 (0.0000)	59.3070 (0.0000)	115.0330 (0.0000)
NDF9M	9个月离岸无本金交割远期	1717	0.0022	3.6999	-1.4873	5.1872	0.2390	1.9778 (0.0000)	38.6399 (0.0000)	107 934.1357 (0.0000)	60.1740 (0.0000)	96.7050 (0.0000)
NDF12M	12个月离岸无本金交割远期	1717	0.0029	3.5858	-1.6459	5.2317	0.2537	1.4437 (0.0000)	30.0205 (0.0000)	65 072.1078 (0.0000)	59.2540 (0.0000)	197.3680 (0.0000)

注：（1）极差=最大值减最小值，超额峰度=峰度减3；（2）括号内数字为对应p值，其中偏度的原假设样本是无偏的，超额峰度的原假设样本超额峰度等于0，Jarque-Bera统计量的原假设样本服从正态分布；（3）LB(12) 和 LB²(12) 分别表示收益率序列和收益率平方序列的Ljung-Box统计量，原假设分别是序列不存在自相关性和集聚性。

第四，就反映自相关性和集聚性的收益率序列和收益率平方序列的 Ljung-Box Q 统计量而言，检验结果表明，在 10% 显著水平上，各在岸与离岸人民币汇率收益率序列均具有显著的自相关性和集聚性，表明可以建立 GARCH 模型，并用其描述在岸与离岸人民币汇率收益率的波动集群性特征。

2.基本统计检验与模型滞后阶数选择

采用 ADF 检验和 PP 检验分别对在岸与离岸即期以及各期限远期汇率收益率序列进行单位根检验，结果表明各序列都是平稳序列。VAR 模型最优滞后期检验结果显示，在岸即期与离岸即期汇率收益率、各期限在岸可交割远期汇率与对应期限离岸无本金交割远期汇率收益率、在岸即期汇率分别与各期限离岸无本金交割远期汇率收益率、各期限在岸可交割远期汇率分别与离岸即期汇率收益率之间 VAR 方程的最优滞后期均为 1 期[①]，且所有方程在 1% 显著水平上均存在协整关系。对于 MGARCH 模型最优滞后阶数的选择，依据已有研究经验（如 Behera，2010；Maziad 和 Kang，2012；Wang 等，2014），并结合本书数据特征，选择一阶滞后形式[②]。

3.VAR-GJR-MGARCH-BEKK 模型估计结果与分析

为检验在岸与离岸市场不同交易品种和期限人民币汇率间的效应，本书分四种情景进行模拟。情景 1：在岸即期汇率与离岸即期汇率；情景 2：在岸可交割远期汇率与离岸无本金交割远期汇率；情景 3：在岸即期汇率与离岸无本金交割远期汇率；情景 4：在岸可交割远期汇率与离岸即期汇率。

（1）在岸即期汇率与离岸即期汇率

在岸即期汇率与离岸即期汇率均值溢出效应、波动溢出效应和非对称溢出效应的估计结果如表 3-8 所示。据此可得，第一，就均值溢出效应而言，在岸与离岸即期汇率不仅具有显著的自身滞后效应，且两个市场之间的均值溢出效应也显著，表明（$t-1$）时期在岸或离岸即期汇率变化不仅可以显著影响其自身 t 时期的变化，也可以对 t 时期的离岸

---

① 本书 VAR 模型最优滞后期依据 AIC 或 SC 准则确定。
② Bollerslev 等（1992）与 Brooks（2014）也指出，对于大多数金融时间序列而言，GARCH（1，1）模型足以刻画金融数据的波动集聚性。

或在岸即期汇率变化产生显著影响。就市场间溢出效应的大小而言，表3-8显示，在岸即期汇率对离岸即期汇率的均值溢出效应大于后者对前者的均值溢出效应，这意味着在在岸和离岸人民币即期市场中，在岸市场仍掌握一定的"定价权"，但也需谨防离岸即期市场对在岸即期市场的冲击。

第二，就波动溢出效应而言，参数 a_{11}、a_{22}、b_{11} 和 b_{22} 均显著，表明在岸与离岸即期汇率均具有显著的集聚性和持续性，与描述性统计结果的结论一致；在市场间波动溢出效应方面，根据表3-8，在岸与离岸即期汇率之间不存在显著的 GARCH 型波动溢出效应，且在岸即期汇率对离岸即期汇率的 ARCH 型波动溢出效应亦不显著，但离岸即期汇率对在岸即期汇率则具有显著的 ARCH 型波动溢出效应。

第三，在非对称溢出效应方面，参数 d_{11} 不显著而 d_{22} 显著，意味着离岸即期汇率波动具有一定的非对称溢出效应，即与面临正向冲击相比，负向冲击时离岸即期汇率的波动程度更大，而在岸即期汇率则不具有显著的非对称溢出效应。但是参数 d_{12} 和 d_{21} 均显著，表明在岸与离岸即期汇率间存在显著的双向非对称溢出效应，意味着在岸和离岸即期汇率中的任何一方面临负向冲击时，其波动会使另一方的波动程度增加。

第四，综合考察在岸与离岸即期汇率的非对称溢出效应和波动溢出效应的估计结果可以发现，在岸与离岸即期人民币外汇市场之间的波动溢出更多地表现为离岸市场对在岸市场的溢出，离岸即期汇率对在岸即期汇率不仅具有显著的非对称溢出效应，且其 ARCH 型波动溢出效应也显著，而后者对前者仅具有显著的非对称溢出效应，离岸即期汇率波动所引致的在岸即期汇率波动程度高于在岸即期汇率波动所引致的离岸即期汇率波动程度。导致这种结果的原因可能是，与自由交易的离岸即期市场相比，在岸即期市场受到一定管制，在岸即期汇率是管理汇率，汇率波动幅度较小，从而导致在岸即期汇率波动对离岸即期汇率波动的溢出效应不显著，且非对称溢出效应相对较小。

表 3-8 **总体样本期间在岸即期汇率与离岸即期汇率间的溢出效应**

待估参数	CNY 对 CNH	待估参数	CNY 对 CNH	待估参数	CNH 对 CNY	待估参数	CNH 对 CNY
β_{21}	0.2190 (0.0000)	d_{22}	0.1969 (0.0102)	β_{12}	0.1438 (0.0000)	d_{11}	0.0285 (0.7316)
β_{22}	-0.1368 (0.0000)	a_{12}	0.0599 (0.2593)	β_{11}	-0.0802 (0.0039)	a_{21}	-0.0452 (0.0898)
a_{22}	0.3157 (0.0000)	b_{12}	0.0146 (0.5125)	a_{11}	0.4624 (0.0000)	b_{21}	0.0058 (0.6279)
b_{22}	0.9266 (0.0000)	d_{12}	-0.1709 (0.0724)	b_{11}	0.8802 (0.0000)	d_{21}	0.2648 (0.0000)

注：（1）括号内数字为对应 T 统计量的 p 值；（2）CNY 对 CNH 列对应的估计参数表示以 CNH 为被解释变量的回归结果，其他各列的含义与此相同。

（2）在岸可交割远期汇率与离岸无本金交割远期汇率

表 3-9 显示了各期限在岸可交割远期汇率与离岸无本金交割远期汇率间均值溢出效应、波动溢出效应和非对称溢出效应的估计结果。根据表 3-9 可得，第一，3 个月期限、6 个月期限、9 个月期限和 12 个月期限在岸可交割远期汇率与离岸无本金交割远期汇率之间存在显著的双向均值溢出效应，而 1 个月期限交易品种中则表现为离岸无本金交割远期汇率对在岸可交割远期汇率的单向均值溢出效应。第二，各期限在岸可交割远期汇率和离岸无本金交割远期汇率波动均具有显著的持续性和集聚性。第三，各交易期限离岸无本金交割远期汇率与 3 个月期限和 12 个月期限在岸可交割远期汇率自身冲击的非对称性均显著，而 1 个月期限、6 个月期限和 9 个月期限在岸可交割远期汇率自身冲击的非对称性则均不显著。第四，除 9 个月期限和 12 个月期限离岸无本金交割远期汇率波动面临一个负向冲击对相应期限在岸可交割远期汇率波动具有单向的非对称效应外，其他各期限在岸和离岸远期汇率间均存在显著的双向非对称效应。第五，9 个月期限和 12 个月期限在岸与离岸远期汇率之间的 ARCH 型波动溢出效应和 GARCH 型波动溢出效应均显著；

表 3-9　　　总体样本期间在岸可交割远期汇率与离岸无本金交割远期汇率间的溢出效应

待估参数	DF1M对NDF1M	DF3M对NDF3M	DF6M对NDF6M	DF9M对NDF9M	DF12M对NDF12M	待估参数	NDF1M对DF1M	NDF3M对DF3M	NDF6M对DF6M	NDF9M对DF9M	NDF12M对DF12M
β_{21}	0.0242 (0.2277)	0.0533 (0.0424)	0.0731 (0.0006)	0.0830 (0.0003)	0.0768 (0.0023)	β_{12}	0.2579 (0.0000)	0.1967 (0.0000)	0.1771 (0.0000)	0.1776 (0.0000)	0.1603 (0.0000)
β_{22}	-0.0207 (0.4104)	-0.0277 (0.2952)	-0.0594 (0.0073)	-0.0412 (0.0625)	-0.0490 (0.0375)	β_{11}	-0.1896 (0.0000)	-0.1845 (0.0000)	-0.1510 (0.0000)	-0.1618 (0.0000)	-0.1571 (0.0000)
a_{22}	0.2137 (0.0000)	0.2401 (0.0000)	0.1898 (0.0000)	0.2074 (0.0000)	0.1667 (0.0000)	a_{11}	0.4577 (0.0000)	0.3972 (0.0000)	0.4540 (0.0000)	0.4798 (0.0000)	0.4048 (0.0000)
b_{22}	0.9673 (0.0000)	0.9617 (0.0000)	0.9753 (0.0000)	0.9778 (0.0000)	0.9785 (0.0000)	b_{11}	0.8458 (0.0000)	0.8908 (0.0000)	0.8378 (0.0000)	0.8284 (0.0000)	0.8428 (0.0000)
d_{22}	0.1841 (0.0007)	0.2307 (0.0001)	-0.1986 (0.0003)	0.1655 (0.0004)	0.2284 (0.0000)	d_{11}	-0.1202 (0.1588)	-0.1634 (0.0538)	0.0188 (0.8492)	-0.0257 (0.7979)	0.1467 (0.0569)
a_{12}	0.0446 (0.1046)	0.0704 (0.0947)	0.1097 (0.0156)	0.1021 (0.0024)	0.1199 (0.0005)	a_{21}	-0.0785 (0.0001)	-0.0100 (0.7328)	-0.0773 (0.0177)	-0.0736 (0.0140)	-0.1620 (0.0000)
b_{12}	-0.0070 (0.6188)	-0.0230 (0.2813)	-0.0377 (0.1955)	-0.0483 (0.0284)	-0.0496 (0.0398)	b_{21}	0.0334 (0.0398)	0.0052 (0.6776)	0.0317 (0.0623)	0.0322 (0.0097)	0.0400 (0.0031)
d_{12}	-0.1474 (0.0019)	-0.2123 (0.0014)	0.1479 (0.0198)	-0.0873 (0.1848)	-0.0730 (0.2159)	β_{21}	0.3970 (0.0000)	0.3335 (0.0000)	-0.3075 (0.0000)	0.3045 (0.0000)	0.2446 (0.0000)

注：（1）括号内数字为对应 T 统计量的 p 值；（2）DF1M 对 NDF1M 为被解释变量表示以 NDF1M 为被解释变量的回归结果，其他各列的含义与此相同。

在 6 个月期限交易合约中，在岸与离岸远期汇率仅具有显著的双向 ARCH 型波动溢出效应，同时 6 个月期限离岸远期汇率对在岸远期汇率还具有显著的 GARCH 型波动溢出效应；1 个月期限交易合约则表现为离岸无本金交割远期汇率对在岸可交割远期汇率具有显著的单向 ARCH 型波动溢出效应和 GARCH 型波动溢出效应；此外，3 个月期限在岸远期汇率对相应期限离岸远期汇率仅具有显著的单向 ARCH 型波动溢出效应。

综合来看，无论就均值溢出、波动溢出，还是非对称溢出而言，离岸无本金交割远期汇率对在岸可交割远期汇率的引导强于后者对前者的引导，离岸无本金交割远期汇率在在岸与离岸远期汇率溢出中处于主导地位，离岸远期市场处于信息传递的中心位置。这主要是由在岸、离岸远期市场参与者构成和市场微观结构差异所致。在市场参与者构成方面，因在岸外汇管制的存在，在岸远期市场交易必须以实需原则进行，其市场参与者也主要是套期保值交易者；离岸无本金交割远期市场不存在管制，其市场参与者则以投机和套利交易者为主，该类交易主体往往对信息的反应速度较快，而在岸远期交易因受实需原则的限制，阻碍了市场交易者在在岸远期市场上的投机和套利交易，这导致了面临信息冲击时，离岸远期市场的变动领先于在岸远期市场。在市场微观结构方面，在岸远期市场的实需原则决定了其是"订单驱动型"市场，而离岸远期市场的自由交易原则决定了其是"信息驱动型"市场。"订单驱动型"市场下，信息的传递通过层层"订单"交易进行，耗费时间较长，效率低下；而"信息驱动型"市场下，信息的传递速度较快，只要信息发生改变，即使在没有交易量的情况下，交易商和做市商的报价也会做出即时调整（严敏和巴曙松，2010），具有极高的效率，从而决定了离岸远期市场的"信息中心"地位。

（3）在岸即期汇率与离岸无本金交割远期汇率

表 3-10 显示了在岸即期汇率与离岸无本金交割远期汇率间均值溢出效应、波动溢出效应和非对称溢出效应的估计结果。从表中可以看出：首先，就均值溢出效应而言，除在岸即期汇率与 1 个月期限离岸无本金交割远期汇率之间的关系表现为后者对前者具有显著的单向均值溢

出效应外，其他各交易期限离岸无本金交割远期汇率与在岸即期汇率间均具有显著的双向均值溢出效应；其次，在自身波动溢出方面，在岸即期汇率与各交易期限离岸无本金交割远期汇率自身均具有显著的集聚性和持续性；再次，就在岸即期市场与离岸无本金交割远期市场间的波动溢出效应而言，各交易期限离岸远期汇率对在岸即期汇率均具有显著的ARCH型波动溢出效应和GARCH型波动溢出效应，而在岸即期汇率对离岸远期汇率的波动溢出更多地表现为其对3个月期限、6个月期限、9个月期限和12个月期限离岸远期汇率具有显著的ARCH型波动溢出效应，且仅有在岸即期汇率对9个月期限离岸远期汇率的GARCH型波动溢出效应显著；最后，就两个市场间的非对称溢出效应而言，表3-10显示，1个月期限和9个月期限离岸远期汇率与在岸即期汇率之间均具有显著的双向非对称溢出效应，但对于3个月期限、6个月期限和12个月期限而言，仅存在离岸远期汇率对在岸即期汇率的单向非对称溢出效应。

总体而言，无论均值溢出，还是波动溢出抑或非对称溢出，本节所选取的各交易期限合约的离岸无本金交割远期汇率均对在岸即期汇率产生了显著的影响，离岸无本金远期市场对在岸即期市场的引导能力强于在岸即期市场对其的引导能力，离岸无本金交割远期汇率在两个市场间的信息传导中处于优势地位。可能的原因是，长期以来，离岸无本金交割远期汇率一直被视为在岸即期汇率未来预期的可靠指标，故离岸无本金交割远期汇率变动必然对在岸即期汇率产生显著影响。

（4）在岸可交割远期汇率与离岸即期汇率

表3-11显示：第一，在均值溢出效应方面，各交易期限在岸可交割远期汇率与离岸即期汇率之间均存在显著的双向均值溢出效应；第二，就ARCH型波动溢出效应而言，除3个月期限在岸可交割远期汇率与离岸即期汇率之间存在显著的双向ARCH型波动溢出效应外，其他各交易期限在岸远期汇率对离岸即期汇率的ARCH型波动溢出效应均不显著，但是离岸即期汇率对1个月期限、6个月期限、9个月期限和12个月期限在岸可交割远期汇率也具有显著的ARCH型波动溢出效应；第三，在GARCH型波动溢出效应方面，各交易期限在岸可交割远

表 3-10　总体样本期间在岸即期汇率与离岸无本金交割远期汇率间的溢出效应

待估参数	CNY对NDF1M	CNY对NDF3M	CNY对NDF6M	CNY对NDF9M	CNY对NDF12M
β_{21}	0.0365 (0.1308)	0.0781 (0.0059)	0.1146 (0.0002)	0.1287 (0.0002)	0.1406 (0.0001)
β_{22}	-0.0412 (0.0980)	-0.0542 (0.0282)	-0.0887 (0.0000)	-0.0791 (0.0009)	-0.0811 (0.0008)
a_{22}	0.2447 (0.0000)	0.1692 (0.0000)	0.1560 (0.0000)	0.1898 (0.0000)	0.1940 (0.0000)
b_{22}	0.9462 (0.0000)	0.9737 (0.0000)	0.9824 (0.0000)	0.9785 (0.0000)	0.9751 (0.0000)
d_{22}	0.2591 (0.0000)	0.2074 (0.0004)	0.0616 (0.3590)	0.0536 (0.3401)	-0.1109 (0.3023)
a_{12}	0.0434 (0.1864)	0.1032 (0.0087)	0.1121 (0.0134)	0.1117 (0.0237)	0.1365 (0.0729)
b_{12}	0.0093 (0.5119)	-0.0177 (0.2751)	-0.0291 (0.1437)	-0.0373 (0.0685)	-0.0362 (0.1469)
d_{12}	-0.1368 (0.0042)	-0.1011 (0.2119)	0.1288 (0.2377)	0.1649 (0.0829)	-0.0481 (0.8421)

待估参数	NDF1M对CNY	NDF3M对CNY	NDF6M对CNY	NDF9M对CNY	NDF12M对CNY
β_{12}	0.2092 (0.0000)	0.1453 (0.0000)	0.1142 (0.0000)	0.0946 (0.0000)	0.0768 (0.0000)
β_{11}	-0.1494 (0.0000)	-0.0996 (0.0001)	-0.0687 (0.0051)	-0.0449 (0.0674)	-0.0403 (0.1049)
a_{11}	0.3975 (0.0000)	0.3925 (0.0000)	0.3892 (0.0000)	0.3795 (0.0000)	0.3643 (0.0000)
b_{11}	0.9032 (0.0000)	0.9108 (0.0000)	0.8927 (0.0000)	0.8929 (0.0000)	0.8998 (0.0000)
d_{11}	0.0138 (0.8232)	0.0398 (0.4920)	0.1474 (0.0126)	0.1676 (0.0099)	-0.1518 (0.0857)
a_{21}	-0.1357 (0.0000)	-0.1202 (0.0000)	-0.1155 (0.0000)	-0.0884 (0.0000)	-0.0806 (0.0017)
b_{21}	0.0274 (0.0071)	0.0216 (0.0038)	0.0298 (0.0028)	0.0251 (0.0021)	0.0207 (0.0108)
d_{21}	0.3162 (0.0000)	0.2370 (0.0000)	0.1760 (0.0000)	0.1603 (0.0000)	-0.1603 (0.0000)

注：（1）括号内数字为对应 T 统计量的 p 值；（2）CNY 对 NDF1M 列对应的估计参数表示以 NDF1M 为被解释变量的回归结果，其他各列的含义与此相同。

表 3-11　　**总体样本期间在岸可交割远期汇率与离岸即期汇率间的溢出效应**

待估参数	DF1M对CNH	DF3M对CNH	DF6M对CNH	DF9M对CNH	DF12M对CNH
β_{21}	0.1627 (0.0000)	0.1292 (0.0000)	0.1038 (0.0000)	0.0731 (0.0000)	0.0504 (0.0022)
β_{22}	-0.0869 (0.0005)	-0.0771 (0.0016)	-0.0629 (0.0083)	-0.0503 (0.0297)	-0.0427 (0.0775)
a_{22}	0.2820 (0.0000)	0.2659 (0.0000)	0.2904 (0.0000)	0.2934 (0.0000)	0.2917 (0.0000)
b_{22}	0.9478 (0.0000)	0.9437 (0.0000)	0.9396 (0.0000)	0.9405 (0.0000)	0.9388 (0.0000)
d_{22}	-0.2136 (0.0075)	-0.2618 (0.0001)	-0.2275 (0.0003)	0.2098 (0.0002)	0.2273 (0.0001)
a_{12}	0.0848 (0.1099)	0.0996 (0.0257)	0.0406 (0.2493)	0.0329 (0.2224)	0.0393 (0.1796)
b_{12}	-0.0261 (0.3610)	-0.0229 (0.2800)	-0.0002 (0.9913)	-0.0029 (0.8375)	-0.0021 (0.8749)
d_{12}	0.1309 (0.1218)	0.1166 (0.1369)	0.1175 (0.0294)	-0.0923 (0.0092)	-0.0937 (0.0101)

待估参数	CNH对DF1M	CNH对DF3M	CNH对DF6M	CNH对DF9M	CNH对DF12M
β_{12}	0.1925 (0.0000)	0.2070 (0.0000)	0.1954 (0.0000)	0.2334 (0.0000)	0.2176 (0.0000)
β_{11}	-0.1385 (0.0000)	-0.1774 (0.0000)	-0.1618 (0.0000)	-0.1801 (0.0000)	-0.1710 (0.0000)
a_{11}	0.4796 (0.0000)	0.4464 (0.0000)	0.3859 (0.0000)	0.4291 (0.0000)	0.3600 (0.0000)
b_{11}	0.8237 (0.0000)	0.8615 (0.0000)	0.8859 (0.0000)	0.8556 (0.0000)	0.8902 (0.0000)
d_{11}	-0.0658 (0.4699)	-0.0904 (0.2875)	-0.0883 (0.2412)	0.1332 (0.1016)	0.1646 (0.0172)
a_{21}	-0.0982 (0.0044)	-0.1042 (0.0014)	-0.0810 (0.0284)	-0.0965 (0.0142)	-0.0833 (0.0306)
b_{21}	0.0289 (0.0296)	0.0227 (0.0933)	0.0171 (0.2384)	0.0285 (0.0465)	0.0188 (0.1734)
d_{21}	-0.3004 (0.0000)	-0.2705 (0.0000)	-0.2492 (0.0000)	0.2624 (0.0000)	0.1998 (0.0002)

注：(1) 括号内数字对应对 T 统计量的 p 值；(2) DF1M 对 CNH 列对应的估计参数表示以 CNH 为被解释变量的回归结果，其他各列的含义与此相同。

期汇率对离岸即期汇率的 GARCH 型波动溢出均不显著,而离岸即期汇率则对 1 个月期限、3 个月期限和 9 个月期限在岸远期汇率具有显著的GARCH 型波动溢出效应;第四,就非对称溢出效应来说,离岸即期汇率对 1 个月期限和 3 个月期限在岸远期汇率具有显著的单向非对称溢出效应,同时 6 个月期限、9 个月期限和 12 个月期限在岸可交割远期汇率与离岸即期汇率之间存在显著的双向非对称溢出效应。

观察在岸远期汇率与离岸即期汇率在相互之间均值溢出、波动溢出和非对称溢出方面的表现可以发现,相对而言,离岸即期市场对在岸可交割远期市场的影响大于后者对前者的影响,离岸即期市场在两个市场间的信息传导中更强,尤其在波动溢出方面,离岸即期汇率波动会引致本节所考察的所有交易期限在岸远期汇率波动,但是在岸远期汇率波动几乎不会引致离岸即期汇率出现较大程度的波动。

综上所述,总体样本的实证分析结果表明,尽管在岸与离岸人民币市场之间资本跨境流动还存在一定的管制,但是不同市场汇率之间已经表现出显著的均值溢出效应、波动溢出效应和非对称溢出效应。除 3 个月期限离岸无本金交割远期汇率对相应期限在岸可交割远期汇率的 ARCH 型波动溢出和 GARCH 型波动溢出效应,以及离岸即期汇率对在岸即期汇率、6 个月期限和 12 个月期限在岸可交割远期汇率的 GARCH 型波动溢出效应不显著外,其他所有交易品种和交易期限的离岸人民币汇率对在岸人民币汇率均具有显著的均值溢出、ARCH 型波动溢出、GARCH 型波动溢出和非对称溢出效应;同时,仅有部分交易品种和交易期限的在岸人民币汇率对离岸人民币汇率的均值溢出、ARCH 型波动溢出、GARCH 型波动溢出和非对称溢出效应显著。总体而言,除在岸即期汇率对离岸即期汇率的均值溢出效应大于后者对前者的溢出效应外,其他市场汇率之间的信息引导关系中,离岸市场均占据主导地位;相对而言,离岸市场汇率对在岸市场汇率的引导能力强于后者对前者的引导能力。

4. 模型诊断检验

为确定计量检验结果的稳健性,本书针对上述四种情形中每一对汇率的 VAR-GJR-MGARCH-BEKK 模型进行诊断检验,结果见表 3-12、表 3-13 和表 3-14。

表3-12

总体样本情景1和情景4模型诊断检验

| | CNY与CNH | | DF与CNH | | | | | | | | | |
| | | | DF1M与CNH | | DF3M与CNH | | DF6M与CNH | | DF9M与CNH | | DF12M与CNH | |
	CNY	CNH	DF1M	CNH	DF3M	CNH	DF6M	CNH	DF9M	CNH	DF12M	CNH
$LB(12)$	6.8572 (0.8669)	12.8277 (0.3817)	13.6529 (0.3234)	13.6818 (0.3215)	12.4242 (0.4122)	12.5349 (0.4037)	16.6972 (0.1614)	12.2494 (0.4259)	14.7822 (0.2536)	12.7881 (0.3846)	11.4140 (0.4938)	12.5751 (0.4007)
$LB^2(12)$	0.0679 (1.0000)	0.0836 (1.0000)	0.2468 (1.0000)	0.0983 (1.0000)	0.2603 (1.0000)	0.0942 (1.0000)	0.4144 (1.0000)	0.0937 (1.0000)	0.3119 (1.0000)	0.0964 (1.0000)	0.4919 (1.0000)	0.0927 (1.0000)
Shape	3.7796 (0.0000)		3.6659 (0.0000)		3.8818 (0.0000)		3.8753 (0.0000)		4.0182 (0.0000)		4.0353 (0.0000)	
Wald检验												
$a_{12}=b_{12}=d_{12}=0$	7.4508 (0.0588)		4.1523 (0.2455)		7.3823 (0.0607)		6.2754 (0.0990)		8.7787 (0.0324)		8.9539 (0.0299)	
$a_{21}=b_{21}=d_{21}=0$		10.9054 (0.0000)		30.8160 (0.0000)		32.1515 (0.0000)		19.5267 (0.0002)		26.7075 (0.0000)		15.3567 (0.0015)
$a_{12}=a_{21}=b_{12}=b_{21}$ $=d_{12}=d_{21}=0$	49.0841 (0.0000)		39.3462 (0.0000)		40.9462 (0.0000)		26.1281 (0.0002)		36.9195 (0.0000)		25.4141 (0.0003)	
符号检验（Engle and Ng, 1993）												
符号偏差检验	-1.6792 (0.3156)	1.6146 (0.3048)	-0.9036 (0.3065)	1.2589 (0.2932)	0.8766 (0.3334)	1.2618 (0.3267)	0.6506 (0.3698)	1.2957 (0.3139)	0.6911 (0.3064)	1.2437 (0.3270)	0.7133 (0.1931)	1.2784 (0.3317)
负尺度偏差检验	0.7290 (0.5992)	-0.2202 (0.8713)	0.4208 (0.5690)	-0.1779 (0.8649)	0.0185 (0.9805)	-0.1401 (0.8988)	0.0004 (0.9994)	-0.1372 (0.9016)	0.0423 (0.9418)	-0.1095 (0.9196)	-0.1161 (0.8016)	-0.1140 (0.9197)
正尺度偏差检验	-0.0183 (0.9812)	-0.2387 (0.7471)	-0.0191 (0.9696)	-0.2064 (0.7391)	0.0021 (0.9968)	-0.2066 (0.7489)	0.0240 (0.9562)	-0.2114 (0.7439)	-0.0721 (0.8617)	-0.2094 (0.7431)	-0.0865 (0.8054)	-0.2144 (0.7433)
联合检验	0.3825 (0.7656)	0.4488 (0.7182)	0.4226 (0.7368)	0.4691 (0.7039)	0.5517 (0.6470)	0.4206 (0.7383)	0.4918 (0.6880)	0.4474 (0.7192)	0.6273 (0.5974)	0.4315 (0.7305)	0.7511 (0.5217)	0.4213 (0.7377)

注：（1）括号内数字为各检验对应统计量的p值；（2）Shape 表示反映 t 分布的形状参数。

表 3-13

总体样本情景 2 模型诊断检验

	DF 与 NDF									
	DF1M 与 NDF1M		DF3M 与 NDF3M		DF6M 与 NDF6M		DF9M 与 NDF9M		DF12M 与 NDF12M	
	DF1M	NDF1M	DF3M	NDF3M	DF6M	NDF6M	DF9M	NDF9M	DF12M	NDF12M
$LB(12)$	15.1702 (0.2323)	8.1046 (0.7769)	13.7637 (0.3161)	10.6518 (0.5590)	15.3260 (0.2241)	18.4010 (0.1041)	13.5302 (0.3317)	24.0467 (0.0201)	12.3174 (0.4205)	36.1649 (0.0000)
$LB^2(12)$	0.1166 (1.0000)	0.0153 (1.0000)	0.1369 (1.0000)	0.0308 (1.0000)	0.3690 (1.0000)	0.4091 (1.0000)	0.3195 (1.0000)	0.9735 (1.0000)	0.6209 (1.0000)	3.0495 (0.9952)
Shape	4.0801 (0.0000)		4.2778 (0.0000)		4.2578 (0.0000)		4.3957 (0.0000)		4.2741 (0.0000)	
Wald检验										
$a_{12} = b_{12} = d_{12} = 0$	21.4167 (0.0001)		13.9870 (0.0029)		14.7299 (0.0021)		15.7861 (0.0013)		16.7503 (0.0008)	
$a_{21} = b_{21} = d_{21} = 0$	48.7154 (0.0000)		39.0476 (0.0000)		32.0406 (0.0000)		35.2595 (0.0000)		44.4113 (0.0000)	
$a_{12} = a_{21} = b_{12} = b_{21}$ $= d_{12} = d_{21} = 0$	76.9963 (0.0000)		50.4451 (0.0000)		45.1301 (0.0000)		48.6627 (0.0000)		52.4033 (0.0000)	
符号检验（Engle and Ng, 1993）										
符号偏差检验	-1.2546 (0.3376)	5.0890 (0.2925)	1.1009 (0.2845)	3.1730 (0.2865)	0.5964 (0.3657)	1.5905 (0.2822)	0.6600 (0.3056)	0.9163 (0.3349)	0.5441 (0.2433)	0.6273 (0.3199)
负尺度偏差检验	0.4984 (0.6358)	-2.7303 (0.5085)	0.0247 (0.9765)	-2.8437 (0.2520)	0.0437 (0.9373)	-1.3190 (0.2801)	0.1819 (0.7423)	0.3009 (0.7041)	0.0182 (0.9640)	-0.3748 (0.4831)
正尺度偏差检验	-0.0995 (0.8778)	-0.2861 (0.8459)	-0.1706 (0.7592)	-0.2779 (0.8031)	-0.0700 (0.8604)	-0.2089 (0.7719)	-0.1544 (0.6939)	-0.1562 (0.7697)	-0.0283 (0.9256)	-0.0439 (0.9104)
联合检验	0.4032 (0.7507)	0.3698 (0.7748)	0.6178 (0.6035)	0.5122 (0.6739)	0.4960 (0.6851)	0.4922 (0.6877)	0.8464 (0.4685)	0.7928 (0.4979)	0.8380 (0.4730)	0.3802 (0.7673)

注：(1) 括号内数字为各检验对应统计量的 p 值；(2) Shape 表示反映 t 分布的形状参数。

表 3-14

总体样本情景 3 模型诊断检验

	CNY 与 NDF									
	CNY 与 NDF1M		CNY 与 NDF3M		CNY 与 NDF6M		CNY 与 NDF9M		CNY 与 NDF12M	
	CNY	NDF1M	CNY	NDF3M	CNY	NDF6M	CNY	NDF9M	CNY	NDF12M
LB(12)	11.4804 (0.4883)	7.6002 (0.8155)	14.3106 (0.2813)	12.0633 (0.4406)	13.7412 (0.3175)	19.9886 (0.0673)	11.1339 (0.5175)	26.4616 (0.0092)	13.8921 (0.3077)	36.6357 (0.0000)
LB^2(12)	0.0304 (1.0000)	0.0153 (1.0000)	0.0527 (1.0000)	0.0290 (1.0000)	0.0927 (1.0000)	0.3559 (1.0000)	0.0806 (1.0000)	0.8804 (1.0000)	0.1205 (1.0000)	2.9339 (0.9960)
Shape	4.0303 (0.0000)		4.0797 (0.0000)		4.0344 (0.0000)		4.0117 (0.0000)		3.8694 (0.0000)	
Wald 检验										
$a_{12}=d_{12}=d_{12}=0$	14.0261 (0.0029)		10.8979 (0.0123)		12.6952 (0.0053)		11.2733 (0.0103)		8.7263 (0.0332)	
$a_{21}=b_{21}=d_{21}=0$		75.2021 (0.0000)		68.6287 (0.0000)		41.1519 (0.0000)		36.3076 (0.0000)		24.4487 (0.0000)
$a_{12}=a_{21}=b_{12}=b_{21}$ $=d_{12}=d_{21}=0$	88.9439 (0.0000)		78.5967 (0.0000)		55.0326 (0.0000)		47.2258 (0.0000)		39.1942 (0.0000)	
符号检验（Engle and Ng, 1993）										
符号偏差检验	-2.9408 (0.3396)	5.1130 (0.2979)	-2.0252 (0.3359)	3.3306 (0.2880)	-1.4377 (0.3276)	1.6747 (0.2964)	-1.3901 (0.3355)	0.9577 (0.3331)	-1.1103 (0.3239)	0.6019 (0.3315)
负尺度偏差检验	1.2681 (0.6118)	-2.7671 (0.5137)	0.8466 (0.6229)	-3.1200 (0.2340)	0.5926 (0.6269)	-1.4878 (0.2622)	0.5984 (0.6202)	0.2424 (0.7722)	0.4060 (0.6708)	-0.4353 (0.4138)
正尺度偏差检验	0.1600 (0.8867)	-0.2995 (0.8402)	0.2248 (0.8006)	-0.2338 (0.8388)	0.1209 (0.8641)	-0.1667 (0.8265)	0.1130 (0.8716)	-0.1313 (0.8119)	0.1214 (0.8376)	-0.0677 (0.8620)
联合检验	0.3098 (0.8183)	0.3615 (0.7808)	0.3120 (0.8167)	0.5371 (0.6569)	0.3337 (0.8010)	0.5061 (0.6781)	0.3229 (0.8088)	0.6916 (0.5571)	0.3463 (0.7919)	0.3712 (0.7738)

注：(1) 括号内数字为各检验对应统计量的 p 值；(2) Shape 表示反映 t 分布的形状参数。

　　首先，观察各模型估计的标准化残差序列自身及其对应的平方项的 Ljung-Box Q 检验结果，可以发现，在 1% 显著水平上，大多数标准化残差序列自身及所有序列平方项均不存在自相关，表明本书所采用的 MGARCH 模型较好地解决了各汇率序列存在的自相关性和集聚性问题。

　　其次，采用 Wald 检验考察各模型衡量 ARCH 型波动溢出、GARCH 型波动溢出和非对称溢出效应的参数是否同时为 0，结果显示，除情景 4 中 1 个月期限在岸远期可交割远期汇率对离岸即期汇率影响的方程接受上述三种效应的参数同时为 0 的原假设外，情景 1、情景 2 和情景 3 中各交易品种和交易期限在岸与离岸汇率溢出效应的估计结果均拒绝原假设，但是观察表 3-11 的估计结果可以看出，1 个月期限在岸远期汇率对离岸即期汇率的 ARCH 型波动溢出效应、GARCH 型波动溢出效应和非对称溢出效应均不显著，与 Wald 检验结果一致。

　　再次，采用 Engle 和 Ng（1993）的符号偏差检验、负尺度符号偏差检验、正尺度符号偏差检验和上述三种检验的联合检验，以验证模型考虑非对称溢出效应的正确性，结果表明，情景 1 至情景 4 中各模型均无法拒绝不存在非对称溢出效应的原假设，意味着本书的 VAR-GJR-MGARCH-BEKK 模型较好地描述了人民币在岸与离岸市场汇率收益率波动的非对称溢出效应。

　　最后，观察各在岸与离岸"汇率对"模型中反映 t 分布的形状参数，发现其均是显著的，这意味着采用基于 t 分布的估计方法较好地描述了各交易品种和交易期限在岸与离岸人民币汇率收益率的"尖峰厚尾"特征。

　　（二）在岸与离岸人民币汇率溢出效应的动态演变：分阶段估计结果与分析

　　为了进一步考察不同交易品种和期限在岸与离岸人民币汇率溢出效应的动态演变过程，本小节采用 VAR-GJR-MGARCH-BEKK 模型对前文所划分的四个阶段中每一阶段的在岸与离岸人民币汇率溢出效应进行估计[①]，并对估计结果进行比较分析。

1. 在岸即期汇率与离岸即期汇率溢出效应的动态变化

表 3-15 显示了第一至第四阶段在岸与离岸即期汇率均值溢出效应、波动溢出效应和非对称溢出效应的估计结果。从该表可以看出，在在岸银行间即期外汇市场人民币兑美元交易价浮动幅度为 5‰ 的政策区间内即本节样本第一阶段时期，在岸与离岸人民币即期汇率间的溢出效应主要表现为在岸即期汇率对离岸即期汇率具有显著的单向均值溢出效应和 ARCH 型波动溢出效应，离岸即期汇率对在岸即期汇率的影响仅有 GARCH 型波动溢出效应显著，这一阶段在岸市场在两个市场信息传递中占据主导地位。

表 3-15　**不同阶段在岸即期汇率与离岸即期汇率间的溢出效应**

	待估参数	第一阶段	第二阶段	第三阶段	第四阶段
CNY 对 CNH	β_{21}	0.1556 (0.0089)	0.3045 (0.0000)	0.1478 (0.0440)	0.2631 (0.0000)
	a_{12}	−0.3277 (0.0001)	0.0551 (0.6997)	0.0190 (0.8719)	−0.6463 (0.0000)
	b_{12}	−0.1219 (0.1505)	0.5268 (0.0026)	0.0114 (0.8290)	0.0080 (0.9390)
	d_{12}	−0.1190 (0.4563)	−0.4442 (0.0195)	0.2547 (0.1798)	0.1176 (0.4833)
CNH 对 CNY	β_{12}	0.0415 (0.2924)	0.0904 (0.0028)	0.2098 (0.0000)	0.1810 (0.0000)
	a_{21}	−0.0387 (0.3551)	−0.0460 (0.4712)	−0.0717 (0.2858)	0.0218 (0.7421)
	b_{21}	0.1509 (0.0110)	0.1858 (0.1911)	0.0387 (0.0674)	−0.0356 (0.4415)
	d_{21}	0.1764 (0.1190)	0.2563 (0.0401)	0.1759 (0.0318)	0.1792 (0.0366)

注：（1）括号内数字为对应 T 统计量的 p 值；（2）CNY 对 CNH 对应各行的估计参数表示以 CNH 为被解释变量的回归结果，其他各行的含义与此相同。

[①] 采用与总体样本相似的偏度、超额峰度、Jarque-Bera 统计量、汇率收益率序列和其平方的 Ljung-Box Q 检验结果显示，第一至第四阶段中各交易品种和交易期限的在岸与离岸人民币汇率序列均不服从正态分布，并存在"尖峰厚尾"特征，且存在显著的自相关性与集聚性，因此，可以使用 MGARCH 模型对其波动特征进行刻画。此外，对第一至第四阶段各"汇率对"VAR 模型的最优滞后期检验结果也显示，1 期均为各方程的最优滞后期；Johansen 协整关系检验结果也表明，所有在岸与离岸"汇率对"间均存在协整关系。同时，对于四个阶段所使用 MGARCH-BEKK 模型的滞后阶数，本书也选择 1 阶。

在岸银行间即期外汇市场人民币兑美元交易价浮动幅度扩大至 1% 后，在岸与离岸即期汇率间的溢出效应明显上升，尽管此阶段在岸即期汇率对离岸即期汇率的 ARCH 型波动溢出效应不再显著，但其对离岸即期汇率的 GARCH 型波动溢出效应和非对称溢出效应则变得显著，同时尽管离岸即期汇率对在岸即期汇率的 GARCH 型溢出效应不再显著，但是其对在岸即期汇率的非对称溢出效应则变得显著。此外，两个市场汇率间的均值溢出效应也由第一阶段的在岸汇率对离岸汇率的单向溢出转变为双向溢出。总体来看，在第二阶段，在岸市场依然处于两个市场信息传递的主导地位。

进入第三阶段后，尽管在岸银行间即期外汇市场人民币兑美元交易价浮动幅度进一步扩大至 2%，但是随着离岸人民币市场的快速发展，离岸即期汇率开始逐步发挥作用，其对在岸即期汇率的引导能力强于在岸即期汇率对其的引导能力，突出表现为在该阶段，在岸即期汇率对离岸即期汇率的影响仅在均值溢出效应方面显著，而离岸即期汇率不仅对在岸即期汇率具有显著的均值溢出效应，也具有显著的 GARCH 型波动溢出效应和非对称溢出效应。

在第四阶段，伴随着 2015 年 8 月 11 日人民币汇率形成机制的改革，在岸人民币汇率市场化程度进一步提升，在岸即期汇率对离岸即期汇率的引导能力较第三阶段有了明显提升，其不仅对离岸即期汇率具有显著的均值溢出效应，也具有显著的 ARCH 型波动溢出效应。该阶段，离岸即期汇率对在岸即期汇率仅具有显著的均值溢出效应和非对称溢出效应，与第三阶段相比，该阶段内其对在岸即期汇率的 GARCH 型溢出效应则不再显著，离岸即期汇率对在岸即期汇率的引导能力则出现了明显下降。

2. 在岸可交割远期汇率与离岸无本金交割远期汇率溢出效应的动态变化

各阶段不同交易期限在岸可交割远期汇率与离岸无本金交割远期汇率间均值溢出效应、波动溢出效应和非对称溢出效应的估计结果见表 3-16。可以看出，总体而言，在岸与离岸远期汇率之间的联动关系以及在岸远期汇率对离岸远期汇率的引导能力随着在岸人民币汇率制度改革的推进而逐渐增强。

表3-16 不同阶段在岸可交割远期汇率与离岸无本金交割远期汇率间的溢出效应

待估参数		第一阶段					第二阶段				
		1M	3M	6M	9M	12M	1M	3M	6M	9M	12M
DF对NDF	β_{21}	0.0526	-0.0704	-0.0701	0.0402	0.0029	0.0632	0.1021	0.0743	0.0817	0.0959
		(0.3783)	(0.2201)	(0.1956)	(0.2764)	(0.9416)	(0.1944)	(0.0314)	(0.1260)	(0.0748)	(0.0210)
	a_{12}	0.3040	-0.1982	-0.3974	0.0053	-0.0213	0.2505	0.2340	0.2565	0.1274	0.0707
		(0.0151)	(0.2207)	(0.0286)	(0.9369)	(0.6210)	(0.0000)	(0.0102)	(0.0097)	(0.0299)	(0.2981)
	b_{12}	-0.2962	0.2008	0.0932	0.0092	0.0230	0.7563	-0.2029	0.2083	-0.0679	-0.0467
		(0.1146)	(0.0051)	(0.3653)	(0.7130)	(0.1105)	(0.0001)	(0.0894)	(0.5390)	(0.4474)	(0.5756)
	d_{12}	0.2233	-0.6291	-0.7031	0.0008	0.0268	-0.1304	0.2909	0.1331	-0.0218	0.0018
		(0.4124)	(0.0008)	(0.0018)	(0.9958)	(0.7390)	(0.1241)	(0.0621)	(0.3655)	(0.8226)	(0.9847)
NDF对DF	β_{12}	0.2164	0.1874	0.1110	0.1481	0.1334	0.2172	0.2152	0.1927	0.1940	0.2219
		(0.0000)	(0.0000)	(0.0042)	(0.0004)	(0.0001)	(0.0000)	(0.0000)	(0.0000)	(0.0000)	(0.0000)
	a_{21}	-0.2529	-0.2138	0.0779	-0.1989	-0.2292	0.1872	0.0764	0.1805	0.1904	0.1697
		(0.0649)	(0.0053)	(0.3415)	(0.2050)	(0.0000)	(0.0129)	(0.3343)	(0.0580)	(0.0190)	(0.0018)
	b_{21}	-0.0553	-0.2079	-0.3182	0.0430	-0.0125	-0.0844	0.2773	0.3777	0.0539	0.0106
		(0.0014)	(0.0107)	(0.3432)	(0.3487)	(0.3135)	(0.7409)	(0.2319)	(0.3852)	(0.4163)	(0.8564)
	d_{21}	0.2658	0.0091	0.3123	0.1991	-0.0228	0.1219	-0.1219	-0.0082	0.0281	-0.0661
		(0.1556)	(0.9468)	(0.1431)	(0.4084)	(0.8696)	(0.3613)	(0.4518)	(0.9659)	(0.8476)	(0.6422)

续表

待估参数		第三阶段					第四阶段				
		1M	3M	6M	9M	12M	1M	3M	6M	9M	12M
DF对NDF	β_{21}	-0.0800	-0.0283	-0.0493	0.0403	0.0096	0.1564	0.2280	0.2276	0.2383	0.3299
		(0.0093)	(0.4901)	(0.2950)	(0.3869)	(0.8719)	(0.0044)	(0.0004)	(0.0003)	(0.0003)	(0.0000)
	a_{12}	0.0181	0.0106	0.3654	0.4620	0.4315	0.1192	0.0292	0.0990	-0.4949	-0.5483
		(0.8225)	(0.9121)	(0.0000)	(0.0005)	(0.0000)	(0.3549)	(0.8491)	(0.3246)	(0.0000)	(0.0000)
	b_{12}	0.0490	0.3990	-0.0268	-0.5832	0.2436	-0.0836	-0.2096	-0.2192	-0.1769	-0.1233
		(0.0912)	(0.0122)	(0.7327)	(0.0000)	(0.0028)	(0.3249)	(0.0060)	(0.0005)	(0.0142)	(0.0283)
	d_{12}	0.1941	0.0466	0.1999	0.2434	0.1573	-0.0967	0.2865	-0.2026	-0.3111	-0.1574
		(0.0535)	(0.8184)	(0.1121)	(0.5316)	(0.3183)	(0.6341)	(0.1326)	(0.2226)	(0.0400)	(0.3589)
NDF对DF	β_{12}	0.1838	0.3047	0.2241	0.2570	0.1488	0.2298	0.1282	0.1226	0.1221	0.1143
		(0.0016)	(0.0000)	(0.0000)	(0.0000)	(0.0041)	(0.0000)	(0.0006)	(0.0006)	(0.0004)	(0.0005)
	a_{21}	-0.0923	0.1261	0.0641	0.1143	0.1922	-0.1707	-0.0545	-0.1611	0.0155	0.0586
		(0.2745)	(0.3119)	(0.5162)	(0.5415)	(0.0636)	(0.0681)	(0.6156)	(0.0142)	(0.8340)	(0.2036)
	b_{21}	0.0161	-0.5613	0.1364	0.3251	0.7938	0.0265	0.0303	0.0582	0.0255	-0.0238
		(0.6593)	(0.0000)	(0.0089)	(0.0036)	(0.0000)	(0.5450)	(0.4030)	(0.0742)	(0.3886)	(0.3018)
	d_{21}	-0.2260	0.2618	0.2509	-0.3299	0.1037	0.3489	0.2665	-0.3038	-0.3040	-0.2888
		(0.0508)	(0.1695)	(0.1349)	(0.2047)	(0.5334)	(0.0011)	(0.0315)	(0.0055)	(0.0011)	(0.0013)

注：（1）括号内数字为对应 T 统计量的 p 值；（2）DF 对 NDF 对应各行的估计参数表示以 NDF 为被解释变量的回归结果，其他各行的含义与此相同。

　　具体而言，在第一阶段，在岸可交割远期汇率对离岸无本金交割远期汇率的溢出效应仅表现为 1 个月期限交易品种上具有显著的 ARCH 型波动溢出效应，3 个月期限交易品种上具有显著的 GARCH 型波动溢出效应和非对称溢出效应，以及 6 个月期限交易品种上具有显著的 ARCH 型波动溢出效应和非对称溢出效应；而离岸远期汇率对在岸远期汇率的溢出效应则表现为所有交易期限品种均具有显著的均值溢出效应，1 个月期限和 3 个月期限交易品种还均具有显著的 ARCH 型波动溢出效应和 GARCH 型波动溢出效应，12 个月期限交易品种的 ARCH 型波动溢出效应亦显著，离岸远期汇率在两个远期市场的信息传导中占据主导地位。

　　进入第二阶段后，随着在岸银行间即期外汇市场人民币兑美元交易价浮动幅度的扩大，在岸远期汇率对离岸远期汇率的信息引导能力显著增强，3 个月期限、9 个月期限和 12 个月期限在岸远期汇率开始对相应期限离岸远期汇率具有显著的均值溢出效应，同时 1 个月期限和 3 个月期限在岸远期汇率对相应期限的离岸远期汇率也具有显著的 ARCH 型波动溢出效应与 GARCH 型波动溢出效应。此外，3 个月期限在岸远期汇率对离岸远期汇率的非对称溢出效应，以及 6 个月期限和 9 个月期限在岸远期汇率对相应期限离岸远期汇率的 ARCH 型波动溢出效应均显著。而就离岸远期汇率对在岸远期汇率的溢出效应而言，除了各期限交易品种的均值溢出效应仍均显著，以及 1 个月期限、6 个月期限、9 个月期限和 12 个月期限的 ARCH 型波动溢出效应显著外，各期限交易品种的 GARCH 型波动溢出效应和非对称溢出效应均不显著。

　　在第三阶段，尽管在岸人民币汇率波动幅度进一步扩大，但在岸远期汇率对离岸远期汇率的引导能力并未发生明显变化，离岸远期市场对在岸远期市场的信息引导能力反而得到了加强。该阶段，仅有 1 个月期限在岸与离岸远期汇率之间具有显著的均值溢出效应，其他交易期限则表现为离岸远期汇率对在岸远期汇率的单向均值溢出效应。在波动溢出方面，仅有 6 个月期限、9 个月期限和 12 个月期限在岸远期汇率对相应期限离岸远期汇率的 ARCH 型波动溢出效应显著，但同时 12 个月期限离岸远期汇率对在岸远期汇率的 ARCH 型波动溢出效应也显著，尽管 1 个月期限、3 个月期限、9 个月期限和 12 个月期限在岸远期汇率对离岸远期汇率具有显著的 GARCH 型波动溢出效应，但是 3 个月期限、6 个月期限、9 个月期限和 12 个月期限离岸远期汇率对相应期限在岸远期汇率的 GARCH 型波动溢出效应也开始变得显著。在非对称溢出方面，则表现为 1 个月期限在岸与离岸远期汇率之间具有显著的双向溢出效应。本阶段，离岸远期市场在两个市场信息传递中又重新占据优势地位。

进入第四阶段后，伴随在岸人民币汇率市场化程度的提升，在岸远期汇率对离岸远期汇率的信息传导能力又开始上升，突出表现为：各期限在岸远期汇率与离岸远期汇率均具有显著的双向均值溢出效应，同时除 1 个月期限外，其他各交易期限在岸远期汇率对相应期限离岸远期汇率也具有显著的 GARCH 型波动溢出效应，9 个月期限在岸远期汇率对离岸远期汇率的 ARCH 型波动溢出效应和非对称溢出效应也显著，12 个月期限在岸远期汇率对相应期限离岸远期汇率也具有显著的 ARCH 波动溢出效应。而在离岸远期汇率对在岸远期汇率的波动溢出和非对称溢出方面，除了各期限交易品种均表现出显著的非对称溢出效应外，仅有 1 个月期限和 6 个月期限的 ARCH 型波动溢出效应，以及 6 个月期限的 GARCH 型波动溢出效应显著。

3. 在岸即期汇率与离岸无本金交割远期汇率溢出效应的动态变化

表 3-17 展示了第一至第四阶段在岸即期汇率与各期限离岸无本金交割远期汇率均值溢出效应、波动溢出效应和非对称溢出效应的估计结果。从表中可以看出，在岸即期汇率在两个市场上的信息传导能力，以及在岸即期与离岸无本金交割远期市场之间的联动关系随着在岸汇率制度改革的推进而呈现上升的态势。具体来说，在银行间即期外汇市场人民币兑美元交易价浮动幅度为 5‰ 的政策区间内，两个市场之间的信息传导能力以离岸无本金交割远期汇率引导在岸即期汇率为主，突出表现为本节所考察的所有期限离岸无本金交割远期汇率对在岸即期汇率均具有显著的单向均值溢出效应，6 个月期限、9 个月期限和 12 个月期限离岸远期汇率对在岸即期汇率也具有显著的单向 ARCH 型波动溢出效应。而在岸即期汇率对离岸无本金交割远期汇率的影响，则体现为 3 个月期

限产品上两个市场汇率具有显著的双向非对称溢出效应，以及 12 个月期限产品上的双向 GARCH 型波动溢出效应。此外，尽管在岸即期汇率对 9 个月期限离岸无本金交割远期汇率具有显著的单向 GARCH 型波动溢出效应和非对称溢出效应，但是 1 个月期限离岸远期汇率对即期汇率的非对称溢出效应也显著。

进入第二阶段后，随着人民币兑美元交易价浮动幅度的上升，在岸即期汇率对离岸远期汇率的信息传导能力显著增强。该阶段，在岸即期汇率与本节所考察的所有期限交易品种的离岸无本金交割远期汇率均具有显著的双向均值溢出效应，除 9 个月期限离岸远期汇率外，在岸即期汇率与其他期限交易品种的离岸远期汇率亦具有显著的双向非对称溢出效应；在波动溢出效应方面，除在岸即期汇率与 3 个月期限和 12 个月期限离岸远期无本金交割汇率具有双向 ARCH 型波动溢出效应外，与其他各期限离岸汇率的 ARCH 型波动溢出均表现为在岸即期汇率对离岸远期汇率的单向溢出，且在岸即期汇率对 3 个月期限、6 个月期限和 12 个月期限离岸远期汇率还具有显著的单向 GARCH 型波动溢出效应。

在第三阶段，虽然在岸人民币汇率浮动幅度进一步扩大，但是在岸即期汇率与离岸无本金交割远期汇率间的联动关系出现了一定程度的弱化。尽管如此，在岸即期汇率在两个市场信息传递中依然占据一定的优势地位，尤其在波动溢出和非对称溢出方面更为明显，然而在均值溢出方面则体现为离岸远期汇率的引导能力更强一些。该阶段，除了 1 个月期限离岸无本金交割远期汇率与在岸即期汇率具有显著的双向溢出效应外，3 个月期限和 6 个月期限离岸远期汇率对在岸即期汇率还具有显著的单向均值溢出效应。但是在波动溢出和非对称溢出方面，在岸即期汇率不仅与 6 个月期限和 12 个月期限离岸远期汇率具有显著的双向 ARCH 型波动溢出效应，与 3 个月期限离岸远期汇率具有显著的双向 GARCH 型波动溢出效应，其对 1 个月期限离岸远期汇率还具有显著的单向 ARCH 型波动溢出效应和非对称溢出效应，对 9 个月期限离岸远期汇率的 ARCH 溢出效益以及对 6 个月期限和 12 个月期限限离岸远期汇率的单向非对称溢出效应也显著。

表3-17　不同阶段在岸即期汇率与离岸无本金交割远期汇率间的溢出效应

	待估参数	第一阶段					第二阶段				
		1M	3M	6M	9M	12M	1M	3M	6M	9M	12M
CNY对NDF	β_{21}	0.0302	-0.0608	0.0897	-0.0028	0.0533	0.0992	0.1229	0.1246	0.1480	0.1815
		(0.6624)	(0.4272)	(0.2705)	(0.9775)	(0.5860)	(0.0700)	(0.0230)	(0.0599)	(0.0359)	(0.0021)
	a_{12}	-0.0792	0.3090	0.0937	0.3335	-0.1646	0.5284	0.2120	0.3143	0.2786	0.2005
		(0.6503)	(0.1909)	(0.5080)	(0.2654)	(0.2554)	(0.0001)	(0.0394)	(0.0047)	(0.0218)	(0.0390)
	b_{12}	0.0934	0.0340	0.0880	-0.7433	0.2636	0.2258	-0.1265	-0.1757	-0.1273	-0.1056
		(0.6532)	(0.8602)	(0.3722)	(0.0137)	(0.0101)	(0.2230)	(0.0009)	(0.0130)	(0.2196)	(0.0623)
	d_{12}	0.2159	0.9903	0.1330	1.1727	-0.0634	0.3494	-0.3679	0.2996	0.2246	0.3309
		(0.3276)	(0.0002)	(0.3856)	(0.0035)	(0.7763)	(0.0897)	(0.0054)	(0.0557)	(0.1255)	(0.0180)
NDF对CNY	β_{12}	0.2553	0.1546	0.0846	0.0963	0.0873	0.2013	0.1167	0.0699	0.0614	0.0684
		(0.0000)	(0.0001)	(0.0023)	(0.0009)	(0.0002)	(0.0000)	(0.0025)	(0.0255)	(0.0476)	(0.0049)
	a_{21}	0.1182	-0.1673	-0.1028	0.1427	0.1025	0.0105	0.1057	0.0780	0.0815	0.0866
		(0.3962)	(0.1508)	(0.0574)	(0.0476)	(0.0561)	(0.9276)	(0.0848)	(0.1469)	(0.1238)	(0.0111)
	b_{21}	-0.1314	0.1651	-0.0198	0.0891	-0.1340	0.0648	-0.0174	0.0241	-0.0073	-0.0058
		(0.1627)	(0.2720)	(0.1446)	(0.4504)	(0.0000)	(0.8718)	(0.6802)	(0.2269)	(0.7296)	(0.7328)
	d_{21}	-0.4079	-0.3011	-0.1515	-0.1408	-0.0910	-0.3991	0.2574	-0.2075	-0.1054	-0.0959
		(0.0185)	(0.0093)	(0.1174)	(0.2811)	(0.1329)	(0.0011)	(0.0153)	(0.0443)	(0.2024)	(0.0919)

续表

待估参数		第三阶段					第四阶段				
		1M	3M	6M	9M	12M	1M	3M	6M	9M	12M
CNY对NDF	β_{21}	-0.0665 (0.0576)	-0.0261 (0.5593)	-0.0147 (0.8120)	0.0581 (0.4166)	0.0030 (0.9655)	0.2450 (0.0001)	0.2454 (0.0001)	0.2465 (0.0004)	0.2125 (0.0040)	0.3380 (0.0000)
	a_{12}	0.1216 (0.0594)	0.0793 (0.3955)	0.2701 (0.0081)	0.3152 (0.0143)	0.3053 (0.0065)	-0.5741 (0.0000)	-0.6054 (0.0000)	-0.6295 (0.0000)	-0.7066 (0.0000)	-0.7311 (0.0000)
	b_{12}	0.0513 (0.1008)	0.2072 (0.0012)	0.0523 (0.3987)	0.0984 (0.3576)	0.0827 (0.1199)	-0.0639 (0.3268)	-0.1126 (0.0652)	-0.1258 (0.0666)	-0.1470 (0.0391)	-0.1619 (0.0157)
	d_{12}	-0.3475 (0.0021)	0.2194 (0.1816)	0.4075 (0.0130)	0.3418 (0.1314)	0.5496 (0.0045)	0.1723 (0.2755)	-0.2234 (0.0732)	0.3267 (0.0394)	0.3012 (0.0867)	0.2647 (0.1077)
NDF对CNY	β_{12}	0.1713 (0.0010)	0.1515 (0.0018)	0.0708 (0.0805)	0.0482 (0.2528)	0.0044 (0.7972)	0.1559 (0.0001)	0.1177 (0.0001)	0.1116 (0.0001)	0.1014 (0.0005)	0.0653 (0.0213)
	a_{21}	-0.1243 (0.1341)	-0.0068 (0.9537)	-0.0735 (0.0799)	-0.0797 (0.1248)	-0.0374 (0.0743)	0.0473 (0.4588)	0.0606 (0.1496)	0.0450 (0.3140)	0.0745 (0.0937)	0.1151 (0.0065)
	b_{21}	0.0441 (0.3166)	-0.2179 (0.0000)	0.0033 (0.9323)	-0.0212 (0.7829)	0.0039 (0.8401)	0.0001 (0.9986)	0.0095 (0.6096)	0.0113 (0.5420)	0.0029 (0.8819)	-0.0053 (0.7845)
	d_{21}	-0.1843 (0.1625)	0.1740 (0.2599)	0.1103 (0.2859)	0.1144 (0.1083)	0.0146 (0.8157)	0.2621 (0.0073)	-0.2015 (0.0008)	0.1795 (0.0102)	0.1909 (0.0064)	0.2376 (0.0005)

注：（1）括号内数字为对应 T 统计量的 p 值；（2）CNY 对 NDF 对应各行的估计参数表示以 NDF 为被解释变量的回归结果，其他各行的含义与此相同。

2015 年 8 月 11 日人民币汇率形成机制改革之后，在岸即期汇率与离岸无本金交割远期汇率间的联动关系显著上升，前者对后者的引导能力明显增强。一方面，在岸即期汇率与各交易期限离岸远期汇率再次均表现为显著的双向均值溢出效应，在岸即期汇率与 9 个月期限和 12 个月期限离岸远期汇率之间也具有显著的双向 ARCH 型波动溢出效应，与 3 个月期限、6 个月期限和 9 个月期限离岸远期汇率间的双向非对称溢出效应也显著；另一方面，在岸即期汇率对 1 个月期限、3 个月期限和 6 个月期限离岸远期汇率还具有显著的单向 ARCH 型波动溢出效应，对除 1 个月期限之外的各交易期限离岸远期汇率也具有显著的单向 GARCH 型波动溢出效应，仅有 1 个月期限和 12 个月期限离岸远期汇率对在岸即期汇率具有单向的非对称溢出效应，除上述所提到的 9 个月和 12 个月期限外，其他各交易期限离岸远期汇率对在岸即期汇率的 ARCH 型波动溢出效应，以及所有交易期限离岸远期汇率对在岸即期汇率的 GARCH 型波动溢出效应均不显著。总体而言，在第四阶段，在岸即期汇率在两个市场汇率信息传导中占据主导地位。

4. 在岸可交割远期汇率与离岸即期汇率溢出效应的动态变化

各阶段在岸可交割远期汇率与离岸即期汇率溢出效应的估计结果如表 3-18 所示。可以看出，随着在岸人民币兑美元交易价浮动幅度的扩大和人民币汇率形成机制市场化改革的推进，在岸远期市场与离岸即期市场之间的联动程度以及在岸远期汇率对离岸即期汇率的引导能力均取得了长足的进步。在本节所考察的样本第一阶段，在两个市场的联动过程中，离岸即期汇率对在岸远期汇率的引导能力明显强于后者对前者的引导能力。该阶段离岸即期汇率对所有交易期限在岸远期汇率均具有显著的均值溢出效应和非对称溢出效应，而仅 1 个月期限和 9 个月期限在岸远期汇率对离岸即期汇率具有显著的均值溢出效应，仅 3 个月期限在岸远期汇率对离岸即期汇率具有显著的非对称溢出效应；在波动溢出方面，在岸远期汇率对离岸即期汇率的溢出效应仅表现在 1 个月期限远期汇率对离岸即期汇率具有显著的 ARCH 型波动溢出效应，但是离岸即期汇率不仅对 3 个月期限和 9 个月期限在岸远期汇率具有显著的 ARCH

型波动溢出效应，其对 1 个月期限在岸远期汇率的 GARCH 型波动溢出效应亦显著。

在第二阶段，在岸远期汇率对离岸即期汇率的引导能力显著上升，1 个月期限、3 个月期限和 6 个月期限远期汇率与离岸即期汇率之间开始表现出显著的双向均值溢出效应，同时 1 个月期限和 6 个月期限远期汇率与离岸即期汇率也表现出显著的双向 GARCH 型波动溢出效应，12 个期限在岸汇率与离岸即期汇率的双向 ARCH 型波动溢出效应也显著。此外，3 个月期限在岸远期汇率对离岸即期汇率还具有显著的单向 GARCH 型波动溢出效应。但是，离岸即期汇率对 9 个月期限和 12 个月期限在岸远期汇率亦具有显著的单向均值溢出效应。

进入第三阶段后，尽管随着在岸人民币汇率波动幅度进一步扩大至 2%，在岸远期市场与离岸即期市场的联动性进一步增强，但是在岸远期汇率对离岸即期汇率的引导能力较前一阶段相比而下降了，离岸即期市场对在岸远期市场的信息引导在该阶段占据主导地位。此时，尽管 1 个月期限、3 个月期限和 6 个月期限在岸远期汇率与离岸即期汇率之间仍具有显著的双向均值溢出效应，但是在 9 个月期限和 12 个月期限交易品种上，则表现为离岸即期汇率对在岸远期汇率的单向均值溢出效应。就波动溢出和非对称溢出而言，仅有 1 个月期限在岸远期汇率与离岸即期汇率的双向非对称溢出效应，以及 3 个月期限远期汇率与离岸即期汇率的双向 ARCH 型波动溢出效应显著，其他交易品种及交易期限在岸远期汇率对离岸即期汇率的波动溢出效应和非对称溢出效应均不显著，但是离岸即期汇率对 3 个月期限在岸远期汇率则具有显著的 GARCH 型波动溢出效应和非对称溢出效应，对 12 个月在岸远期汇率还具有显著的 ARCH 型波动溢出效应，此外，其对 6 个月期限和 9 个月期限远期汇率的非对称溢出效应也显著。

在第四阶段，人民币汇率形成机制的更加市场化，推动了在岸远期汇率对离岸即期汇率引导能力以及两个市场联动关系的提升。该阶段，各交易期限在岸可交割远期汇率与离岸即期汇率之间均表现出显著的双向均值溢出效应，且所有交易期限在岸远期汇率对离岸即期汇率也均具

表3-18　不同阶段在岸可交割远期汇率与离岸即期汇率间的溢出效应

待估参数		第一阶段					第二阶段				
		1M	3M	6M	9M	12M	1M	3M	6M	9M	12M
DF对CNH	β_{21}	0.0881 (0.0731)	0.0557 (0.2071)	0.0466 (0.1286)	0.0418 (0.0886)	0.0044 (0.8438)	0.1570 (0.0032)	0.1109 (0.0238)	0.0800 (0.0471)	0.0429 (0.3000)	0.0275 (0.4687)
	a_{12}	-0.2639 (0.0150)	-0.0228 (0.7727)	-0.0455 (0.4009)	0.0040 (0.9062)	-0.0435 (0.3402)	0.0663 (0.5995)	-0.0426 (0.7500)	-0.0654 (0.4716)	0.1636 (0.1208)	0.1644 (0.0217)
	b_{12}	-0.0903 (0.3431)	-0.0025 (0.9299)	0.0237 (0.2676)	0.0032 (0.8540)	0.0179 (0.3557)	0.5906 (0.0014)	0.7213 (0.0294)	0.6710 (0.0000)	0.1565 (0.6990)	-0.0818 (0.3548)
	d_{12}	0.0536 (0.7544)	-0.3252 (0.0016)	0.0787 (0.3547)	-0.0110 (0.8587)	0.0317 (0.6707)	-0.3050 (0.1179)	-0.1615 (0.4673)	-0.0571 (0.7405)	-0.0477 (0.7364)	0.0835 (0.4789)
CNH对DF	β_{12}	0.0981 (0.0038)	0.1263 (0.0018)	0.1040 (0.0353)	0.1374 (0.0034)	0.1080 (0.0627)	0.1309 (0.0001)	0.1641 (0.0000)	0.1786 (0.0000)	0.2001 (0.0000)	0.2593 (0.0000)
	a_{21}	-0.0741 (0.1734)	-0.0863 (0.0268)	-0.0750 (0.1414)	-0.1532 (0.0021)	-0.1275 (0.2152)	-0.0442 (0.4762)	-0.0526 (0.4678)	-0.0266 (0.7169)	0.0817 (0.4930)	0.1984 (0.0181)
	b_{21}	0.1501 (0.0109)	-0.0302 (0.2281)	-0.0229 (0.3394)	0.0069 (0.8288)	0.0065 (0.8701)	0.3369 (0.0918)	0.2852 (0.2243)	0.3087 (0.0472)	0.3983 (0.2251)	0.0915 (0.2338)
	d_{21}	0.2335 (0.0436)	0.3487 (0.0015)	-0.3345 (0.0079)	0.3613 (0.0037)	-0.3196 (0.0470)	0.1342 (0.3343)	0.2726 (0.2291)	0.2804 (0.1233)	-0.1204 (0.6014)	0.0991 (0.5728)

待估参数		第三阶段					第四阶段				
		1M	3M	6M	9M	12M	1M	3M	6M	9M	12M
DF 对 CNH	β_{21}	0.2159 (0.0021)	0.1206 (0.0701)	0.1187 (0.0541)	0.0720 (0.1605)	0.0344 (0.5338)	0.2442 (0.0000)	0.2406 (0.0000)	0.2624 (0.0000)	0.2452 (0.0000)	0.2665 (0.0000)
	a_{12}	0.0470 (0.6665)	0.4333 (0.0000)	0.1151 (0.2855)	0.0449 (0.5725)	0.0462 (0.3400)	-0.4370 (0.0001)	-0.5371 (0.0000)	-0.4917 (0.0000)	-0.5097 (0.0000)	-0.6088 (0.0000)
	b_{12}	0.0060 (0.8912)	-0.0297 (0.5252)	-0.0122 (0.8252)	0.0163 (0.7524)	-0.0211 (0.2511)	-0.0190 (0.8398)	0.0326 (0.7856)	-0.0287 (0.7828)	-0.0244 (0.8378)	-0.0860 (0.1634)
	d_{12}	-0.3317 (0.0571)	-0.0061 (0.9712)	-0.1870 (0.5661)	0.0498 (0.7019)	-0.0156 (0.8804)	-0.0961 (0.6469)	-0.0293 (0.8840)	-0.1100 (0.5318)	0.0456 (0.8321)	0.0198 (0.9279)
CNH 对 DF	β_{12}	0.2205 (0.0000)	0.3048 (0.0000)	0.3131 (0.0000)	0.4005 (0.0000)	0.3872 (0.0000)	0.2295 (0.0000)	0.2004 (0.0000)	0.1894 (0.0000)	0.2408 (0.0000)	0.2202 (0.0000)
	a_{21}	-0.1005 (0.2435)	0.2309 (0.0075)	0.0652 (0.6471)	0.0752 (0.5382)	0.3710 (0.0198)	-0.1208 (0.0717)	0.0123 (0.8674)	-0.0409 (0.5873)	0.0027 (0.9779)	0.1065 (0.1862)
	b_{21}	0.0373 (0.1912)	0.0791 (0.0103)	-0.0073 (0.8969)	0.0440 (0.3525)	0.0810 (0.4510)	0.0034 (0.9395)	-0.0271 (0.6404)	-0.0274 (0.6381)	-0.0076 (0.9201)	-0.1040 (0.0249)
	d_{21}	-0.2283 (0.0148)	0.3530 (0.0551)	0.3220 (0.0745)	0.3434 (0.0220)	0.2795 (0.1564)	0.2453 (0.0191)	-0.2668 (0.0109)	0.3129 (0.0039)	0.4033 (0.0005)	0.2768 (0.0113)

注：（1）括号内数字为对应 T 统计量的 p 值；（2）DF 对 CNH 对应各行的估计参数表示以 CNH 为被解释变量的回归结果，其他各行的含义与此相同。

有显著的 ARCH 型波动溢出效应。但是，各交易期限在岸远期汇率对离岸即期汇率的 GARCH 型波动溢出以及非对称溢出效应则均不显著；相反，离岸即期汇率对所有交易期限在岸远期汇率则均具有显著的非对称溢出效应，且其对 1 个月期限在岸远期汇率的 ARCH 型波动溢出效应，以及对 12 个月期限在岸远期汇率的 GARCH 型波动溢出效应也显著。

综上所述，随着在岸银行间即期外汇市场人民币兑美元交易价浮动幅度的扩大和人民币汇率形成机制市场化改革的推进，无论即期汇率之间，还是远期汇率之间，抑或即期与远期汇率之间，在岸与离岸人民币汇率间的联动关系基本上呈现出随着汇率制度改革的推进而不断提升之势。

在在岸银行间即期外汇市场人民币兑美元交易价浮动幅度为 5‰ 的政策区间内，除在岸与离岸即期市场之间的关系表现为在岸汇率对离岸汇率的信息引导能力强于后者对前者的影响外，在岸与离岸远期市场、在岸即期市场与离岸远期市场、在岸远期市场与离岸即期市场之间的联动关系均表现为离岸汇率对在岸汇率的引导能力强于后者对前者的引导能力，离岸汇率处于信息传递的优势地位。

随着人民币兑美元交易价浮动幅度扩大至 1% 后，在岸与离岸市场之间的联动关系不仅显著提升，且在岸汇率对离岸汇率的引导能力也明显增强，在在岸与离岸即期市场，在岸与离岸远期市场以及在岸即期与离岸远期市场中，在岸汇率对离岸汇率的引导能力均高于后者对前者的引导能力。

然而，进入人民币兑美元交易价格浮动幅度扩大至 2% 的第三阶段后，在岸与离岸即期市场以及远期市场之间的联动程度并未发生显著变化，但是在岸即期与离岸远期市场汇率之间的联动性则出现了一定程度的下降，在岸远期与离岸即期市场汇率之间的联动性则略有上升。在该阶段，除了在岸即期与离岸远期市场中在岸汇率对离岸汇率的引导能力强于后者对前者的引导能力外，其他各"市场对"中，离岸汇率对在岸汇率的引导能力均较第二阶段有所上升，并在汇率相互引导中占据优势地位。

　　2015 年 8 月 11 日的人民币汇率形成机制市场化改革，不仅有力地推动了在岸与离岸汇率之间联动性的提升，也使在岸市场对离岸市场汇率的引导能力大大增强，但总体来看，不同市场之间在岸与离岸汇率的引导能力却表现出较大的差异，在岸与离岸即期市场之间以及在岸即期与离岸远期市场之间的引导关系表现为在岸汇率对离岸汇率的引导能力较强，而在岸与离岸远期市场之间以及在岸远期与离岸即期市场之间则表现为离岸汇率对在岸汇率的引导能力相对较强[①]。

---

　　① 本书也采取了对总体样本估计结果进行诊断的四种模型诊断方法对各阶段在岸与离岸即期汇率、各交易期限在岸可交割远期与离岸无本金交割远期汇率、在岸即期与各交易期限离岸无本金交割远期汇率以及各期限在岸可交割远期与离岸即期汇率之间均值溢出效应、波动溢出效应和非对称溢出效应的估计结果进行诊断检验，结果显示，本书采用 VAR-GJR-MGARCH-BEKK 模型进行估计是恰当的，且估计结果均稳健。

第四章　离岸人民币市场对境内金融市场的动态影响

本章从金融市场的层面考察离岸人民币市场发展对境内货币和金融稳定的影响。在岸与离岸市场上人民币计价产品价格的差异构成了资本跨境流动的根本动因，而境内资本账户开放程度的日益提升则为资本的跨境流动不断打开新的渠道。在岸与离岸市场之间的跨境资本流动将如何影响境内金融市场？随着离岸人民币市场的发展和境内金融改革的推进，这种影响是否会发生变化？本章试图从股票市场、债券市场以及外汇储备和短期跨境资本流动三个维度进行理论和实证研究，以探讨问题的答案。

第一节　离岸人民币市场对境内股票价格的非对称传递效应

本节从在岸与离岸人民币汇差和利差的角度出发，探究其所引致的跨境资本流动对境内股票市场价格的影响，以及在短期和长期双视角下该影响是否具有非对称特征。对这一问题的探讨，一方面，有助于警惕和防范离岸人民币市场发展带来的金融风险，为推进境内股票市场的完善和改革提供参考；另一方面，识别出在岸与离岸人民币汇差、利差正向和负向累积冲击对股票市场的影响，可为离岸人民币市场发展不同阶段下维护在岸股票市场稳定的政策制定提供经验证据。

一、理论模型

本书在 Dieci 和 Westerhoff（2010）、吴丽华和傅广敏（2014）构建的异质性投资者理论模型和人民币汇率、短期资本与股价联动模型的基础上，推导在岸与离岸人民币汇差、利差对股票收益率影响的理论模型，具体如下：

首先，根据价格调整函数和变量对数线性化，得到 $t+1$ 期股票收益率的方程为：

$$SR_{t+1} = \alpha \left(D_t^h + D_t^f \right) \tag{4-1}$$

其中，SR_{t+1} 为股票价格对数收益率，即 $SR_{t+1} = s_{t+1} - s_t$，s_{t+1} 和 s_t 分别为第 $t+1$ 期和第 t 期股票价格的自然对数值；α 为价格调整系数，且 $\alpha > 0$；D_t^h 和 D_t^f 分别表示国内和国外交易者对该国股票的需求函数。

根据资本流动理论可知，短期国际资本因套利、套汇活动在国内和国外市场之间双向流动，这些资本进入国内市场后，停留在房地产市场、股票市场抑或债券市场等，只有部分资金会进入股票市场，假设进入股市的资金比例随着市场环境而发生变化，记为 χ_t，则国外交易者在 t 期对国内股票的需求函数为：

$$D_t^f = D_{t-1}^f + \chi_t CF_t \tag{4-2}$$

其中，CF_t 为短期资本流入总量。当 $\chi_t > 0$ 时表示流入国内的部分短期资本进入股票市场；当 $\chi_t < 0$ 时表示由于流入国内的部分短期资本可能进入房地产市场或债券市场等所带来的"羊群效应"，致使股票市场上的既有部分资本流出；当 $\chi_t = 0$ 时表示无资本流入或流出股市。

由于在岸与离岸人民币汇差、利差是导致香港和内地套汇、套利活动盛行进而引起资本跨境流动的主要原因之一（余永定，2012），且本书主要考察在岸与离岸人民币汇差、利差变动导致的资本流动对股票市场的影响，因此，可以假设资本流入总量（CF_t）由在岸与离岸人民币汇差、利差导致的资本流入量（CF_t^A）和其他因素导致的资本流入量（CF_t^B）两部分构成，且 CF_t^A 和 CF_t^B 在总资本流入中的占比是随时间变化的，记二者比例为 ϖ_t，且 $\varpi_t \geqslant 0$：

$$CF_t^B = \varpi_t CF_t^A \tag{4-3}$$

$$CF_t = (1 + \varpi_t) CF_t^A \tag{4-4}$$

其次，本书借鉴张谊浩等（2007）的研究，假设在岸与离岸人民币汇差、利差导致的资本流入量服从柯布-道格拉斯函数形式，得到如下资本流入总量函数：

$$CF_t = (1 + \varpi_t) AE_t^\xi R_t^\eta \tag{4-5}$$

其中，$E_t = e_t^h - e_t^f$，$R_t = r_t^h - r_t^f$ 分别表示在岸与离岸人民币汇差和利差；ξ、η 分别表示在岸与离岸人民币汇差、利差的短期资本流动弹性，且 $\xi > 0$ 和 $\eta > 0$；A 为大于 0 的常数。

将式（4-2）和式（4-5）带入式（4-1）可得：

$$SR_{t+1} = \alpha [D_t^h + D_{t-1}^f + (1 + \varpi_t) \chi_t AE_t^\xi R_t^\eta] \tag{4-6}$$

通过式（4-6）可以求出在岸与离岸人民币汇差、利差对股票价格对数收益率的影响，分别为：

$$\sigma_e = \frac{\partial SR_{t+1}}{\partial E_t} = \alpha A \xi (1 + \varpi_t) \chi_t E_t^{\xi-1} R_t^\eta \tag{4-7}$$

$$\sigma_r = \frac{\partial SR_{t+1}}{\partial R_t} = \alpha A \eta (1 + \varpi_t) \chi_t E_t^\xi R_t^{\eta-1} \tag{4-8}$$

其中，σ_e 和 σ_r 分别表示在岸与离岸人民币汇差和利差对股票收益率的边际效应。由式（4-7）和式（4-8）可知，在岸与离岸人民币汇差、利差对股票对数收益率的影响（σ_e 和 σ_r）受到 α、A、ξ、η、ϖ_t 和 χ_t 的影响。由于 α、A、ξ、η 和 ϖ_t 均大于 0，故 σ_e 和 σ_r 的符号仅与 χ_t 有关。当 $\chi_t > 0$ 时，$\sigma_e > 0$ 和 $\sigma_r > 0$；反之，当 $\chi_t < 0$ 时，$\sigma_e < 0$ 和 $\sigma_r < 0$。因此，只有流入股市的短期资本才能引起股票收益率的上升，流出股市的短期资本反而可能由于"羊群效应"降低了股市资本的流动性，对股票收益率产生负影响。

在本节理论框架中，在岸与离岸人民币汇差、利差对股票价格收益率的影响方向与资本流入和流出股市有关，在岸与离岸人民币汇差、利差导致的资本流动既可以引起股票收益率上升，也可以导致股票收益率下降，仅依据理论分析难以精确得出近年来人民币离岸市场与在岸市场汇率和利率差异对在岸股票市场的影响程度与方向。此外，由于汇差和利差对在岸与离岸市场之间短期资本流动影响机制不同，从而导致汇差和利差对在岸股票市场价格收益率的影响也不同。因此，应进一步区分在岸与离岸人民币汇差和利差分别对在岸股票价格收益率的影响，并进行比较分析。这就需要将在岸与离岸人民币汇差和利差置于统一的计量经济学模型中，对其与股票价格收益率的数量关系进行估计和测算。同时，考虑到中国对国际短期资本基本实行"宽进严出"的管制措施以及资本账户开放进程的推进，在岸与离岸人民币汇差、利差对股票收益率的影响可能会存在非对称效应和时变特征（$(1 + \varpi_t)\chi_t$）。接下来，本节分别采用 NARDL 模型和 TVP-VAR 模型对在岸与离岸人民币汇差、利差与股票收益率之间的非对称关系和动态传导机制进行定量分析。

二、实证框架

（一）NARDL 模型的建立

首先，在 Pesaran 等（2001）的基础上，构建在岸与离岸人民币汇差、利差对股票收益率影响的线性自回归分布滞后（Linear Autoregressive Distributed Lag Cointegration Model，ARDL）模型，同时，该模型也是一个误差修正模型，可以刻画短期和长期效应，具体如下：

$$\Delta SR_t = \alpha_0 + \rho SR_{t-1} + \theta E_{t-1} + \lambda R_{t-1} + \sum_{j=1}^{p-1} \gamma_j \Delta SR_{t-j} + \sum_{j=0}^{q-1} (\pi_j \Delta E_{t-j} + \varphi_j \Delta R_{t-j}) + \varepsilon_t$$

$$(4-9)$$

其中，Δ 表示一阶差分；SR_t 为 t 时期股票收益率；α_0 为常数项；E_t、R_t 分别为 t 时期在岸与离岸人民币汇差、利差；ε_t 为残差项；p 和 q 表示最大滞后阶数；ρ、θ 和 λ 表示长期影响系数，对应地，γ_j、π_j 和 φ_j 表示短期影响系数。

其次，基于 Shin 等（2014）提出的 NARDL 模型，将在岸与离岸人民币汇差、利差分解为正向变动累积和与负向变动累积和两部分，考察在岸与离岸人民币汇差、利差在不同变动方向情况下，对股票收益率短期和长期传递效应的非对称性特征。基于正向和负向非对称视角下的长期均衡关系可表示为：

$$SR_t = \alpha_0 + \beta^+ E_t^+ + \beta^- E_t^- + \phi^+ R_t^+ + \phi^- R_t^- + \mu_t \qquad (4-10)$$

其中，μ_t 是零均值误差项，代表了对长期均衡的偏离；β^+ 和 β^-、ϕ^+ 和 ϕ^- 分别代表非对称的长期传递效应；E_t^+ 和 E_t^-、R_t^+ 和 R_t^- 分别是在岸与离岸人民币汇差、利差分解的正向变动累积和与负向变动累积和，其定义如下：

$$E_t^+ = \sum_{j=1}^{t} \Delta E_j^+ = \sum_{j=1}^{t} \max(\Delta E_j, 0), \quad E_t^- = \sum_{j=1}^{t} \Delta E_j^- = \sum_{j=1}^{t} \min(\Delta E_j, 0) \qquad (4-11)$$

$$R_t^+ = \sum_{j=1}^{t} \Delta R_j^+ = \sum_{j=1}^{t} \max(\Delta R_j, 0), \quad R_t^- = \sum_{j=1}^{t} \Delta R_j^- = \sum_{j=1}^{t} \min(\Delta R_j, 0) \qquad (4-12)$$

当 $\beta^+ \neq \beta^-$、$\phi^+ \neq \phi^-$ 时，在岸与离岸人民币汇差、利差对股票收益率长期传递效应具有非对称性。将式（4-11）和式（4-12）代入式（4-9）可得 NARDL（p，q）模型：

$$\Delta SR_t = \alpha_0 + \rho SR_{t-1} + \theta^+ E_{t-1}^+ + \theta^- E_{t-1}^- + \lambda^+ R_{t-1}^+ + \lambda^- R_{t-1}^- + \sum_{j=1}^{p-1} \gamma_j \Delta SR_{t-j} +$$
$$\sum_{j=0}^{q-1} (\pi_j^+ \Delta E_{t-j}^+ + \pi_j^- \Delta E_{t-j}^- + \varphi_j^+ \Delta R_{t-j}^+ + \varphi_j^- \Delta R_{t-j}^-) + \varepsilon_t \qquad (4-13)$$

其中，ρ、θ^+、θ^-、λ^+、λ^- 为长期影响系数，π_j^+、π_j^-、φ_j^+、φ_j^- 为短期影响系数，且满足 $\beta^+ = -\theta^+/\rho$，$\beta^- = -\theta^-/\rho$，$\phi^+ = -\lambda^+/\rho$，$\phi^- = -\lambda^-/\rho$。π_j^+ 为汇差上升时对股票收益率的短期传递效应，π_j^- 为汇差下降时对股票收益率的短期传递效应，对应地，φ_j^+、φ_j^- 分别为利差上升和下降时对股票收益率的短期传递效应。

最后，需要进行协整检验和非对称检验。在协整检验方面，本节根据 F_{PSS} 统计量对式（4-13）的原假设 H_0：是否存在协整关系（即 $\rho = \theta^+ = \theta^- = \lambda^+ = \lambda^-$）进行检验，以判定是否存在长期影响关系。但在非对称检验方面，需要采用 $Wald$ 统计量对长期影响关系原假设 H_0：$\beta^+ = \beta^-$ 和 $\phi^+ = \phi^-$ 以及短期影响关系原假设 H_0：$\sum_{j=0}^{q-1} \pi_j^+ = \sum_{j=0}^{q-1} \pi_j^-$ 和 $\sum_{j=0}^{q-1} \varphi_j^+ = \sum_{j=0}^{q-1} \varphi_j^-$ 分别进行检验，如果拒绝原假设，则存在非对称效应。例

如，如果 $\sum_{j=0}^{q-1}\pi_j^+ \neq \sum_{j=0}^{q-1}\pi_j^-$，则说明汇差对股票收益率的短期传递效应具有非对称特征，同理，若 $\sum_{j=0}^{q-1}\varphi_j^+ \neq \sum_{j=0}^{q-1}\varphi_j^-$，意味着利差对股票收益率的短期传递效应具有非对称性。此外，根据 Fousejkis 等（2016）的研究，可以将长期影响系数看作传递程度，将短期影响系数视为传递速度。

（二）数据来源与处理

为了检验在岸与离岸人民币汇差、利差对境内股市的非对称传递效应，本节选取 2010 年 10 月 1 日[①]至 2017 年 10 月 31 日的日度数据为样本，剔除香港和内地交易日不匹配和节假日数据，共计得到 1 682 个样本。

关于汇差（E_t）的测算，以香港离岸人民币即期汇率（CNH）和在岸人民币即期汇率（CNY）为基础，并结合本书理论模型，采用公式 $E_t = 100 \times (\text{Ln}CNY_t - \text{Ln}CNH_t)$ 进行测算，数据来自 Thomson Reuters。利差（R_t）的测算方式与汇差类似，选取上海银行间人民币隔夜同业拆借利率（Shibor）和香港银行间人民币隔夜同业拆借利率（Hibor），并采用公式 $R_t = 100 \times (\text{Ln}Shibor_t - \text{Ln}Hibor_t)$ 进行测算，数据来自 Wind 金融终端。最后，本节选取沪深 300 指数（hs300）、上证综指（sh）、深证成指（sz）作为股价（S）的代理变量，其测算公式为 $SR_t = 100 \times (\text{Ln}S_t - \text{Ln}S_{t-1})$。在行业异质性分析中，选取了 28 个申万行业指数作为行业股票价格，测算方式同沪深 300 指数、上证综指和深证成指一致，股指数据来自 Wind 金融终端。

三、实证结果分析

（一）单位根检验

在估计 NARDL 模型之前，必须确定变量是否为平稳或一阶单整序列，故本书须对上述变量依次进行单位根检验，但为了避免检验形式设定不同而导致结果出现偏误，本书采用 ADF 统计量和 PP 统计量对单位根过程中的三种可能形式进行了检验，如表 4-1 所示。结果表明，

① 中国香港离岸市场于 2010 年 7 月 19 日开始进行人民币即期交易，考虑到"虚假起始交易效应"，本书对 2010 年 9 月 30 日之前的数据进行了剔除，故本书数据起始日期为 2010 年 10 月 1 日。

各变量均在 1% 显著水平上拒绝原假设，即各变量均为平稳序列，可以采用 NARDL 模型建模分析。

表 4-1 单位根检验结果

变量名称	检验形式 (C,T,L)	ADF 检验值	PP 检验值	结论
SR_t^{hs300}	(0,0,0)	−39.841***	−39.816***	平稳
	(1,0,0)	−39.823***	−39.816***	平稳
	(1,1,0)	−39.847***	−39.813***	平稳
SR_t^{sh}	(0,0,0)	−39.427***	−39.411***	平稳
	(1,0,0)	−39.416***	−39.400***	平稳
	(1,1,0)	−39.420***	−39.403***	平稳
SR_t^{sz}	(0,0,0)	−39.348***	−39.348***	平稳
	(1,0,0)	−39.262***	−39.337***	平稳
	(1,1,0)	−39.265***	−39.335***	平稳
E_t	(0,0,4)	−7.277***	−10.341***	平稳
	(1,0,4)	−7.322***	−10.374***	平稳
	(1,1,4)	−7.380***	−10.777***	平稳
R_t	(0,0,7)	−4.550***	−6.367***	平稳
	(1,0,3)	−6.603***	−7.225***	平稳
	(1,1,1)	−9.711***	−8.854***	平稳

注：(1) 原假设 H_0：SR_t 或 E_t 或 R_t 存在单位根，拒绝原假设可以说明数据为平稳序列，记为 I (0)；(2) "***" 表示在 1% 显著水平上拒绝原假设；(3) 检验形式中 C 表示含有常数项，T 表示趋势项，L 为 ADF 检验滞后阶数（根据 SIC 信息准则进行判断），其中，0 表示不含有 "C" 或 "T" 项，1 表示含有 "C" 或 "T" 项。

（二）NARDL 模型估计和分析

在单位根检验的基础上，采用普通最小二乘法（OLS）对式（4-13）进行回归，结果如表 4-2 所示。其中，模型中滞后阶数 p 和 q 根据 Pesaran 等（2001）提出的一般到特殊标准（General - to - specific Criterion）进行选择。具体地，首先选取滞后阶数 $p = 12$ 和 $q = 12$，然后删除所有不显著变量，但如果 p 或 q 从 1 到 12 均不显著，采用 Cuestas 和 Tang（2017）的做法，保留 $p = 1$ 或 $q = 1$ 的项，以保证模型完整性，避免遗漏重要变量导致偏误问题。

表 4-2 　　　　　　　　　　NARDL 模型估计结果

沪深300		上证综指		深证成指	
常数项	0.483* (1.83)	常数项	0.4777* (1.84)	常数项	0.480 (1.57)
SR_{t-1}	−1.035*** (−30.53)	SR_{t-1}	−0.953*** (−39.20)	SR_{t-1}	−0.961*** (−39.61)
E^+_{t-1}	0.264** (2.14)	E^+_{t-1}	0.216* (1.80)	E^+_{t-1}	0.232* (1.64)
E^-_{t-1}	0.264** (2.18)	E^-_{t-1}	0.225* (1.90)	E^-_{t-1}	0.239* (1.71)
R^+_{t-1}	0.0002 (0.35)	R^+_{t-1}	0.0004 (0.82)	R^+_{t-1}	0.0006 (0.93)
R^-_{t-1}	0.0002 (0.33)	R^-_{t-1}	0.0004 (0.7)	R^-_{t-1}	0.0005 (0.86)
ΔSR_{t-1}	0.062*** (2.57)	ΔSR_{t-2}	−0.043** (−2.43)	ΔSR_{t-6}	−0.038** (−2.16)
ΔE^+_t	−0.655* (−1.69)	ΔE^+_t	−0.629* (−1.69)	ΔE^+_t	−0.509 (−1.16)
ΔE^+_{t-1}	1.197*** (3.21)	ΔE^+_{t-1}	1.239*** (3.51)	ΔE^+_{t-1}	1.276*** (3.05)
ΔE^+_{t-4}	0.755** (2.09)	ΔE^+_{t-4}	0.788** (2.21)	ΔE^+_{t-4}	1.125*** (2.66)
ΔE^-_t	1.653*** (4.05)	ΔE^-_t	1.476*** (3.78)	ΔE^-_t	1.432*** (3.10)
ΔR^+_t	−0.0006 (−0.24)	ΔE^-_{t-5}	1.008*** (2.69)	ΔE^-_{t-5}	1.172*** (2.64)
ΔR^+_{t-3}	0.005** (2.08)	ΔE^-_{t-11}	−0.721** (−2.06)	ΔE^-_{t-6}	0.770* (1.82)
ΔR^-_t	0.002 (0.64)	ΔR^+_t	−0.001 (−0.31)	ΔE^-_{t-11}	−0.915** (−2.22)
ΔR^-_{t-4}	0.004* (1.62)	ΔR^-_t	0.001 (0.53)	ΔR^+_t	−0.001 (−0.56)
				ΔR^-_t	0.0026 (0.99)
长期传递效应测算					
L^+_E	0.255** (2.15)	L^+_E	0.226* (1.81)	L^+_E	0.241* (1.64)
L^-_E	0.255** (2.19)	L^-_E	0.236* (1.91)	L^-_E	0.248* (1.71)
L^+_R	0.0002 (0.35)	L^+_R	0.0005 (0.82)	L^+_R	0.0006 (0.93)
L^-_R	0.0002 (0.33)	L^-_R	0.0004 (0.72)	L^-_R	0.0006 (0.86)

续表

统计诊断					
调整后 R^2	0.495	调整后 R^2	0.492	调整后 R^2	0.486
χ^2_{LM}	0.159 [0.690]	χ^2_{LM}	2.204 [0.137]	χ^2_{LM}	0.065 [0.798]
F_{PSS}	233.36*** [0.000]	F_{PSS}	384.55*** [0.000]	F_{PSS}	392.29*** [0.000]
W^E_{LR}	0.00 [0.967]	W^E_{LR}	0.37 [0.543]	W^E_{LR}	0.16 [0.692]
W^E_{SR}	13.23*** [0.000]	W^E_{SR}	11.87*** [0.001]	W^E_{SR}	7.19*** [0.007]
W^R_{LR}	0.04 [0.832]	W^R_{LR}	0.55 [0.456]	W^R_{LR}	0.30 [0.581]
W^R_{SR}	0.30 [0.582]	W^R_{SR}	0.28 [0.597]	W^R_{SR}	0.94 [0.332]

注：（1）χ^2_{LM} 为自相关检验，对应的原假设是 H_0：不存在自相关；（2）F_{PSS} 统计量检验是否存在长期效应，对应原假设是 H_0：不存在长期关系；（3）W_{LR}、W_{SR} 统计量分别为长期和短期非对称检验，对应原假设是 H_0：不存在非对称性；（4）"***"、"**"、"*"分别表示在 1%、5%、10% 显著水平上显著，"（）"内为 t 值，"［］"中为对应 p 值。

根据表 4-2 可得，在岸与离岸人民币汇差、利差对沪深 300、上证综指和深证成指的统计诊断 F_{PSS} 均在 1% 显著水平上显著，拒绝了 $\rho = \theta^+ = \theta^- = \lambda^+ = \lambda^-$ 的原假设，表明变量间存在长期协整关系，即股票收益率受到在岸与离岸人民币汇差、利差的联合影响。同理，χ^2_{LM} 检验结果表明，模型估计均不存在自相关性问题。在估计系数方面，在岸与离岸人民币汇差、利差对沪深 300、上证综指和深证成指的估计系数基本一致，说明在岸与离岸人民币汇差、利差对上海和深圳证券市场的影响没有显著异质性，同时证明了本书估计结果的一致性和稳健性。下面以沪深 300 为例进行分析：

观察长期影响系数可得，当汇差为正向累积时，其对股票收益率的长期传递系数 L^+_E 为 0.255，且在 5% 显著水平上显著。这表明，在其他条件不变的情况下，在岸与离岸汇差扩大 1% 会导致股票收益率上升 0.255%。当汇差为负向累积时，长期传递系数 L^-_E 在 5% 显著水平上也为 0.255。同时，汇差正向累积与负向累积影响系数的非对称检验 W^E_{LR} 统计值并没有拒绝原假设，即汇差正向累积与负向累积时系数并无显著差别，在长期不存在非对称传递效应。因此，在长期，汇差对股票价格收益率具有显著影响，但不存在非对称传递效应。就在岸与离岸利差的影响而言，表 4-2 显示，当利差正向累积和负向累积时，其传递系数 L_R^+ 和 L_R^- 在 10% 显著水平上均不显著，即在其他变量不变的情况下，在岸与离岸利差对股票市场的影响可以忽略不计。

观察短期影响系数可以发现，在汇差为正向累积情况下，当 $q = 1$、$q = 2$ 和 $q = 5$ 时在岸与离岸汇差对股票收益率具有显著影响。具体地，当 $q = 1$ 时短期传递系数为 −0.655，在 10% 显著水平上显著，$q = 2$ 和 $q = 5$ 的影响系数分别为 1.197 和 0.755，且分别在 1% 和 5% 显著水平上显著，故该种情况下在岸与离岸汇差对股票收益率影响系数由负转正，且以正为主，甚至在第 2 期，当汇差扩大 1% 时，股票收益率上升 1.197%，出现了"超调"。在汇差为负向累积情况下，仅当 $q = 1$ 时在岸与离岸汇差对股票收益率具有显著影响，传递系数在 1% 显著水平上显著，为 1.653，且 W_{SR}^E 统计值显著拒绝原假设，故短期存在非对称传递效应。在利差为正向累积情况下，仅当 $q = 4$ 时在岸与离岸利差对股票收益率的影响系数为 0.005，且在 5% 显著水平上显著。然而，系数虽然显著，但相对汇差而言影响程度较小，与长期传递系数类似。同理，在利差为负向累积情况下，仅当 $q = 5$ 时显著，系数仍然较小。因此，在短期，利差无论正向累积还是负向累积，其对股票市场的影响程度均比较微弱。

综上可得，在岸与离岸汇差对股票收益率具有显著正影响，而利差对股票收益率的影响不显著或程度较微弱。因此，离岸人民币市场的发展主要通过汇率渠道对在岸股票市场产生影响。在长期，无论正向累积还是负向累积，在岸与离岸汇差对股票收益率的影响系数均为 0.255，不存在非对称性，但在短期，汇差负向累积时的影响系数大于正向累积时的影响系数，呈现出明显的非对称性，即当离岸汇率高于在岸汇率时对股市的影响程度大于在岸汇率高于离岸汇率时的影响程度。但在岸与离岸汇差是否如本数理论分析，通过资本流动对我国股市产生影响，则需要进一步加以研究。

（三）机制检验：在岸与离岸汇差、资本流动和股票收益率

正如第一部分理论分析，在岸与离岸汇差主要通过资本流动对境内股票收益率产生影响。本部分采用 Primiceri（2005）、Nakajima 等

（2011）提出的时变参数向量自回归（TVP-VAR）模型对在岸与离岸汇差、资本流动和股票收益率的影响关系和传导机制进行检验和分析，一方面为资本流动这一渠道提供经验证据，另一方面可以作为 NARDL 模型的稳健性检验，故将模型设定为：

$$Y_t = X_t \beta_t + A_t^{-1} \sum_t \varepsilon_t, \quad t = s+1, \cdots, T \tag{4-14}$$

其中，$Y_t = \left(E_t, CF_t, SR_t \right)'$，$X_t = I_k \otimes \left(Y'_{t-1}, Y'_{t-2}, \cdots, Y'_{t-s} \right)$，$\beta_t$、$A_t$ 表示模型的时变系数矩阵，结构冲击之间是相互独立的，即 $\sum_t = diag \left(\sigma_{1t}, \cdots, \sigma_{kt} \right)$，$\varepsilon_t \sim N \left(0, I_k \right)$。

在变量测算和数据来源方面[①]，首先，将在岸与离岸汇率和股票价格指数均转换为月度数据[②]。其次，考虑到目前境外资金主要通过合格境外机构投资者（QFII）、沪港通和深港通渠道进入境内股市，因此，本节资本流动采用 QFII 投资额、沪港通资金流入额和深港通资金流入额之和表示，其中，QFII 投资额数据来自国家外汇管理局，沪港通资金流入和深港通资金流入数据来自 Wind 金融终端[③]。最后，采用 OxMetics 6.0 软件对式（4-14）进行估计，本节选择的最优滞后阶数为 2，MCMC 抽样 10 000 次，得到在岸与离岸汇差、资本流动和股票收益率的脉冲响应函数图，如图 4-1 所示。该图分别列示了在岸与离岸汇差对资本流动、资本流动冲击对股票收益率、在岸与离岸汇差对股票收益率提前 3 期（1 季度）、提前 6 期（半年）、提前 12 期（1 年）冲击的时变脉冲响应函数值。

观察图 4-1 可以发现，在岸与离岸汇差冲击对资本流动不同提前期的脉冲响应函数值均呈现显著时变特征。2010 年 10 月至 2015 年 6 月在岸与离岸汇差冲击对资本流动影响显著为正，即在岸与离岸汇差越大，通过 QFII、沪港通和深港通流入中国内地的资本越多。在变动趋势上，2010 年 10 月至 2014 年 3 月，在岸与离岸汇差冲击对资本流动的影响程度逐渐增强，2014 年 4 月至 2015 年 6 月影响程度逐渐减弱，整体呈现倒"V"形特征，2015 年 7 月至 2017 年 10 月在岸与离岸汇差

---

① 根据 OxMetics 6.0 软件 TVP-VAR 程序包参数设置情况，该程序包目前能够处理的最高数据频率为月度。因此，该部分采用月度数据进行实证分析。
② 考虑到在岸与离岸汇率和股票价格指数均为存量指标，且由日度转为月度（高频转低频），故本书采用每个月所有工作日数据的平均值作为月度数据。
③ 沪港通、深港通分别于 2014 年 11 月 17 日和 2016 年 12 月 5 日正式开通，开通之前这两种渠道对应的资本流动数据记为 0。

冲击对资本流动的脉冲响应函数值为负，但负值较小且平稳。

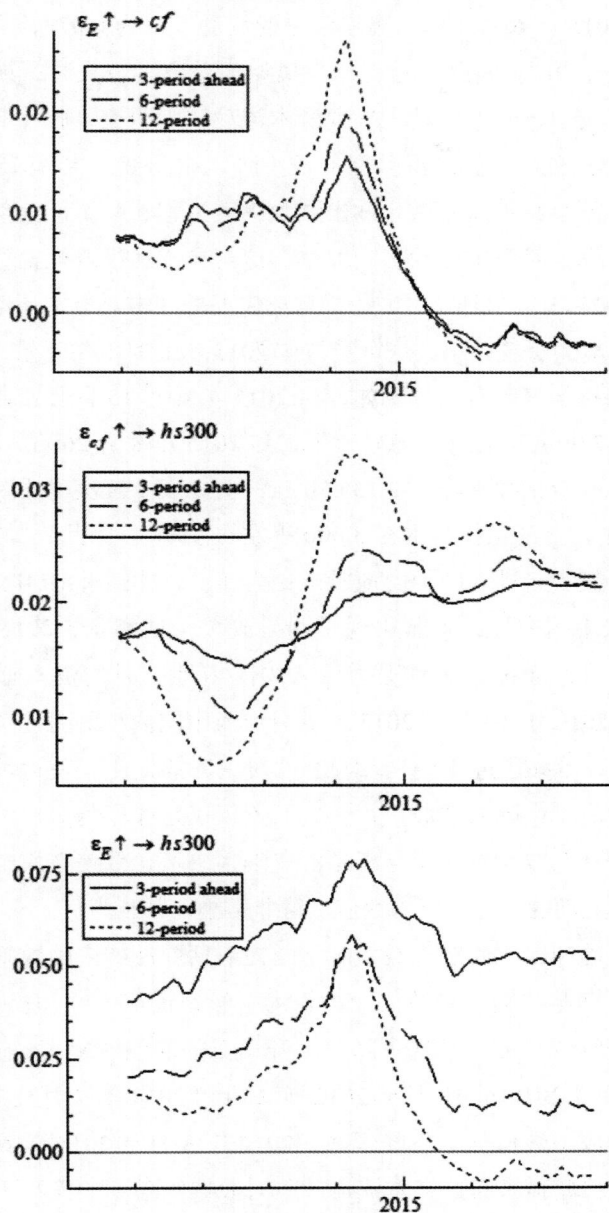

图 4-1　汇差、资本流动和股票收益率的时变脉冲响应函数图

本书认为在岸与离岸汇差波动率差异是导致在岸与离岸汇差冲击对资本流动的时变脉冲响应函数呈倒"V"形特征的主要原因。据测算，

2010 年 10 月至 2014 年 3 月在岸与离岸汇差的波动率达 0.236，而 2014 年 4 月至 2015 年 6 月在岸与离岸汇差的波动率仅为 0.073，两个时期波动率相差近 3 倍[①]。因此，当在岸与离岸汇差变动较大时，或者超过一定阈值时才会引起套汇活动，导致资本流动较为明显，脉冲响应函数值增大；反之，在岸与离岸汇差变动较小时，微观经济主体，如投资者、进出口商等不会将汇差的微小冲击纳入决策过程，甚至部分参与主体会放弃套汇活动，对资本流动影响较小，这与异质性投资理论相一致。

此外，2015 年 7 月以后，在岸与离岸汇差冲击对资本流动的脉冲响应函数值影响为负且较小，这可能与自 2015 年 6 月中旬开始，中国内地股市出现的持续暴跌有关，例如，自 2015 年 6 月 15 日开始，上证综合指数从 5 062.99 点高位突然急转直下，到 2015 年 8 月 26 日，在 52 个交易日中上证综合指数下降了 2 135.70 点，更出现十几次千股跌停，直到 2017 年年底，上证综指基本在 3 000 点左右波动[②]。因此，"股灾"的发生使得境外投资者进入中国内地股市更为谨慎，即通过 QFII、沪港通和深港通流入中国内地的资金出现了明显放缓。据测算，2015 年 7 月至 2017 年 10 月，通过这三种渠道流入中国内地的月均资本增长率仅为 1.05%，与 2010 年 10 月至 2015 年 6 月流入中国内地的月均资本增长率 2.36% 相比，萎缩了近 1 倍[③]。因此，"股灾"的发生，使得境外投资者可能更关注的是中国内地股市行情，而不仅仅是在岸与离岸汇差，在这种情况下，甚至放弃将在岸与离岸汇差纳入决策，致使在岸与离岸汇差冲击对资本流动的脉冲响应函数值变得非常小，甚至为负。

资本流动冲击对股票收益率的不同提前期脉冲响应函数均为正。其中，提前 3 期脉冲响应函数值变动较为平缓，提前 6 期和提前 12 期变动具有显著时变特征，呈现下降—上升—下降的倒 "N" 形态势。以提前 12 期为例，2010 年 10 月至 2012 年 2 月和 2014 年 7 月至 2017 年 10 月，脉冲响应函数值处于下降区间，2012 年 3 月至 2014 年 6 月则处于上升区间。但整体来看，资本流动冲击对股票收益率的三种不同提前期

---

① 数据来源：根据在岸与离岸汇差的数据计算得到，计算公式为 $\sqrt{\dfrac{1}{T}\sum_{t=1}^{T}(E_t - \bar{E})^2}$。

② 数据来源：Wind 金融终端。

③ 数据来源：根据 QFII 投资额、沪港通资金流入和深港通资金流入数据之和进行测算。

脉冲响应函数均为正且越来越大，表明资本流入有助于提高股票收益率，而且对股票收益率的作用程度越来越显著。

在岸与离岸汇差冲击对股票收益率的三种不同提前期脉冲响应数值亦呈现明显的倒"V"形特征。具体地，2010 年 10 月至 2014 年 3 月，在岸与离岸汇差冲击对股票收益率时变脉冲响应函数值逐渐增大，2014 年 4 月至 2015 年 6 月脉冲响应函数值逐渐下降。2015 年 7 月以后，提前 3 期和提前 6 期脉冲响应函数值仍然为正且继续呈下降趋势，但提前 12 期脉冲响应数值出现了由正转负。与在岸与离岸汇差冲击对资本流动的时变脉冲响应函数值动态特征完全类似，但脉冲响应函数值变动相对平滑，即变动幅度较小，这间接地说明了在岸与离岸汇差是通过资本流动而影响股票收益率的。

综上可得，在岸与离岸汇差冲击对资本流动、资本流动冲击对股票收益率、在岸与离岸汇差冲击对股票收益率的时变脉冲响应函数值均基本为正，即在岸与离岸汇差的存在加剧了资本流动，资本流动进一步地提高了股票收益率，且在岸与离岸汇差冲击对资本流动的脉冲响应函数值与在岸与离岸汇差冲击对股票收益率的脉冲响应函数值变动趋势基本类似，佐证了理论模型中在岸与离岸汇差通过资本流动对境内股市产生影响的结论，即在岸与离岸汇差→资本流动→股票收益率。并且，在岸与离岸汇差冲击对股票收益率的脉冲响应函数值符号基本为正，进一步证明了 NARDL 模型结果的稳健性和可靠性。

四、稳健性检验

(一)从行业异质性视角进行稳健性检验

前文测算了在岸与离岸人民币汇差、利差对沪深 300、上证综指和深证成指三种综合指数衡量的股票收益率短期和长期的非对称影响关系，但是在岸与离岸人民币汇差、利差对不同行业股票收益率影响是否具有异质性，以及上文测算结果是否具有稳健性是需要进一步探究的问题。基于此，本部分测算了在岸与离岸人民币汇差、利差对不同行业股票收益率的影响，结果如表 4-3 所示[①]。

---

① 此处只报告了核心结果，如有需要，可向作者索取。

表 4-3　　基于不同行业股票收益率的 NARDL 模型估计结果

行业	F_{PSS}	L_E^+	L_E^-	L_R^+	L_R^-	W_{LR}^E	W_{SR}^E	W_{LR}^R	W_{SR}^R	R^2
农林牧渔	336.52 [0.000]	0.360 [0.040]	0.384 [0.026]	0.0005 [0.606]	0.0004 [0.725]	1.03 [0.310]	3.63 [0.057]	1.29 [0.256]	3.64 [0.057]	0.451
采掘	384.28 [0.000]	0.224 [0.192]	0.236 [0.166]	0.0003 [0.718]	0.0002 [0.785]	0.25 [0.614]	11.83 [0.001]	0.37 [0.541]	0.06 [0.808]	0.486
化工	346.17 [0.000]	0.271 [0.085]	0.289 [0.063]	0.0006 [0.490]	0.0004 [0.584]	0.76 [0.382]	5.96 [0.015]	1.06 [0.304]	2.20 [0.138]	0.462
黑色金属	207.70 [0.000]	0.248 [0.100]	0.269 [0.072]	0.0002 [0.799]	0.0001 [0.938]	1.03 [0.310]	7.43 [0.007]	1.34 [0.248]	0.05 [0.820]	0.495
有色金属	94.77 [0.000]	0.214 [0.233]	0.220 [0.214]	0.002 [0.091]	0.002 [0.097]	0.06 [0.806]	7.90 [0.005]	0.18 [0.670]	1.55 [0.213]	0.484
电子元件	364.79 [0.000]	0.410 [0.022]	0.419 [0.018]	0.0005 [0.599]	0.0004 [0.650]	0.13 [0.716]	5.38 [0.021]	0.30 [0.584]	2.59 [0.108]	0.475
家用电器	405.97 [0.000]	0.346 [0.018]	0.353 [0.015]	0.0003 [0.697]	0.0002 [0.752]	0.13 [0.717]	8.08 [0.005]	0.27 [0.602]	1.67 [0.197]	0.497
食品饮料	395.72 [0.000]	0.302 [0.025]	0.303 [0.023]	0.0002 [0.706]	0.0002 [0.731]	0.01 [0.938]	5.51 [0.019]	0.07 [0.788]	6.01 [0.014]	0.495
纺织服装	329.80 [0.000]	0.207 [0.210]	0.243 [0.136]	0.0003 [0.769]	0.0000 [0.976]	2.64 [0.104]	3.89 [0.048]	2.92 [0.087]	1.97 [0.160]	0.444
轻工制造	350.32 [0.000]	0.306 [0.038]	0.336 [0.021]	0.0006 [0.429]	0.0004 [0.574]	2.26 [0.133]	4.43 [0.035]	2.56 [0.109]	3.47 [0.063]	0.459
医药生物	361.22 [0.000]	0.321 [0.030]	0.324 [0.026]	0.0010 [0.198]	0.0009 [0.202]	0.02 [0.884]	6.03 [0.014]	0.07 [0.796]	2.52 [0.113]	0.474
公用事业	373.09 [0.000]	0.284 [0.042]	0.294 [0.032]	0.0002 [0.786]	0.0001 [0.858]	0.29 [0.587]	6.57 [0.010]	0.38 [0.535]	0.63 [0.426]	0.477
交通运输	357.78 [0.000]	0.271 [0.064]	0.292 [0.044]	0.0004 [0.576]	0.0003 [0.695]	0.97 [0.324]	6.31 [0.012]	1.29 [0.255]	1.21 [0.271]	0.466
房地产	382.63 [0.000]	0.209 [0.185]	0.213 [0.171]	0.0000 [0.977]	0.0000 [1.000]	0.03 [0.867]	4.43 [0.036]	0.05 [0.819]	1.10 [0.294]	0.480
商业贸易	85.67 [0.000]	0.233 [0.189]	0.262 [0.136]	0.0006 [0.514]	0.0004 [0.646]	1.41 [0.234]	5.26 [0.022]	1.74 [0.187]	0.66 [0.415]	0.458
餐饮旅游	211.81 [0.000]	0.278 [0.055]	0.292 [0.040]	0.0003 [0.677]	0.0002 [0.763]	0.55 [0.459]	3.20 [0.073]	0.65 [0.420]	2.73 [0.098]	0.459
综合行业	332.75 [0.000]	0.281 [0.082]	0.307 [0.054]	0.0007 [0.362]	0.0006 [0.459]	1.39 [0.239]	2.98 [0.084]	1.58 [0.209]	1.79 [0.181]	0.445
建筑材料	207.79 [0.000]	0.292 [0.090]	0.316 [0.064]	0.0005 [0.587]	0.0003 [0.712]	1.09 [0.295]	5.85 [0.015]	1.36 [0.243]	1.44 [0.229]	0.471
建筑装饰	364.96 [0.000]	0.312 [0.055]	0.331 [0.039]	0.0006 [0.482]	0.0005 [0.570]	0.72 [0.394]	6.29 [0.012]	0.91 [0.339]	0.37 [0.544]	0.472
电气设备	90.61 [0.000]	0.320 [0.067]	0.348 [0.043]	0.0012 [0.195]	0.0010 [0.263]	1.45 [0.228]	8.17 [0.004]	1.82 [0.177]	3.11 [0.078]	0.466
国防军工	360.90 [0.000]	0.434 [0.051]	0.462 [0.035]	0.0009 [0.372]	0.0008 [0.460]	0.97 [0.324]	8.98 [0.003]	1.21 [0.272]	1.61 [0.204]	0.471
计算机	346.46 [0.000]	0.326 [0.091]	0.352 [0.066]	0.0003 [0.738]	0.0002 [0.863]	0.95 [0.329]	3.29 [0.069]	1.13 [0.287]	1.22 [0.270]	0.458
传媒	365.81 [0.000]	0.285 [0.100]	0.304 [0.085]	0.0002 [0.748]	0.0002 [0.837]	0.60 [0.438]	2.76 [0.097]	0.61 [0.436]	0.83 [0.363]	0.469
通信	364.73 [0.000]	0.302 [0.075]	0.331 [0.048]	0.0004 [0.565]	0.0003 [0.719]	1.66 [0.197]	5.87 [0.015]	2.09 [0.149]	1.48 [0.224]	0.471
银行	437.62 [0.000]	0.054 [0.677]	0.061 [0.635]	0.0002 [0.775]	0.0001 [0.829]	0.15 [0.695]	6.36 [0.012]	0.23 [0.632]	0.39 [0.532]	0.517
非银金融	407.47 [0.000]	0.213 [0.220]	0.206 [0.230]	0.0003 [0.680]	0.0004 [0.657]	0.09 [0.758]	9.79 [0.02]	0.02 [0.876]	0.14 [0.706]	0.502
汽车	371.37 [0.000]	0.358 [0.024]	0.369 [0.019]	0.0005 [0.555]	0.0003 [0.617]	0.25 [0.615]	7.14 [0.007]	0.42 [0.516]	0.13 [0.719]	0.476
机械设备	364.11 [0.000]	0.317 [0.056]	0.344 [0.036]	0.0005 [0.561]	0.0003 [0.693]	1.26 [0.261]	5.56 [0.019]	1.58 [0.209]	1.02 [0.314]	0.469

注：同表 4-2。

从表 4-3 可以看出，在岸与离岸人民币汇差、利差对不同行业股票收益率影响的 F_{PSS} 统计量值均显著拒绝了原假设，意味着变量间存在长期影响关系。就在岸与离岸汇差对不同行业股票收益率影响而言，在岸与离岸汇差对采掘、有色金属、纺织服装、房地产、商业贸易、银行和非银金融行业股票收益率的长期影响系数 L_E^+ 和 L_E^- 不显著，这与 Cuestas 和 Tang（2017）研究人民币汇率对不同行业股票收益率得出的结论基本一致，其指出商业贸易、银行和非银金融行业等贸易类和金融类行业规避汇率风险的能力较强，受到汇率冲击的影响较小，进而使得系数不显著。据此，本书认为抵抗外部冲击能力强的行业，即股票价格变动较小的行业受到在岸与离岸汇差冲击影响的可能性也较小，故本研究测算了采掘、有色金属、纺织服装、房地产、商业贸易、银行和非银金融行业股票价格的标准差，发现这些行业股票价格平均标准差为 884.19，较其他 21 个行业的 1 020.69 低了近 13.37%[①]。

除以上 7 个行业外，在岸与离岸汇差正向累积和与负向累积和对其他 21 个行业股票收益率的长期影响系数均在 10% 显著水平上显著，系数变动范围分别为 0.248~0.434 和 0.269~0.462，且长期影响系数对称性检验 W_{LR}^E 统计量均接受了不存在非对称性的原假设，但根据 W_{SR}^E 统计量可以得出，短期影响系数存在非对称性，与本节主体部分得出的结论完全一致。就在岸与离岸利差对股票收益率影响系数而言，其长期和短期影响系数均不显著，W_{LR}^R 和 W_{SR}^R 统计量也均没有拒绝原假设，意味着在岸与离岸利差的系数无非对称性特征。总体而言，基于行业层面的估计结果与基于总体层面所估计的在岸与离岸人民币汇差、利差对沪深 300、上证综指和深证成指影响方向、大小基本一致。因此，本研究结论具有高度稳健性。

（二）加入境外市场股票收益率变量进行稳健性检验

随着全球经济、贸易和金融一体化程度的加深，不同国家之间股票市场的联动性和溢出效应不断增强。2018 年 2 月 6 日凌晨收盘的美国股指暴跌使得包括中国 A 股、中国香港恒生指数等在内的多个经济体

---

① 数据来源：根据 Wind 金融终端中申万行业指数进行测算。

股指随之超跌便是例证。并且，与在岸与离岸人民币汇差、利差一样，境外市场股票收益率亦会通过影响国际资本流动，进而对中国境内股票市场产生一定影响。因此，本书借鉴李红权等（2011）的研究，分别将美国 S&P500 指数、中国香港恒生指数作为境外市场股票市场指数纳入实证模型式（4-13）中，构建包含境外市场股票收益率的 NARDL 模型，如式（4-15）所示：

$$\Delta SR_t = \alpha_0 + \rho SR_{t-1} + \theta^+ E_{t-1}^+ + \theta^- E_{t-1}^- + \lambda^+ R_{t-1}^+ + \lambda^- R_{t-1}^- + \omega FS_{t-1}^i +$$
$$\sum_{j=1}^{p-1} \gamma_j \Delta SR_{t-j} + \sum_{j=0}^{q-1} (\pi_j^+ \Delta E_{t-j}^+ + \pi_j^- \Delta E_{t-j}^- + \varphi_j^+ \Delta R_{t-j}^+ + \varphi_j^- \Delta R_{t-j}^- + \qquad (4-15)$$
$$\xi \Delta FS_{t-j}^i) + \varepsilon_t$$

其中，FS_t^i 表示境外市场股票收益率，$i=1$ 和 $i=2$ 分别表示以美国 S&P500 指数和中国香港恒生指数测算的境外市场股票收益率；ω 和 ξ 分别表示境外市场股票收益率对在岸股票收益率的短期和长期影响系数，其他变量或符号含义与前文一致。对式（4-15）进行估计得到的结果如表 4-4 所示[①]。

表 4-4　　加入境外市场股票收益率的 NARDL 模型估计结果

	F_{PSS}	L_E^+	L_E^-	L_R^+	L_R^-	W_{LR}^E	W_{SR}^E	W_{LR}^R	W_{SR}^R	R^2
加入美国S&P500指数（i=1）										
沪深300	204.50	0.219	0.225	0.0002	0.0002	0.14	9.04	0.25	0.07	0.492
	[0.000]	[0.072]	[0.059]	[0.690]	[0.742]	[0.712]	[0.003]	[0.614]	[0.789]	
上证综指	349.83	0.215	0.228	−0.0004	0.0003	0.62	7.58	0.79	0.09	0.483
	[0.000]	[0.092]	[0.070]	[0.485]	[0.567]	[0.432]	[0.006]	[0.375]	[0.758]	
深证成指	357.62	0.264	0.279	0.0005	0.0004	0.54	4.06	0.72	0.45	0.485
	[0.000]	(0.076)	[0.058]	[0.515]	[0.596]	[0.462]	[0.044]	[0.395]	[0.501]	
加入中国香港恒生指数（i=2）										
沪深300	180.97	0.239	0.240	0.0002	0.0002	0.01	13.57	0.08	0.33	0.496
	[0.000]	[0.042]	[0.037]	[0.720]	[0.747]	[0.913]	[0.000]	[0.783]	[0.564]	
上证综指	275.41	0.216	0.226	0.0005	0.0005	0.40	12.15	0.59	0.28	0.488
	[0.000]	[0.091]	[0.073]	[0.401]	[0.462]	[0.525]	[0.001]	[0.442]	[0.599]	
深证成指	301.10	0.271	0.278	0.0006	0.0005	0.12	8.57	0.24	0.97	0.486
	[0.000]	[0.068]	[0.059]	[0.386]	[0.419]	[0.734]	[0.004]	[0.625]	[0.325]	

注：同表 4-2。

---

① 此处只报告了核心结果，如有需要，可向作者索取。

加入境外市场股票收益率后，F_{PSS} 统计量值均在 1% 显著水平上拒绝了原假设，故在岸与离岸汇差、利差与在岸股票收益率之间仍存在协整关系，可以采用 NARDL 方法建模分析。在影响系数方面，在岸与离岸汇差会对股票收益率产生长期影响，在岸与离岸汇差扩大 1%，股票收益率上升 0.215%~0.279%，与表 4-2 结果相比，传递程度仅出现了略微下降，表明是否加入境外市场股票收益率对本节结果影响较小。此外，W_{LR}^E 统计量表明，在岸与离岸汇差对股票收益率的长期影响不存在非对称性，但在短期影响方面，W_{SR}^E 检验结果表明具有非对称性。在岸与离岸利差对股票收益率的长期影响和短期影响均不显著，亦不存在非对称性。因此，加入境外市场股票收益率后，得出的结论与表 4-2 基本一致，从而本节结论具有较高稳健性。

第二节　离岸与在岸人民币债券市场的动态溢出关系

随着离岸人民币债券市场的迅速发展，目前在中国香港市场上，离岸人民币债券收益率曲线已初步形成。本节以此为研究对象，实证分析离岸与在岸人民币债券收益率在变动率和波动率层面上的动态溢出关系。

一、实证模型选取

（一）建立经济计量模型

为考察离岸与在岸人民币债券市场之间的动态溢出关系，本节借鉴 Diebold 和 Yilmaz（2012）基于广义方差分解方法构建的溢出指数和滚动分析，考察不同到期期限下离岸与在岸人民币债券的总体溢出指数、方向性溢出指数以及信息溢出的时变特征。根据 Diebold 和 Yilmaz（2012），具有协方差平稳过程、滞后期为 p 的 N 维 VAR 模型为：

$$X_t = \varphi_1 X_{t-1} + \varphi_2 X_{t-2} + \cdots + \varphi_p X_{t-p} + \varepsilon_t \tag{4-16}$$

其中，X_t 为 N 维列向量，分别代表 N 种到期期限的离岸和在岸人民币债券收益率[①]；φ_i $(i = 1, 2, \cdots, p)$ 是 $N \times N$ 的系数矩阵；ε_t 是独立同分布的 N 维扰动列向量，且 $\varepsilon_t \sim \left(0, \sum\right)$，$\sum$ 为协方差矩阵。

由于假设该 VAR 模型具有平稳的协方差，故可将式（4-16）的移动平均式表示为：

$$X_t = \sum_{i=0}^{\infty} A_i \varepsilon_{t-i} \tag{4-17}$$

其中，A_i 为 $N \times N$ 阶系数矩阵，并服从如下递归形式：$A_i = \varphi_1 A_{i-1} + \varphi_2 A_{i-2} + \cdots + \varphi_p A_{i-p}$，$A_0$ 为 $N \times N$ 阶单位矩阵，且当 $i < 0$ 时，$A_i = 0$。

在上述模型的基础上，可以通过对协方差矩阵进行方差分解，将每一个变量的预测误差方差分解为来自系统内各变量的部分，进而揭示某一变量的变化在多大程度上是由于自身或系统内其他变量的冲击。据此，对于任意 $i, j = 1, 2, \cdots, N$，债券 x_i 的 H 步[②]预测误差方差中受到来自 x_j 冲击影响的比例 $\theta_{ij}(H)$ 即为债券 x_j 对债券 x_i 的溢出效应，其中当 $i = j$ 时，$\theta_{ii}(H)$ 则表示债券 x_i 的自身溢出效应。根据广义方差分解方法[③]，$\theta_{ij}(H)$ 可表示为：

$$\theta_{ij}(H) = \frac{\sigma_{jj}^{-1} \sum_{h=0}^{H-1} (e_i' A_h \sum e_j)^2}{\sum_{h=0}^{H-1} (e_i' A_h \sum A_h' e_i)} \tag{4-18}$$

其中，$\sum$ 为式（4-16）中扰动列向量 ε_t 的协方差矩阵；σ_{jj} 为第 j 个方程误差项的标准差；e_i 为选择列向量，第 i 个元素为 1，其他元素为 0。

在广义方差分解下，$\sum_{j=1}^{N} \theta_{ij}(H) \neq 1$，因此，为了利用方差分解矩阵中的有用信息计算溢出指数，可以采用该矩阵行加总的方式对 $\theta_{ij}(H)$ 进行标准化：

---

① 由于真实债券市场以附息债券为主，大多采用净价交易，其报价数据不能直接用于估计参数（闵敏和丁剑平，2015）。现有文献常采用债券指数或债券收益率来反映债券市场的运行情况。目前中国银行香港分行、交通银行香港分行等金融机构均发布了离岸人民币债券指数，但这些指数存在发布时间较短、数据发布终止和部分数据缺失等问题。因此，考虑到数据的样本容量和可获得性等因素，本节以债券收益率为对象进行实证分析。
② H 为方差分解的期数，且 $H = 1, 2, 3, \cdots$。
③ Pesaran 和 Shin（1998）提出了广义方差分解方法，与基于 Cholesky 分解的传统正交方差分解方法相比，广义方差分解法下的方差分解值不受变量排序的影响，从而避免了因不同的变量排序产生的结果差异问题。

$$\tilde{\theta}_{ij}(H) = \frac{\theta_{ij}(H)}{\sum_{j=1}^{N} \theta_{ij}(H)} \quad (4-19)$$

据此可得：$\sum_{j=1}^{N} \tilde{\theta}_{ij}(H) = 1$，$\sum_{i,j=1}^{N} \tilde{\theta}_{ij}(H) = N$。

为了考察在岸与离岸人民币债券所构成的 VAR 系统的总体溢出水平，以及某一到期期限在岸或离岸人民币债券品种接受其他到期期限在岸或离岸人民币债券品种的溢出水平，或其对其他到期期限在岸或离岸人民币债券品种的溢出水平，本书基于前文的冲击影响比例，分别构建总体溢出指数和方向性溢出指数：

$$S(H) = \frac{\sum_{i,j=1,i\neq j}^{N} \tilde{\theta}_{ij}(H)}{\sum_{i,j=1}^{N} \tilde{\theta}_{ij}(H)} \times 100 = \frac{\sum_{i,j=1,i\neq j}^{N} \tilde{\theta}_{ij}(H)}{N} \times 100 \quad (4-20)$$

$$S_{i\cdot}(H) = \frac{\sum_{j=1,j\neq i}^{N} \tilde{\theta}_{ij}(H)}{\sum_{i,j=1}^{N} \tilde{\theta}_{ij}(H)} \times 100 = \frac{\sum_{j=1,j\neq i}^{N} \tilde{\theta}_{ij}(H)}{N} \times 100 \quad (4-21)$$

$$S_{\cdot i}(H) = \frac{\sum_{j=1,j\neq i}^{N} \tilde{\theta}_{ji}(H)}{\sum_{i,j=1}^{N} \tilde{\theta}_{ji}(H)} \times 100 = \frac{\sum_{j=1,j\neq i}^{N} \tilde{\theta}_{ji}(H)}{N} \times 100 \quad (4-22)$$

其中，$S(H)$ 为总体溢出指数，衡量了各期限在岸与离岸人民币债券市场间的总体溢出水平；同时，该指数可以作为衡量在岸与离岸人民币债券市场相关程度的指标，$S(H)$ 越大，意味着债券市场总变动中来自与不同债券间信息溢出贡献的比例越高，从而不同期限在岸与离岸人民币债券市场之间的联系越紧密。$S_{\cdot i}(H)$ 与 $S_{i\cdot}(H)$ 表示方向性溢出指数，分别为所有其他期限品种债券对某一期限品种债券 i 的溢出指数和某一期限品种债券 i 对所有其他期限品种债券的溢出指数；$S_{\cdot i}(H)$ 与 $S_{i\cdot}(H)$ 之差则表示某一期限品种债券 i 的净溢出指数。

此外，本书还采用滚动回归分析方法，并基于上述公式计算时变的总体溢出指数、方向性溢出指数和净溢出指数，进而可以分析在岸与离岸人民币债券市场之间溢出效应的动态变化特征。

（二）数据来源与处理

本节选取在岸与离岸人民币债券收益率作为研究对象。由于在岸与离岸市场人民币债券种类较多，不同类型债券收益率所包含的信息不同，以离岸市场为例，离岸人民币债券包含离岸人民币政府债券、金融债券和企业债券等，且近年来随着离岸人民币政府债券孳息曲线的不断完善，其在离岸人民币债券定价过程中的基准性显著提升（冯永琦和王丽莉，2016），因此，本节选择离岸人民币政府债券收益率作为离岸人民币债券收益率的代表，并主要考察中国香港市场上的人民币政府债券。相应地，在岸人民币债券收益率则以中债国债收益率进行衡量。

为方便起见，本节分别以 ON 和 HK 表示在岸与离岸人民币政府债券收益率，其中在岸与离岸人民币债券均包含 1 年期限、2 年期限、3 年期限、5 年期限、7 年期限和 10 年期限六个交易品种，分别记为 ON1Y、ON2Y、ON3Y、ON5Y、ON7Y、ON10Y 和 HK1Y、HK2Y、HK3Y、HK5Y、HK7Y、HK10Y。上述所有期限品种在岸与离岸人民币债券收益率数据均来源于 Thomson Rueters。由于 Thomson Rueters 中上述各到期期限离岸人民币债券收益率数据从 2011 年 8 月 30 日开始报价，因此本节选取 2011 年 8 月 30 日至 2017 年 10 月 31 日的日度数据进行分析，考虑节假日的差异，剔除了交易日不匹配的数据，共得到 1380 个交易日数据样本。

本节同时考察不同交易期限在岸与离岸人民币债券收益率在变动率[①]和波动率层面的联动关系。各交易期限在岸或离岸人民币债券收益率的变动率采用日收益率的对数差分乘以 100 计算，公式为 $R_{i,t} = (\ln P_{i,t} - \ln P_{i,t-1}) \times 100$，其中 $P_{i,t}$ 和 $R_{i,t}$ 分别为第 t 日债券 i 的收益率水平及变动率。各到期期限在岸与离岸人民币债券收益率的波动率则采用已实现波动率[②]进行实证分析，根据 Diebold 和 Yilmaz（2012）的研究，首先，采用公式 $\tilde{\sigma}_{i,t}^2 = 0.361[\ln(P_{i,t}^{\max}) - \ln(P_{i,t}^{\min})]^2$ 计算债券的日收益波动率，式中 $\tilde{\sigma}_{i,t}$ 为第 t 日债券 i 收益率的日度方差，$P_{i,t}^{\max}$ 和 $P_{i,t}^{\min}$

---

① 相对而言，债券收益率的变动率较水平值更能反映不同市场上债券收益率的联动关系。
② 波动率的估计方法有历史波动率、隐含波动率和已实现波动率等方法。其中，已实现波动率是针对较高频（日度及更高频率）数据的估计方法，该法因其计算的波动率是真实波动率的一致估计量（Andersen 等，2001）而得到学术界的广泛运用。

分别为第 t 日债券 i 收益率的最高价和最低价，然后，计算得出年化日度波动率即本书所采用的已实现波动率，公式为 $\hat{\sigma}_{i,t} = 100\sqrt{365 \times \tilde{\sigma}_{i,t}^2}$。

二、计量检验结果

（一）描述性统计分析

表 4-5 展示了样本期各到期期限在岸与离岸人民币债券收益率的变动率和波动率的基本统计描述。第一，从反映债券收益率变化趋势的收益率变动率的均值来看，首先，1 年期限和 5 年期限在岸人民币债券收益率以及各期限离岸人民币债券收益率变动率的均值均为正，意味着这些交易期限品种的在岸与离岸人民币债券收益率均呈现一定的上升趋势，其中 3 年期限离岸人民币债券收益率平均上升程度最高，1 年期限在岸人民币债券收益率平均上升幅度最小；其次，2 年期限、3 年期限、7 年期限和 10 年期限中债国债收益率变动率的均值为负，表明该四个交易期限品种的在岸人民币债券收益率呈现一定的下降趋势，其中 10 年期限在岸人民币债券收益率平均下降程度最大，7 年期限在岸债券收益率平均下降幅度最小；最后，离岸人民币债券收益率变动率均值普遍高于在岸人民币债券收益率变动率均值，且交易期限较短的离岸人民币债券收益率变动率均值高于交易期限相对较长的离岸人民币债券收益率变动率均值。

第二，就反映收益率波动情况的债券收益率变动率的标准差和债券波动率的均值而言，首先，从收益率变动率的标准差来看，无论在岸人民币债券还是离岸人民币债券，其收益率变动率的标准差均随着交易期限变长而下降，在在岸与离岸市场所有交易品种中，1 年期限离岸人民币债券收益率变动率的标准差最大，而 10 年期限离岸人民币债券收益率变动率的标准差最小，意味着其相对较为稳定；其次，从收益率波动率的均值来看，与收益率变动率的标准差相似，在岸与离岸人民币债券收益率波动率的均值均随着交易期限变长而下降，其中 1 年期限在岸人民币债券收益率波动率的均值最大，而 10 年期限离岸人民币债券收益率波动率的均值仍是在岸与离岸市场所有交易品种中最小的。

表 4-5　　在岸与离岸人民币债券收益率的变动率与波动率的统计特征

变量	均值	标准差	最大值	最小值	偏度	超额峰度	Jarque-Bera统计量
在岸与离岸人民币债券收益率的变动率							
ON1Y	0.0003	0.9591	7.4153	−7.4701	−0.0108	10.9084***	6837.2022***
ON2Y	−0.0008	0.8034	8.8145	−4.4912	0.8278***	16.4222***	15653.2355***
ON3Y	−0.0006	0.6995	5.1153	−4.7425	−0.4433***	9.7185***	5472.1095***
ON5Y	0.0013	0.6324	3.2185	−4.2800	−0.1146*	5.5239***	1756.2946***
ON7Y	−0.0002	0.5388	3.1837	−3.1837	−0.0195***	5.0924***	1490.1532***
ON10Y	−0.0018	0.4685	2.0934	−2.6608	−0.5310***	4.6046***	1283.0830***
HK1Y	0.0529	1.3193	18.3326	−10.6625	2.9368***	48.6096***	137749.9060***
HK2Y	0.0548	1.0024	13.4671	−5.4032	3.4015***	43.7301***	112537.9392***
HK3Y	0.0552	0.9163	9.8222	−7.7895	1.4821***	29.3886***	50131.1171***
HK5Y	0.0333	0.6052	10.4569	−5.7741	3.6510***	76.3911***	71.5249***
HK7Y	0.0221	0.5163	7.9769	−6.4894	−0.4577***	−0.0536***	338367.1599***
HK10Y	0.0172	0.4566	5.6864	−2.6482	1.6284***	63.3123***	230928.4372***
ON1Y	41.8690	41.3748	230.3478	0.0000	1.1086***	0.5457***	298.6894***
ON2Y	35.4684	34.6019	172.1147	0.0000	1.0446***	0.0247	250.1223***
ON3Y	34.2279	33.5071	178.5704	0.0000	1.3029***	0.9611***	441.9706***
ON5Y	32.1702	30.0820	150.6957	0.0000	1.1419***	0.5593***	316.7399***
ON7Y	29.7692	25.7037	121.6610	1.5486	1.1148***	0.6256***	307.2361***
ON10Y	27.6395	23.6428	117.0517	1.8761	1.2095***	0.8280***	374.5068***
HK1Y	16.7818	30.3426	423.2316	0.0000	5.9646***	55.8037***	186562.3015***
HK2Y	16.2658	33.7687	594.3290	0.0000	7.0245***	82.0321***	396838.7902***
HK3Y	12.6645	25.7766	265.3355	0.0000	4.8072***	31.3311***	61535.5407***
HK5Y	7.6503	15.4613	259.9263	0.0000	6.6506***	73.1216***	316461.6930***
HK7Y	8.0038	13.3889	171.5212	0.0000	4.5857***	33.8651***	70523.6828***
HK10Y	6.9962	12.4292	212.2118	0.0000	5.7651***	64.6065***	246752.4841***

　　注：（1）超额峰度=峰度减 3；（2）偏度的原假设是样本是无偏的，超额峰度的原假设是样本超额峰度等于 0，Jarque-Bera 统计量的原假设是样本服从正态分布；（3）"***"和"*"分别表示在 1% 和 10% 显著水平上拒绝原假设。

第三，在反映债券收益率变动率和波动率分布情况的偏度、超额峰度和 Jarque-Bera 统计量方面，从偏度看，除 1 年期限、3 年期限、5 年期限、7 年期限和 10 年期限在岸人民币债券和 7 年期限离岸人民币债券收益率的变动率表现为左偏外，其他各交易期限在岸与离岸人民币债券收益率的变动率，以及所有交易期限在岸与离岸人民币债券收益率的波动率均表现为右偏，且除 1 年期限在岸人民币债券收益率变动率的左偏特征不显著外，其他所有期限品种的在岸与离岸债券收益率变动率与波动率的偏度均显著；就超额峰度而言，除 2 年期限离岸债券收益率波动率外，其他各期限在岸与离岸债券收益率波动率以及所有交易期限在岸与离岸债券收益率变动率品种均具有显著的尖峰特征；衡量正态性的 Jarque-Bera 统计量及其显著性结果表明，各债券收益率的变动率和波动率序列均不服从正态分布。总体而言，各期限在岸与离岸债券收益率变动率和波动率基本表现出典型的"尖峰厚尾"特征。

（二）溢出效应的实证分析

1. 基本统计检验与 VAR 模型滞后期选择

采用 ADF 检验和 PP 检验方法对各期限在岸与离岸人民币债券收益率的变动率和波动率序列进行单位根检验，结果表明各序列均是平稳序列。因此，可以分别针对在岸与离岸人民币债券收益率的变动率以及两个市场人民币债券收益率的波动率建立 VAR 模型，测度各交易期限在岸与离岸人民币债券市场间收益率变动率和波动率的溢出强度。同时，为了考察在岸与离岸人民币债券市场间溢出效应的时变特征，本节选取 240 个交易日（约 1 年）的观测数据，进行滚动样本分析。根据 BIC 准则，收益率变动率和波动率的 VAR 模型最优滞后期的检验结果表明，所有模型的最优滞后期均为 1 期。此外，本节将预测误差方差分解的预测期数设定为 12[①]。

2. 溢出效应的静态分析

通过分别对在岸与离岸人民币债券收益率变动率组成的 VAR 模

---

① 本节分别采用 2 和 6 作为预测期数，以及 200 和 300 个交易日的观测值作为滚动窗口进行分析，结果表明：这些设定并未实质性地改变本研究的结论，因此也说明本书的研究结果是稳健的。

型和在岸与离岸人民币债券收益率波动率组成的 VAR 模型预测误差进行广义方差分解，可以构造在岸与离岸人民币债券收益率变动的溢出指数表和收益率波动的溢出指数表，分别如表 4-6 和 4-7 所示[①]。在该两个表中，由第 2—13 行与第 2—13 列所包含元素组成的 12×12 维矩阵为方差分解表，其中的各元素衡量了单个交易品种人民币债券之间的溢出程度，其第 i 行第 j 列元素为 $\tilde{\theta}_{ij}(H)$，表示债券 j 对债券 i 的溢出效应。该 12×12 维矩阵的左下方加粗数值为不同交易期限在岸人民币债券对不同交易期限离岸人民币债券的溢出程度，右上方加粗数值为不同交易期限离岸人民币债券对不同交易期限在岸人民币债券的溢出程度。表中最后一列为其他所有交易品种人民币债券对某一交易品种人民币债券的总溢出程度，即方向性溢出指数 $S_{i.}(H)$，倒数第二行则为某一交易品种人民币债券对其他所有交易品种人民币债券的总溢出程度，即方向性溢出指数 $S_{.i}(H)$，右下角元素则为总体溢出指数。

从表 4-6 和表 4-7 可以看出：第一，从单个市场内各期限交易品种来看，无论是在岸市场还是离岸市场，单个市场内各期限交易品种之间均具有一定的溢出效应，且市场内某一期限交易品种与其期限相近交易品种之间的溢出效应相对较大。以在岸市场为例，就某一交易期限品种而言，除主要受到自身溢出影响外，在其他期限品种中，与该交易品种的交易期限越相近，其对该期限交易品种债券的溢出程度或接受该期限交易品种债券的溢出程度越大。如 1 年期限在岸债券，其收益率变动率和波动率自身溢出效应的平均水平分别为 60.34% 和 63.18%，而在其他在岸交易品种中，1 年期限在岸债券收益率变动率和波动率对 2 年期限、3 年期限、5 年期限、7 年期限、10 年期限在岸债券收益率变动率和波动率的溢出效应分别为 7.92%、5.20%、4.26%、2.90%、3.01% 和 7.92%、3.85%、5.47%、4.07%、4.56%；其接受 2 年期限、3 年期限、5 年期限、7 年期限、10 年期限在岸债券收益率变动率和波动率的溢出效应分别为 8.27%、6.56%、6.24%、4.77%、4.08% 和 8.76%、4.99%、

---

① 参照梁琪等（2015）的研究，本节所构建的溢出表为将每个滚动子样本的溢出表进行平均所得。

6.08%、7.35%、5.38%。总体而言，无论是对在岸市场其他债券交易品种的变动率溢出和波动率溢出，还是接受在岸市场其他债券交易品种的变动率溢出和波动率溢出，1年期限与2年期限在岸债券之间的相互溢出程度最大。同样，在岸市场其他交易期限品种与离岸市场各交易品种人民币债券均表现出基本相似的特征。对此，本书认为导致这种结果的原因可能在于，到期期限相近的债券品种间往往具有相同或相近的投资收益和风险，从而一种交易期限品种债券收益率变化会引起相近交易期限的债券收益率变化。

第二，从在岸与离岸市场之间的溢出效应来看，各期限在岸与离岸人民币债券交易品种之间均具有一定的溢出效应，且在岸市场各交易品种之间的溢出效应大于在岸市场各交易品种对离岸市场各交易品种的溢出效应，离岸市场各交易品种之间的溢出效应也大于离岸市场各交易品种对在岸市场各交易品种的溢出效应。表4-6显示，即使不考虑两个市场各交易品种的自身溢出效应，在岸市场与离岸市场内部各期限人民币债券收益率变动率之间的平均溢出效应分别为47.23%和41.38%，而在岸市场各期限交易品种对离岸市场各期限交易品种和后者对前者的收益率变动率平均溢出效应仅为4.68%和5.35%。从表4-7也可以看出，在收益率波动率溢出方面，剔除自身溢出效应后，在岸市场各交易期限人民币债券之间的溢出效应平均为43.41%，而在岸市场各交易期限品种对离岸市场各交易期限品种的溢出效应平均仅为5.29%；同时，不包含自身溢出效应的离岸市场各交易期限品种间的溢出效应平均为34.14%，而其对在岸市场各交易品种的溢出效应仅为4.26%。以上结果表明，同一市场内各交易期限品种人民币债券之间的联系紧密程度高于不同市场人民币债券之间的联系紧密程度，与同一市场内各交易期限人民币债券之间的联动性相比，在岸与离岸人民币债券市场之间的联动性相对较低。

第三，单就在岸与离岸人民币债券收益率之间的总体溢出效应而言，在岸市场各交易期限人民币债券对离岸市场各交易期限人民币债券收益率变动率的总体平均溢出效应高于后者对前者的溢出效应，而各交易期限在岸人民币债券对离岸人民币债券收益率波动率的总体平均溢出效应低于后者对前者的溢出效应。根据表4-6和表4-7以及式（4-21）与式（4-22）可以计算得出，离岸市场对在岸市场人民币债券收益率变动率和波动率的平均净溢出程度分别为0.67%和-1.03%。这意味着，近年来随着离岸人民币债券市场的快速发展，离岸市场已经具备一定的"定价权"，但是离岸人民币债券收益率的波动更多地受到在岸人民币债券收益率波动的影响。

第四，就在岸与离岸市场12种人民币债券溢出效应的总体平均水平而言，表4-6和表4-7显示，样本期间，12种债券收益率变动率和波动率总体溢出指数的均值分别仅为49.24%和43.55%。这也进一步证明，尽管随着中国资本账户开放程度的提升和离岸人民币债券市场的发展，在岸与离岸人民币债券之间已表现出一定的联动性，但两个市场联系紧密程度仍然相对较低。

3.溢出效应的动态分析

将前文240个交易日观测数据用滚动方法计算得出的溢出指数按照时间顺序作图，便可描绘出在岸与离岸人民币债券溢出效应的动态演进路径。本小节从方向性溢出指数和净溢出指数两个方面，分别考察离岸与在岸人民币债券收益率变动率和波动率溢出效应的时变特征。

首先，从收益率变动率的动态溢出效应来看，图4-2显示，无论是在岸市场对离岸市场的溢出效应，还是后者对前者的溢出效应，抑或离岸市场对在岸市场的净溢出效应，均表现出明显的时变特征。2013年6月之前，离岸与在岸市场人民币债券收益率变动率间的方向性溢出指数均不到5%，两个市场之间的联系相对较弱，且2013年3月上旬之前，离岸市场对在岸市场债券收益率变动率的净溢出效应为正，意味着离岸人民币债券收益率变动率对在岸人民币债券收益率变动率的溢出强度高于后者对前者的溢出强度。2013年3月10日，中国人民银行发布《中国人民银行关于合格境外机构投资者投资银行间债券市场有关事项的通知》，允许符合条件的合格境外机构投资者投资银行间债券市场，有效地提高了在岸债券市场的开放程度，此后在岸人民币债券收

表 4-6

离岸与在岸人民币债券收益率变动率溢出强度（滚动样本平均）

	ON1Y	ON2Y	ON3Y	ON5Y	ON7Y	ON10Y	HK1Y	HK2Y	HK3Y	HK5Y	HK7Y	HK10Y	Contribution From Others
ON1Y	60.34	8.27	6.56	6.24	4.77	4.08	1.72	1.86	1.67	1.81	1.27	1.40	39.66
ON2Y	7.92	50.49	14.13	8.54	6.42	5.87	1.14	0.99	1.04	1.35	1.24	0.86	49.51
ON3Y	5.20	12.02	43.76	12.60	10.03	10.31	0.80	1.24	0.86	1.17	1.01	0.98	56.24
ON5Y	4.26	5.89	10.02	41.92	17.77	16.04	0.61	0.78	0.59	0.94	0.76	0.41	58.08
ON7Y	2.90	4.12	8.51	17.11	42.84	21.79	0.29	0.42	0.34	0.51	0.76	0.41	57.16
ON10Y	3.01	4.02	8.58	14.51	21.87	45.15	0.22	0.36	0.51	0.58	0.73	0.46	54.85
HK1Y	1.05	1.14	0.62	0.82	0.86	0.52	65.65	10.01	5.84	5.54	3.59	4.37	34.35
HK2Y	1.18	1.11	1.00	0.52	0.56	0.71	8.82	54.48	11.70	8.79	6.13	5.00	45.52
HK3Y	1.59	0.77	0.67	0.61	0.48	0.64	4.62	10.96	50.86	13.43	6.83	8.54	49.14
HK5Y	1.40	0.93	0.96	0.44	0.38	0.38	4.22	7.62	12.31	47.82	12.49	11.05	52.18
HK7Y	0.88	0.98	0.80	0.52	0.89	0.56	3.95	5.35	6.10	14.10	53.75	13.12	46.25
HK10Y	1.25	0.81	0.72	0.29	0.51	0.55	3.68	5.45	9.28	12.17	13.21	52.10	47.90
Contribution to others	30.64	40.07	52.55	62.19	64.54	61.45	30.08	45.06	50.24	60.39	48.01	46.62	590.84
Contribution including own	90.97	90.56	96.31	104.12	107.38	106.61	95.73	99.53	101.10	108.21	101.76	98.72	49.24%

表 4-7　离岸与在岸人民币债券收益率波动率溢出强度（滚动样本平均）

	ON1Y	ON2Y	ON3Y	ON5Y	ON7Y	ON10Y	HK1Y	HK2Y	HK3Y	HK5Y	HK7Y	HK10Y	Contribution From Others
ON1Y	63.18	8.76	4.99	6.08	7.35	5.38	0.44	0.61	1.48	0.47	0.69	0.58	36.82
ON2Y	7.92	56.67	8.42	7.40	7.55	6.32	0.51	1.00	1.79	0.94	0.84	0.65	43.33
ON3Y	3.85	8.44	50.98	9.98	14.66	8.77	0.35	0.56	0.54	0.55	0.55	0.76	49.02
ON5Y	5.47	5.94	11.45	46.37	15.50	10.28	0.87	0.87	0.87	0.64	0.89	0.85	53.63
ON7Y	4.07	4.60	12.17	12.66	47.86	15.29	0.27	0.30	0.32	0.73	0.88	0.85	52.14
ON10Y	4.56	5.73	8.58	9.86	18.44	48.93	0.54	0.51	0.43	0.69	0.85	0.88	51.07
HK1Y	1.75	1.17	0.97	0.90	0.56	1.19	68.56	8.71	6.69	4.17	2.82	2.51	31.44
HK2Y	0.67	1.03	0.83	1.23	0.40	0.60	7.54	60.93	11.22	5.32	5.52	4.70	39.07
HK3Y	2.42	2.03	0.61	0.80	0.45	0.72	5.28	10.25	57.57	8.89	5.15	5.81	42.43
HK5Y	0.81	0.76	0.47	0.73	0.64	0.67	3.69	5.05	8.77	57.63	9.92	10.86	42.37
HK7Y	0.95	0.68	0.41	0.84	0.53	0.55	2.06	5.76	5.87	11.83	61.39	9.13	38.61
HK10Y	1.19	0.52	0.82	1.15	0.78	0.88	1.97	5.27	8.47	12.93	8.66	57.36	42.64
Contribution to others	33.67	39.66	49.73	51.63	66.86	50.66	23.52	38.92	46.45	47.15	36.77	37.57	522.57
Contribution including own	96.85	96.33	100.71	98.00	114.72	99.58	92.08	99.85	104.02	104.78	98.16	94.93	43.55%

益率变动率对离岸人民币债券收益率变动率的溢出效应开始逐步攀升，并超过后者对前者的溢出效应，在岸市场的影响力逐渐增强，并开始表现出正的净溢出。2013 年 6 月至 2014 年 8 月期间，银行间市场出现两次较大的流动性紧张，市场资金利率普遍攀升并出现"钱荒"，大大提高了离岸与在岸债券市场间的套利空间，使得两个市场收益率变动率之间的溢出效应明显增强，其中离岸市场对在岸市场的溢出指数始终稳定在 10%~20%，后者对前者的溢出指数也保持在 10% 左右，离岸市场对在岸市场的净溢出指数再次为正并接近 5%，两个市场间联动程度显著提升。

2014 年 8 月之后，在岸与离岸人民币债券收益率变动率之间的方向性溢出指数均明显下降，前者对后者以及后者对前者的溢出效应均稳定在 5% 以内，两个市场之间的联动程度显著降低。尽管如此，离岸市场对在岸市场净溢出指数的符号发生多次改变。2014 年 8 月至 2015 年 5 月中旬，离岸市场对在岸市场溢出效应明显小于后者对前者的溢出效应，但是 2015 年 5 月 28 日中国人民银行发布《中国人民银行关于境外人民币业务清算行、境外参加银行开展银行间债券市场债券回购交易的通知》后，获准进入银行间债券市场的境外人民币业务清算行和境外参加银行可开展债券回购交易，这在一定程度上改善了离岸债市的资金流动性，有效地提高了离岸人民币债券收益率变动率对在岸人民币债券收益率变动率的溢出效应，从而使得从 2015 年 5 月下旬开始，离岸市场对在岸市场出现正的净溢出效应。然而，随着 2016 年 5 月 27 日《境外机构投资者投资银行间债券市场备案管理实施细则》的颁布实施，境内银行间债券市场的投资者类型和交易工具不断拓宽，相关投资程序不断简化，有效地提高了在岸债券市场的流动性，从而使得在岸市场对离岸市场的收益率变动率溢出指数不断上升，并超过后者对前者的溢出指数，因此，自 2016 年 5 月下旬起，离岸市场对在岸市场的收益率变动率净溢出效应再次变为负值。此外，从离岸市场对在岸市场收益率变动率净溢出指数的变动情况来看，尽管样本期间的大多数时期，该数值均为正，且正值远高于负值，但是随着境内资本账户开放进程的推进，离岸市场对在岸市场收益率变动率的净溢出指数则持续为负，意味着近年来在岸人民币债券市场开始逐步掌握一定的"定价权"。

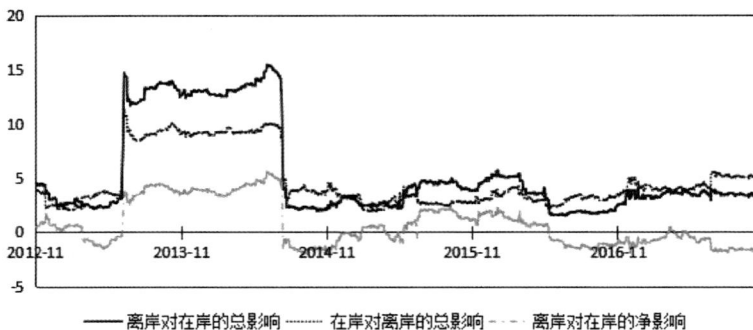

图 4-2 离岸与在岸债券收益率变动率方向性与净溢出指数的动态路径（单位：%）

其次，就收益率波动率的溢出效应而言，从图 4-3 可以看出，在岸市场与离岸市场之间的方向性溢出程度以及离岸市场对在岸市场的净溢出程度均表现出明显的震荡型变化趋势。具体而言，样本期伊始，在岸市场对离岸市场收益率波动率的溢出指数以及后者对前者的溢出指数均显著上升，尤其 2013 年 3 月之后，在岸债券对离岸债券收益率波动率的溢出指数上升幅度更大，峰值甚至达到 9.49%，同时两个市场之间的净溢出效应则表现为在岸市场对离岸市场持续的正向溢出。然而，随着在岸与离岸债券市场之间套利空间的逐步收窄，两个市场之间联动性显著下降，突出表现为在岸与离岸市场之间的方向性溢出指数均出现显著下降，同时在岸市场对离岸市场的净溢出效应不断走低，甚至后者对前者开始表现出正的净溢出。2014 年 9 月至 11 月，随着"沪港通"从全网测试走向正式启动运行，沪港股票市场互联互通逐步推进，大大促进了在岸与离岸市场之间的资金流动，在此期间两个市场人民币债券收益率波动率的联动程度显著上升，在岸市场对离岸市场以及后者对前者的溢出指数均不断上升，且在岸市场的方向性溢出指数上升幅度相对更大，同时离岸市场对在岸市场的净溢出再次转变为负值。但是，随后两个市场之间的溢出指数又出现明显降低，市场联动性再次下降，尽管如此，在岸市场在收益率波动溢出中依然占据主导地位。

自 2015 年 8 月 11 日起，伴随着在岸市场人民币汇率形成机制改革的推进，在岸和离岸人民币汇率均出现了较大波动，致使在岸与离岸人民币汇差拉大，两个市场之间的套利与套汇空间再次拓宽，从而在岸与离岸人民币债券市场间的联动性再次攀升，在岸市场对离岸市场的波动溢出以及后者对前者的波动溢出指数均达到 11.90% 左右的历史性峰值。但是，随着人民币汇率贬值预期的不断增强，在岸与离岸人民币债券市场收益率波动率的联系紧密程度再次下降，两个市场的方向性溢出指数长期维持在 5% 以下，且有不断收敛之势，离岸市场对在岸市场的净溢出指数则稳定在 0 刻度线上下小幅变动。但是随着 2017 年 7 月初"债券通"的正式启动，境外投资者可以通过"北向通"投资于境内银行间债券市场，在这一政策影响下，在岸与离岸人民币债券收益率波动率的方向性溢出指数均再次攀升，同时在岸市场对离岸市场正向的净波动溢出指数也不断上升。总体来看，在收益率波动率层面，样本期间，在岸与离岸人民币债券市场的联动程度变化显著受到境内外市场环境以及境内资本账户开放进程的影响，在频繁波动下略有提升，且在样本期间的大多数时期内，在岸市场对离岸市场的溢出程度显著高于后者对前者的溢出程度，这与静态分析中离岸市场对在岸市场收益率波动率的净溢出指数平均为负的结论基本一致。

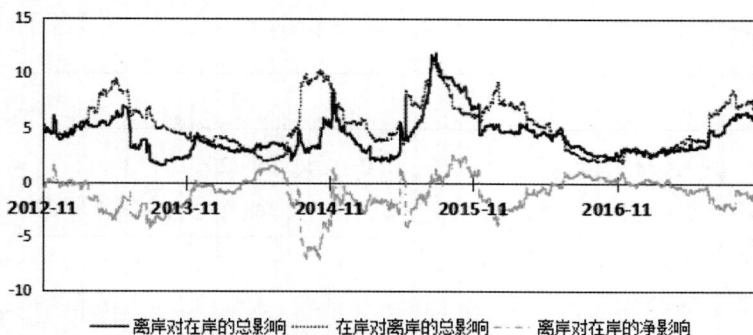

图 4-3　离岸与在岸债券收益率波动率方向性与净溢出指数的动态路径（单位：%）

第三节　离岸人民币市场对境内外汇储备与短期跨境资本流动的动态冲击效应

本节从在岸与离岸人民币汇差与利差以及在岸市场上持续的人民币升贬值预期入手，实证研究由此所引致的套利与套汇行为对境内外汇储备和短期跨境资本流动的动态冲击效应。

一、离岸人民币市场影响资本跨境流动的作用机理

跨境贸易人民币结算的实施和香港离岸市场的快速发展，使得香港离岸人民币（CNH）市场与在岸人民币（CNY）市场同时并存，并形成了不同的人民币汇率和资产收益率。在资本可以相对自由流动的条件下，两个市场上的汇率和收益率差异所引发的套汇和套利活动[①]，对在岸外汇市场的国际资本存量产生重要影响。

（一）离岸套汇对跨境资本流动的作用机制

1. 离岸和在岸即期汇差对境内外汇储备的影响

自 CNH 市场建立以来，在大部分时期内，离岸市场上的人民币现汇价格显著高于在岸市场的人民币汇价，此时进口企业倾向于选择在 CNH 市场上购入美元以支付进口货款，而出口企业则倾向于选择美元进行收付并在 CNY 市场上出售所收到的美元，造成人民币用于进口支付的规模高于出口收入的规模，使得香港和内地之间的跨境人民币贸易结算表现为严重的"跛足"现象。而当 CNH 市场上人民币现汇价格低于在岸市场时，进口人民币支付规模急剧下降，"跛足"现象明显改善。如在跨境贸易人民币结算试点之初，根据中国人民银行的数据，在香港人民币现汇价格显著高于内地的 2010 年 1 月至 2011 年 3 月，跨境贸易人民币结算的付收比平均保持在 5：1 以上，而在 2011 年下半年，尤其是 9 月以后，伴随 CNH 市场上人民币的贬值，"跛足"的跨境贸易人民币结算显著改善，2011 年第二和第三季度，跨境贸易人民币结算付收比降为 2.9：1 和 1.67：1。"跛足"现象的直接结果就是中国外汇储备存量的不断攀升。

进口人民币支付的增加，将不断增加香港离岸市场上的人民币供给，从而导致 CNH 即期贬值。但在岸外汇市场存在大量的外汇干预，使得市场持续保持对人民币升值的预期，当人民币升值预期增强时，可

---

① 张明和何帆（2012）从在岸与离岸市场现汇价差、持续的人民币升值预期、基于人民币信用证的内保外贷和内地企业在港发行人民币债券等四个方面详细分析了人民币的在岸离岸套利现象。本节将借鉴这一分析框架，进一步研究在岸和离岸套汇和套利行为对中国在岸外汇市场上国际资本存量变动的作用机理。

能引发香港市场上人民币投机需求的上升，进而推高 CNH 现汇价格，甚至可能进一步拉大 CNH 与 CNY 的即期价差，从而导致中国外汇储备存量的加速上升。

2. 人民币升值预期对在岸外汇供给的影响

在人民币升值预期下，投资者通过增加人民币头寸、减少美元头寸，在获取套汇和套利收益的同时，影响在岸外汇市场的资本存量。具体而言，可分为以下三种机制：

第一，内地外贸企业和境内金融机构的套汇行为，增加了即期净外汇供给。就内地外贸企业而言，当存在强烈的人民币升值预期时，出口企业通过提前结汇，进口企业通过延迟付汇，获取人民币升值的收益（张斌和徐奇渊，2012）。结果是，增加了即期外汇市场上的净外汇供给。对于境内金融机构而言，在人民币升值预期下，客户对美元的需求上升，因此，增加从境内金融机构的美元贷款，使得金融机构处于即期外汇空头、远期外汇多头状态。为规避人民币升值的风险，金融机构则在即期外汇市场卖出远期外汇多头头寸，从而也增加了即期外汇市场上的净供给。

第二，境外金融机构在在岸外汇市场上的投机行为，也增加了即期净外汇供给。与内地金融机构的套汇行为不同，境外金融机构或其在内地的分支机构的外汇操作更多的是一种投机行为。在人民币升值预期下，境外金融机构通过在即期市场上卖出远期多头头寸，以获取人民币升值的收益，同时也增加了即期净外汇供给。

第三，香港市场上的企业或金融机构的套汇行为，增加了在岸市场上的外汇储备规模。在人民币升值预期下，该类企业或金融机构在即期市场借入美元并买入人民币，与此同时在远期市场上卖出人民币并买入美元。此类套汇行为的结果是离岸市场上即期人民币需求增加，使 CNH 市场上即期人民币价格上升，拉大 CNH 与 CNY 即期汇差，刺激进口人民币支付的上升，从而使中国外汇储备规模不断扩大。同时，远期人民币供给增加将压低 CNH 市场上人民币的价格，从而缩小 CNH 市场上的人民币汇差，使套汇空间消失。但由于内地的大量外汇市场干预，人民币单边升值预期将持续存在，吸引大量投资者购买远期人民币，降低远期人民币价格下降的压力，使得套汇交易可以长期持续。

（二）离岸套利对跨境资本流动的作用机制

1. 基于人民币备付信用证的"内保外贷"增加了在岸外汇的累积

自香港离岸人民币市场建立以来，在岸与离岸人民币市场上存在显著持续的利差，且大多数时期内，在岸市场利率高于离岸市场利率。以 2011 年 9 月初的人民币贷款市场为例，彼时香港市场的人民币贷款利率在 2%~3%，而企业在境内银行的贷款利率一般在 6%~8%（丁玉萍，2011），内地人民币贷款利率显著高于香港人民币贷款利率，为内地企业利用基于人民币备付信用证的"内保外贷"套利提供了动力。

内地企业将人民币以存款的方式抵押给内地银行，要求银行开具人民币备付信用证，并以贸易为由，用该信用证向其在香港的关联企业付款。该香港企业以此信用证为抵押担保，向香港银行申请贷款进行融资。如果该笔贷款以美元计价，香港企业可以将其调入内地并结汇成人民币，然后再以人民币定期存款的方式抵押给内地银行，开取备付信用证，与此同时内地商业银行将该笔外汇转售给中央银行。如此循环的结果造成了央行的外汇储备剧增。此外，香港企业也可以将该笔美元贷款留在香港，以获取人民币升值的收益，这也将增加境内央行的外汇储备。若该笔贷款以人民币计价，香港企业在将其调回内地后可以用其支付从内地的进口，而无须购汇，从而间接增加了境内央行的外汇储备累积。

2. 内地企业通过在港发行人民币债券的套利助推了境内金融市场投机

由于香港实行联系汇率制，其基准存贷利率与美元挂钩，企业与金融机构在香港发行人民币债券利率，显著低于其在内地发行人民币债券利率（张明和何帆，2012），从而吸引大量企业或金融机构到香港市场发行人民币债券。这种低成本融资行为所获得的人民币债券，在回流内地时，尽管不会对中央银行的外汇储备产生额外增加的压力，但是将使境内货币供给增加，进而导致资产价格上升，并刺激金融市场投机（Xu 和 He，2016）。

总之，只要离岸人民币价格高于在岸人民币价格，或人民币升值预期继续持续，或内地资产收益率高于香港的收益率，以上套利和套汇活动将继续进行下去，并通过不同的渠道增加境内央行的外汇储备累积或引发投机行为。当人民币升值预期和在岸离岸市场人民币价差发生逆转时，"跛足"的跨境贸易人民币结算将显著改善，香港离岸市场上人民币存款将显著下降①。以上结果也表明，基于套利行为的跨境资本流入具有典型的投机特征，因此可以视为"热钱"。

二、离岸人民币市场对跨境资本流动影响的实证检验

（一）模型设定、变量说明与数据来源

1. 计量模型构建

为了进一步探讨离岸市场发展对境内外汇储备和跨境资本流动的影响程度，本书构建时变参数向量自回归（TVP-VAR）模型。相较于固定参数向量自回归模型，该模型不仅可以考察变量之间的动态影响，也可以分析不同时点的动态冲击效应，具有更强的解释能力（Primiceri，2005）。模型的基本形式为：

$$Y_t = X_t\beta_t + A_t^{-1}\sum\nolimits_t \varepsilon_t, \quad t = s+1,\cdots,n \tag{4-23}$$

其中，$Y_t = (DE_t, DI_t, EE_t, RESERVE_t)'$（记为模型 I）或 $Y_t = (DE_t, DI_t, EE_t, SCF_t)'$（记为模型 II），$DE_t$、$DI_t$、$EE_t$、$RESERVE_t$ 和 SCF_t 分别表示在岸与离岸市场人民币汇差、在岸与离岸市场人民币利差、人民币汇率预期、境内外汇储备规模和短期跨境资本流动。$X_t = I_k \otimes (Y'_{t-1}, Y'_{t-2}, \cdots, Y'_{t-s})$，$\otimes$ 为克罗内积，β_t 是 $k^2s \times 1$ 维列向量，A_t、$\sum_t$ 均为 $k \times k$ 维矩阵，且矩阵 β_t、A_t、$\sum_t$ 都是时变的，$\varepsilon_t \sim N(0, I_k)$。

此外，模型中结构冲击之间相互独立，即 $\sum_t = \mathrm{diag}(\sigma_{1t}, \cdots, \sigma_{kt})$。一般地，为减少模型的待估参数个数，可将矩阵 A_t 中的非 0

---

① 根据香港金融管理局的统计，2015 年 8 月 11 日人民币汇率形成机制改革后，伴随在岸人民币汇率的不断贬值以及人民币兑美元升值预期的逆转，香港人民币存款规模显著下降，2015 年 8 月至 2017 年 5 月，香港人民币存款月均下降率达到 2.79%。2017 年 5 月，伴随人民币兑美元汇率中间价定价机制中逆周期因子的引入，人民币兑美元持续贬值预期出现逆转，香港人民币存款规模又开始稳步上升，至 2018 年 5 月已增至 6 009.24 亿元人民币，同比增长了 14.51%。

和非 1 元素堆叠为一个行向量，即 $\alpha_t = (a_{21,t}, a_{31,t}, a_{32,t}, \cdots, a_{kk-1,t})$。设 $h_t = (h_{1t}, h_{2t}, \cdots, h_{kt})'$ 表示对数波动率矩阵，其中，$h_{jt} = \ln\sigma_{jt}^2$（$j = 1, 2, \cdots, k; t = s + 1, \cdots, T$）。

假定时变待估参数均服从随机游走过程：

$$\beta_{t+1} = \beta_t + \mu_t^\beta, \alpha_{t+1} = \alpha_t + \mu_t^\alpha, h_{t+1} = h_t + \mu_t^h \tag{4-24}$$

且

$$\begin{bmatrix} \varepsilon_t \\ \mu_t^\alpha \\ \mu_t^\beta \\ \mu_t^h \end{bmatrix} \sim N \left\{ 0, \begin{bmatrix} I_k & 0 & 0 & 0 \\ 0 & \sum^\alpha & 0 & 0 \\ 0 & 0 & \sum^\beta & 0 \\ 0 & 0 & 0 & \sum^h \end{bmatrix} \right\} \tag{4-25}$$

其中，$\sum^\alpha$、$\sum^\beta$ 和 $\sum^h$ 为对角形矩阵，表示不同方程的同期关系相互独立。同时，假定初始值 $\beta_{s+1} \sim N(\mu_0^\beta, \sum_0^\beta), \alpha_{s+1} \sim N(\mu_0^\alpha, \sum_0^\alpha), h_{s+1} \sim N(\mu_0^h, \sum_0^h)$。

2. 模型估计的冲击设定

本研究在多维视角下考察离岸套利对外汇储备和短期跨境资本流动的时变冲击效应，并进行如下冲击设定：

（1）设置提前 3 期、提前 6 期、提前 12 期分别表示在岸与离岸汇差、利差和人民币汇率预期冲击的短、中、长期影响。

（2）选取 2011 年 9 月、2013 年 10 月和 2015 年 8 月设置时点冲击，刻画在岸与离岸汇差、利差和人民币汇率预期在不同时点的异质性冲击效应。

3. 变量说明、数据来源与处理

（1）在岸与离岸人民币汇差（DE_t）：本节采用 CNY 即期汇率与 CNH 即期汇率之差进行衡量。其中在岸和离岸即期汇率以直接标价法表示，数据来源于 Thomson Reuters。

（2）在岸与离岸人民币利差（DI_t）：采用上海银行间人民币隔夜同业拆借利率（Shibor）与香港银行间人民币隔夜同业拆借利率（Hibor）之差测度，数据来源于 Wind 金融终端。

（3）人民币汇率预期（EE_t）：以 1 年期限 NDF 汇率与 CNY 即期汇

率之差进行测度，数值为正表示贬值预期，数值为负表示升值预期。1年期限 NDF 汇率数据来源于 Wind 金融终端。

（4）短期资本流动（SCF_t）：借鉴张明（2011b）的研究，采用外汇占款增量减去货物贸易顺差再减去实际利用 FDI 对短期资本流动进行测算。外汇占款增量、货物贸易顺差与实际利用 FDI 数据均来源于 Wind 金融终端。

（5）外汇储备（$RESERVE_t$）：采用国家外汇管理局公布的外汇储备规模数据进行衡量。为消除时间序列中可能存在的异方差，本书对 $RESERVE_t$ 进行自然对数转换①。

鉴于数据的可得性，本节选取 2010 年 10 月至 2017 年 9 月的月度数据进行分析。对于以日度频率公布的 CNH 即期汇率、CNY 即期汇率、1 年期限 NDF 汇率、上海银行间人民币隔夜同业拆借利率和香港银行间人民币隔夜同业拆借利率，本书采用 Eviews 9.0 软件的平均法将其转换为月度数据。

（二）实证结果与分析

1. 单位根检验和协整关系检验

为了避免伪回归现象，首先采用 ADF 统计量进行单位根检验，如果拒绝存在单位根的原假设，则认为序列平稳。ADF 单位根检验结果表明所有序列均为一阶单整过程。Johansen 协整检验的结果显示，在 5% 显著水平上，$RESERVE_t$ 与 DE_t、DI_t、EE_t 之间，SCF_t 与 DE_t、DI_t、EE_t 之间均存在协整关系。因此，建立 TVP-VAR 模型不会出现伪回归现象。

2. TVP-VAR 模型估计结果与分析

本节采用 OxMetrics6 软件对模型 I 和模型 II 进行估计，根据 AIC 和 SC 信息准则确定该两个模型最优滞后阶数均为 2，采用 MCMC 方法抽样 10 000 次，得到参数估计结果（见表 4-8）。

表 4-8 给出了后验分布的均值、标准差、95% 置信区间上下限、Geweke 收敛诊断值（CD）和非有效因子。从中可以看出，模型 I 和模型 II 的 Geweke 收敛诊断值（CD）均小于该统计量 5% 显著水平上的

① 其他变量序列中均存在负数，因而无法进行对数转换。

表 4-8　　　　　　TVP-VAR 模型参数抽样和估计结果

	均值	标准差	95%置信区间下限	95%置信区间上限	CD诊断值	非有效因子
模型I						
sb1	0.022	0.002	0.018	0.028	0.268	4.410
sb2	0.020	0.002	0.016	0.025	0.002	64.290
sa1	0.085	0.037	0.042	0.181	0.167	40.130
sa2	0.294	0.737	0.042	2.008	0.193	98.110
sh1	0.762	0.231	0.188	1.153	0.000	238.520
sh2	0.450	0.142	0.216	0.765	0.057	47.450
模型II						
sb1	0.022	0.002	0.018	0.028	0.720	10.940
sb2	0.022	0.002	0.018	0.028	0.010	11.120
sa1	2.534	24.277	0.041	17.522	0.155	21.460
sa2	0.143	0.459	0.040	0.570	0.290	27.710
sh1	1.075	0.204	0.659	1.442	0.000	233.610
sh2	0.236	0.168	0.066	0.726	0.098	113.750

注：sb1、sb2、sa1、sa2、sh1、sh2 分别表示后验分布前两个对角线元素的估计结果。

临界值 1.96，因此得到的抽样样本收敛；非有效因子表示得到不相关样本所进行的抽样次数，即非有效因子均比较小，说明得到了有效的样本。因此，本节所使用的 TVP-VAR 模型参数估计得出的是平稳、有效的样本。基于此，可以使用 TVP-VAR 模型估计结果分析在岸与离岸人民币套汇与套利对外储储备和短期资本流动的动态冲击效应。

（1）离岸市场对外汇储备的动态冲击效应

图 4-4 为在岸与离岸汇差提前期冲击和时点冲击对外汇储备的脉冲响应函数，其中左图为汇差提前期冲击对外汇储备的脉冲响应函数，右图为汇差时点冲击对外汇储备的脉冲响应函数。

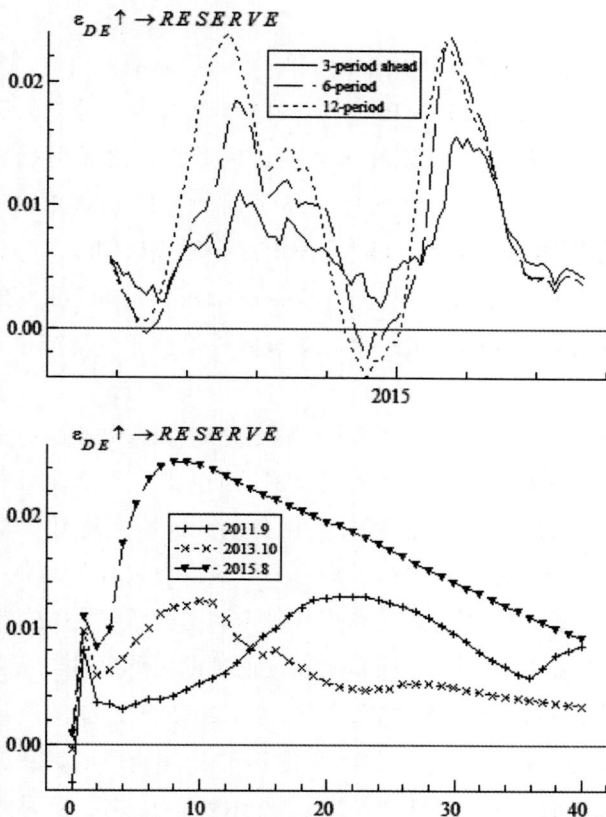

图 4-4　汇差提前期冲击和时点冲击对外汇储备的脉冲响应函数

　　由图 4-4 可知，汇差提前期冲击和时点冲击对外汇储备的脉冲响应函数总体均为正，说明在岸与离岸人民币汇差扩大促进了中国境内外汇储备规模扩大，符合理论预期。汇差提前期冲击的脉冲响应函数呈现明显的非对称特征，主要表现在：第一，走势总体呈现"M"形特征，具体地，2011 年 4 月至 2012 年 9 月、2014 年 7 月至 2015 年 10 月，脉冲响应函数表现为正响应上升或负响应下降，2012 年 10 月至 2014 年 6 月、2015 年 11 月至 2017 年 9 月则表现为正响应下降或负响应上升。这表明在岸与离岸人民币汇差引致的套汇活动具有明显的投机性和逐利性，对外汇储备具有时变效应，并加剧了外汇储备波动性。第二，短期脉冲响应函数的波动幅度小于中长期脉冲响应函数的波动幅度，因此，中国人民银行和国家外汇管理局应加强防范汇差冲击在中长期引致的外汇储备剧烈波动风险。

　　汇差时点冲击对外汇储备的脉冲响应函数当期为负值，随后迅速上升，2011 年 9 月、2013 年 10 月和 2015 年 8 月时点冲击的脉冲响应函数分别在第 22 期、第 10 期和第 8 期达到最大，之后缓慢减弱，至第 40 期时渐近趋于 0。但是，2015 年 8 月时点冲击的脉冲响应函数值始终最大，说明 2015 年 8 月 11 日人民币汇率形成机制改革后，在强烈的人民币单边贬值预期影响下，人民币在岸与离岸市场汇差出现显著变化，套汇方向发生逆转，汇差冲击对境内外汇储备变动产生较为显著而持久的影响。

　　图 4-5 为在岸与离岸人民币利差提前期冲击和时点冲击对外汇储备的脉冲响应函数，其中左图为利差提前期冲击对外汇储备的脉冲响应函数，右图为利差时点冲击对外汇储备的脉冲响应函数。从图 4-5 可以看出，在岸与离岸利差提前期冲击和时点冲击对外汇储备的脉冲响应函数总体均为正，表明在岸与离岸人民币利差扩大显著增加了境内外汇储备，符合理论预期。一方面，利差提前期冲击的脉冲响应函数具有显著的时变性，整体亦呈现 "M" 形走势，2015 年之前的脉冲响应函数表现出强烈的小幅度震荡，2015 年之后的脉冲响应函数上升或下降态势较为平稳。具体地，2011 年 2 月至 2012 年 12 月，脉冲响应函数在震荡中上升；2013 年 1 月至 2014 年 10 月，脉冲响应函数在震荡中下降；2015 年 1 月至 2015 年 12 月，脉冲响应函数迅速上升并达到峰值；2016 年 1 月至 2017 年 2 月，脉冲响应函数迅速下降并趋近于 0。这表明在岸与离岸利差驱动的套利活动在显著促进境内外汇储备规模攀升的同时，也加剧了外汇储备波动。

　　另一方面，利差不同时点冲击的脉冲响应函数当期为正值，但随后各自的走势并不一致。2015 年 8 月时点冲击的脉冲响应函数先迅速上升，在第 11 期达到峰值，随后逐渐下降并在第 40 期渐近趋于 0。2011 年 9 月和 2013 年 10 月时点冲击的脉冲响应函数均先缓慢上升，并分别在第 24 期和第 10 期达到峰值，随后在小幅波动中渐近趋于 0。值得注意的是，2015 年 8 月时点冲击的脉冲响应函数始终最大，说明 "8.11" 汇改后利差冲击对境内外汇储备变动具有不容忽视的影响。

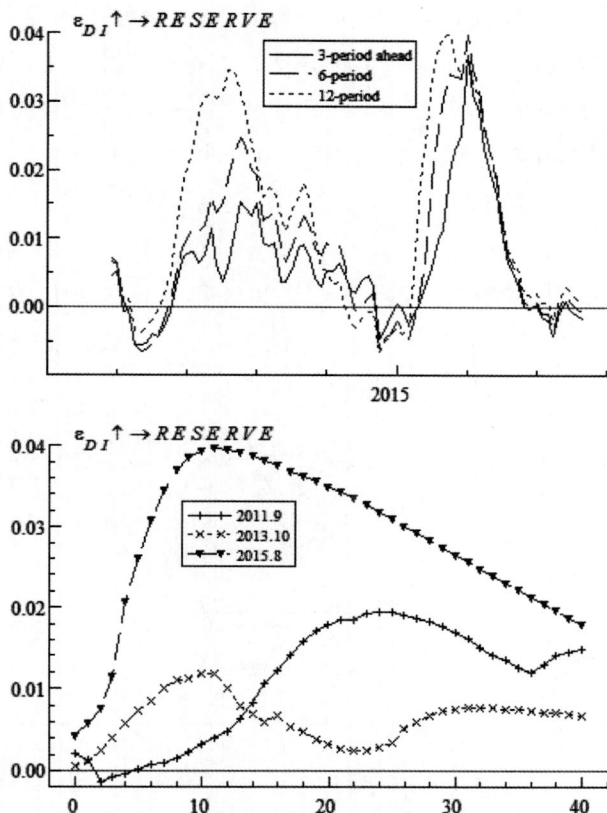

图 4-5　利差提前期冲击和时点冲击对外汇储备的脉冲响应函数

图 4-6 左图和右图分别展示了人民币汇率预期提前期冲击与时点冲击对外汇储备的脉冲响应函数。观察该图可以发现，两种汇率预期冲击对外汇储备的脉冲响应函数值均为负，表明人民币升值预期促进了境内外汇储备规模扩大，与理论预期一致。首先，就提前期冲击而言，左图显示，人民币汇率预期对外汇储备的短期影响较小且比较平稳，中期的影响程度和波动幅度均有所上升，而长期影响程度则显著增加，并出现较为剧烈的波动，总体上呈现"W"形走势。具体地，2010 年 10 月至 2012 年 2 月和 2014 年 6 月至 2015 年 6 月，人民币升值预期对外汇储备的促进作用逐渐增强；2012 年 3 月至 2014 年 5 月和 2015 年 7 月至 2016 年 10 月，人民币升值预期对外汇储备的正效应逐步减弱。这表明人民币汇率预期对外汇储备的影响随时间推移而逐渐凸显，并呈现较

大的波动性，具有明显的时滞效应。

其次，就时点冲击而言，右图表明，汇率预期时点冲击对外汇储备的脉冲响应函数值当期接近 0，随后的脉冲响应函数先迅速下降后缓慢上升，并在第 40 期趋近于 0。其中，2013 年 10 月时点冲击的脉冲响应函数在第 12 期达到波谷，之后出现小幅震荡；2011 年 9 月和 2015 年 8 月时点冲击的脉冲响应函数走势相似，响应值分别在第 21 期和第 12 期达到最小值，且影响程度较强，表明 2011 年 9 月和 2015 年 8 月之后，人民币的阶段性贬值预期对境内外汇储备变动具有较为显著的影响。

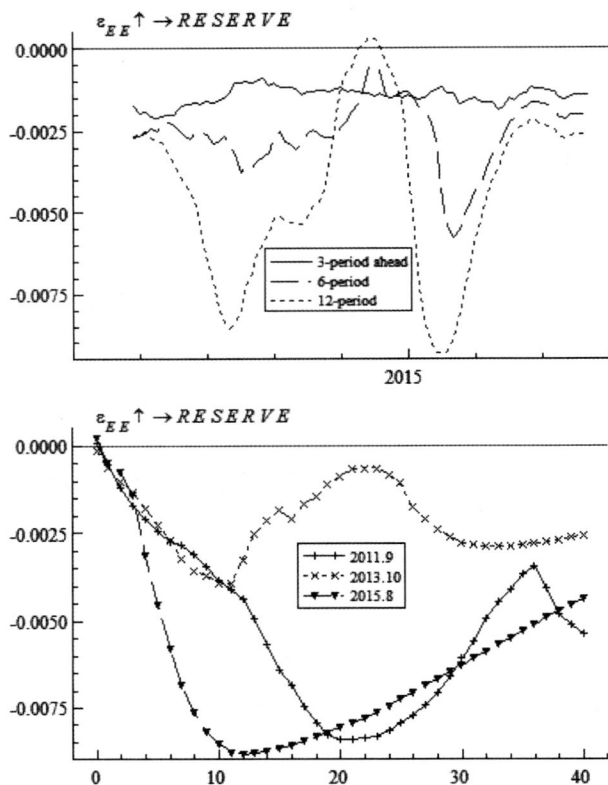

图 4-6　汇率预期提前期冲击和时点冲击对外汇储备的脉冲响应函数

综上所述，在岸与离岸人民币汇差、利差扩大以及人民币升值预期均显著促进了境内外汇储备规模扩大。就影响程度而言，在岸与离岸人民币利差冲击对外汇储备的影响最大，汇差冲击的影响程度次之，人民币汇率预期冲击的影响最小；且三者的长期冲击对外汇储备的影响程度均为最大，短期冲击的影响则均为最小。此外，尽管在岸与离岸人民币汇差、利差以及人民币升值预期对中国境内外汇储备变化的影响均具有一定的波动性，但是相对而言，利差冲击引致外汇储备规模变化的波动程度最大，其次为汇差冲击，在人民币汇率预期的冲击下，境内外汇储备规模变化的波动程度最小。

（2）离岸市场对短期资本流动的动态冲击效应

在岸与离岸人民币汇差、利差以及人民币汇率预期冲击对短期资本流动的脉冲响应函数分别如图4-7、4-8、4-9所示。其中各图中左图分别为在岸与离岸人民币汇差、利差和人民币汇率预期提前期冲击对短期资本流动的脉冲响应函数；右图则分别为上述三个变量时点冲击对短期资本流动的脉冲响应函数。

第一，就在岸与离岸人民币汇差的冲击而言，图4-7显示，一方面，汇差提前期冲击对短期资本流动的脉冲响应函数正负交替，但以正值为主，且短、中、长期影响的走势较为一致。具体而言，汇差提前期冲击对短期资本流动的负效应主要集中于2013年1月至2014年8月，而2010年10月至2012年12月和2014年9月至2017年2月期间，汇差冲击对短期资本流动的影响则以正效应为主。这表明在岸与离岸人民币汇差对短期资本流动的影响呈现不确定性，并增加了短期资本流动波动率，但从整个样本期来看，汇差促进了短期资本流入。

另一方面，汇差时点冲击对短期资本流动的脉冲响应函数当期接近0，但随后的走势出现差异。其中，2011年9月和2015年8月时点冲击的脉冲响应函数比较一致，呈现先快速上升并在第4期达到峰值，随后迅速下降，第10期之后在正负值之间呈现小幅度"锯齿"形波动的态势；而2013年10月时点冲击的脉冲响应函数当期为负值，随后出现下降并于第2期负响应达到最大，之后迅速上升，在第4期变为正值，第5期达到峰值，然后缓慢下降并在第15期及之后的时期内一直接近于0。因此，2011年9月和2015年8月时点冲击促进了短期资本流入境内，且具有较强的时滞效应。

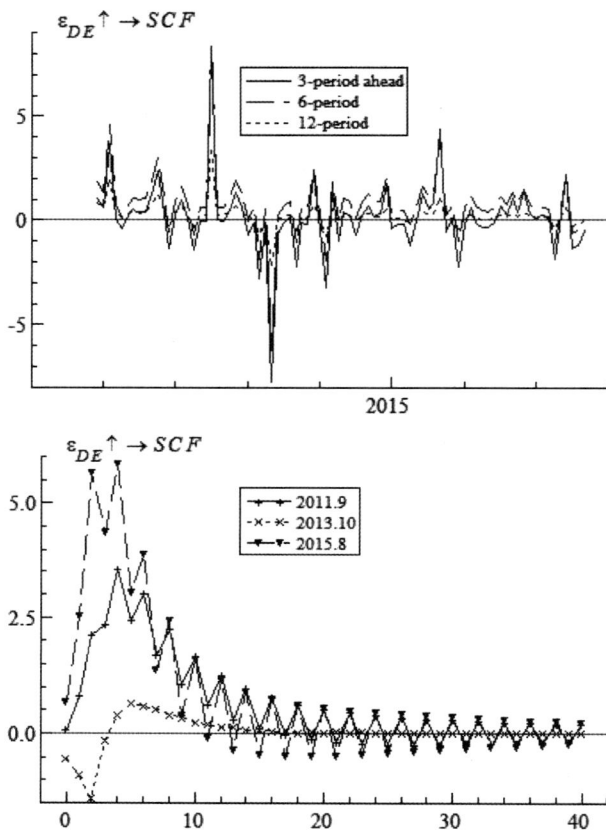

图 4-7 汇差提前期冲击和时点冲击对短期资本流动的脉冲响应函数

第二，在在岸与离岸人民币利差的冲击方面，根据图 4-8，首先，利差不同提前期冲击对短期资本流动的脉冲响应函数均为正值。从短、中、长期的差异化影响来看，短期正效应最强，中期影响程度次之，长期正效应明显减小且几乎接近 0。从脉冲响应函数的走势来看，利差不同提前期冲击对短期资本流动的影响随时间推移均呈现减弱态势。这意味着在岸与离岸人民币利差促进了境内的短期资本流入，但这一正效应随着时间推移而逐步削减。

其次，利差不同时点冲击对短期资本流动的脉冲响应函数走势较为一致，当期的脉冲响应函数均为正值，初期先迅速上升，在第 4 期达到峰值，随后在震荡中下降，并在第 11 期接近 0，之后的脉冲响应函数在正负值之间呈"锯齿"形小幅度波动，从而进一步佐证了在岸与离岸人民币利差冲击促进了中国短期资本流入且促进效应随着时间的推移而逐步下降这一结论。

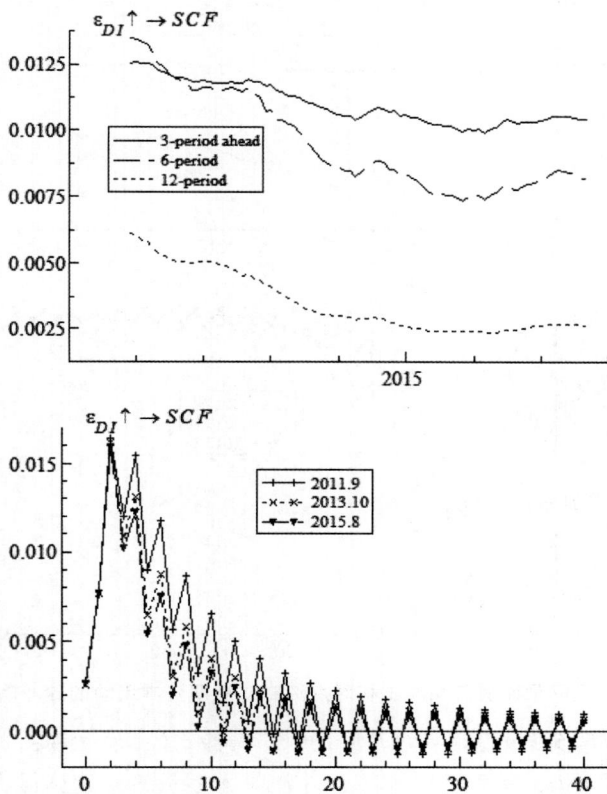

图 4-8　利差提前期冲击和时点冲击对短期资本流动的脉冲响应函数

　　第三，就人民币汇率预期的冲击而言，从图 4-9 可以看出，人民币汇率预期不同提前期冲击的脉冲响应函数均为负值，表明人民币升值预期显著促进了境内的短期资本流入。从短、中、长期的差异化影响来看，中期负效应最强，短期影响程度次之，长期负效应最弱。从脉冲响应函数的走势来看，汇率预期冲击对短期资本流动的短期影响比较平稳，基本维持在-0.042 左右，即人民币汇率预期一单位标准差的正向冲击将促进短期资本流入 4.2%；汇率预期冲击对短期资本流动的中长期影响均随时间推移呈现减弱态势。

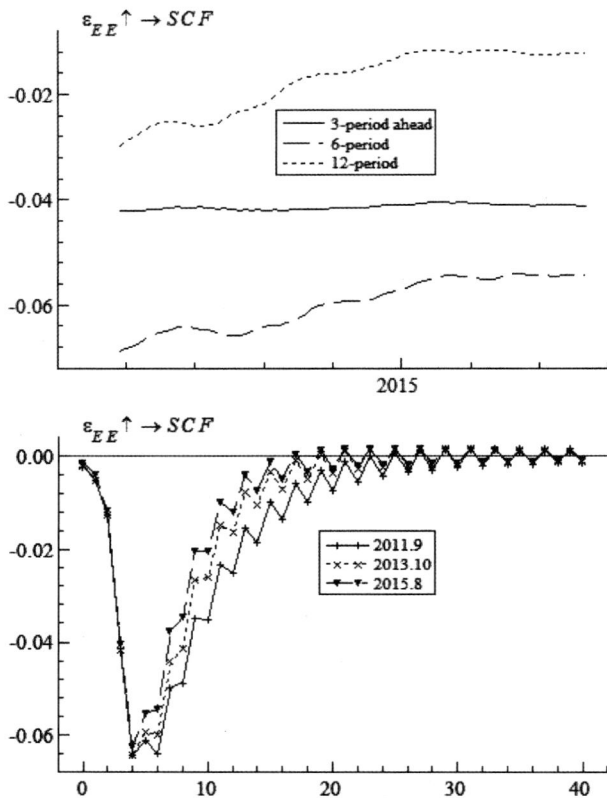

图 4-9　汇率预期提前期冲击和时点冲击对短期资本流动的脉冲响应函数

汇率预期不同时点冲击的脉冲响应函数走势基本一致，当期的脉冲响应函数接近 0，随后迅速下降，并在第 4 期负效应达到最大，然后在震荡中逐渐上升，第 20 期以后则在 0 值上下呈"锯齿"形小幅度波动。这也进一步佐证了人民币升值预期显著促进了中国境内的短期资本流入，并且其滞后效应呈"增强—减弱"之势。

总体而言，就在岸与离岸人民币汇差、利差和人民币汇率预期对中国境内短期资本流动的影响而言，汇差及利差的扩大以及人民币升值预期均促进了短期资本流入，其中汇差冲击的影响程度最大，但呈现一定的不确定性，人民币升值预期冲击的影响程度次之，利差冲击的正效应最为微弱。此外，汇差和利差的中长期冲击对短期资本流动的影响程度远高于短期冲击的影响，且长期冲击的影响也高于中期冲击的影响，但是在汇率预期冲击对短期资本流动的影响方面，中期冲击的影响程度最大，长期冲击的影响则最小。在冲击影响程度的变动趋势方面，上述三个变量冲击对短期资本流动的影响程度均随时间的推移而下降，但是利差和汇率预期提前期冲击的影响效应走势较为平稳，而汇差提前期冲击的影响效应则呈现较大的波动性。

第五章 离岸人民币市场的风险评估与预警

　　前文的分析已经表明，近年来随着境内资本管制的放松和人民币跨境流通渠道的不断拓宽，离岸人民币业务种类日益丰富，业务规模持续攀升，离岸市场与在岸市场的联系愈加紧密，人民币离岸市场发展已经对境内货币供给量、利率、汇率、股票价格、债券收益率、外汇储备和短期跨境资本流动等产生了显著的影响。在这一背景下，随着离岸人民币市场向纵深发展，其是否会威胁境内货币和金融稳定成为学术界关注的焦点，并引发了广泛争论。因此，本章将在前文研究的基础上，进一步识别离岸人民币市场的风险，并建立符合人民币离岸市场特征的风险预警系统，对其进行评估和预警。

第一节　离岸人民币市场的风险表现

　　在境内资本账户尚未完全开放的背景下，建立和发展离岸人民币市场不仅有助于促进人民币的国际使用，还可以为境内资本账户的渐进开放提供缓冲，甚至有助于境内当局利用离岸市场的价格发现功能，稳步推进利率和汇率市场化改革。但是如果境内市场的建设与改革步伐不能与离岸市场有效对接和协同发展，离岸人民币市场的快速发展将可能冲击境内货币和金融稳定（乔依德等，2014）。离岸市场发展可能使银行体系的信用风险和流动性风险上升，使在岸人民币汇率过度波动、跨境资本异常流动，这会降低境内货币政策的有效性或独立性，使境内资产价格过度波动、货币替代程度上升以及产生金融危机传染风险等。

一、银行体系的信用风险和流动性风险上升

首先，银行在离岸市场上的服务对象较为广泛和复杂，而不同对象的资信状况与信用质量各不相同，且调查成本又高，这无疑增加了银行在开展贷款或投资项目时对对方信用质量和资信状况评估的难度，且在贷款或项目投资发生后，银行也难以对其进行有效监控，从而可能增加银行产生呆账或坏账的可能。由于目前离岸人民币市场上传统银行业务占据较大比例，因此，相对而言，当前离岸市场上银行所面临的这一信用风险不容忽视。

其次，离岸市场较为宽松的监管环境加大了离岸金融机构资产负债管理失误的可能性，银行业金融机构可能将大部分资产投入高风险高回报项目，同时银行又可从国际银行同业拆入大量外汇资金，而离岸金融交易中的信息不对称性强，极易借贷过度，催生资产泡沫风险（曾之明，2012）。

再次，离岸人民币市场的建立，为境内银行用本币进行国际借贷提供了机遇，当境内银行可以直接用本币进行跨境贷款时，许多此前没有条件参与国际借贷活动的中小银行也可以加入到这类活动中（He 和McCauley，2010）。当然，中小银行通过银团贷款的方式与大银行一起进行跨境贷款，有助于分散大银行的风险，进而减少系统风险，但是从另一个角度看，离岸市场风险也因此更深地渗透于银行系统（李晓和付争，2011）。

最后，作为离岸外汇市场的做市商，当外汇市场人民币供不应求时，银行提高报价自然就会产生内生性交易流动性风险；同时，由于离

岸市场人民币外汇交易相对较为活跃，外汇市场的高昂买卖价差又会产生外生性交易流动性风险。此外，在离岸市场上，存款期限大都相对较短，而离岸贷款却存在长期化趋势，存短贷长将导致离岸金融市场上存在货币借贷期限错配，当形成的连锁式借贷关系中的一环出现不能清偿债务等资金周转不利情况时，期限错配引发流动性风险将对银行体系造成重创。

二、汇率过度波动风险

离岸人民币市场的建立，为国际资本冲击在岸人民币提供了便利条件。离岸市场与境内市场在参与主体、税收制度、金融监管力度等方面的差异，致使在岸与离岸市场产生了不同的人民币汇率形成机制和人民币价格体系。两个市场人民币汇价的差异，为资本跨境流动进而套取汇差提供了可能。在资本严格管制的背景下，国际资本不能跨境自由流动，从而无法冲击在岸人民币汇率；在资本自由流动的背景下，在岸与离岸市场汇差又会因为资本的跨境流动而自动消失，两个市场之间的资本流动也不会对在岸人民币汇率产生持续较大的冲击。但是，目前境内资本账户并非严格管制，且随着离岸人民币市场的建设与发展，人民币的流出和回流渠道不断拓宽，跨境资本流动将不断增加；在境内资本账户完全开放之前，在岸与离岸人民币汇差形成的套汇空间将长期存在，加之人民币的长期单边升值预期，从而诱发投机性国际资本通过多种渠道进行跨境流动进而套取汇率价差，进而冲击在岸市场人民币汇率稳定。

如果境内市场规模足够大以致可以充分吸收跨境资本流动对在岸人民币汇率的冲击，则资本的跨境流动并不能引起人民币汇率的过度波动。但是，从近年来离岸人民币市场的发展情况来看，离岸市场规模的快速攀升已经对在岸人民币汇率产生了冲击，本书第三章第三节的实证研究结果已经显示，近年来离岸即期汇率和无本金交割远期汇率已经对在岸即期汇率和可交割远期市场汇率产生了显著的均值溢出效应、波动溢出效应和非对称溢出效应，且随着离岸人民币市场的发展与在岸人民币汇率市场化进程的推进，在部分交易品种与交易期限合约中，离岸汇率对在岸汇率的引导能力已经高于后者对前者的引导能力。

三、资本异常流动风险

在岸与离岸市场法律环境、税收制度与监管力度等的差异，不仅使两个市场之间形成了不同的人民币汇率价格体系，而且导致在岸与离岸人民币利率、资产收益率具有较大差异，在岸与离岸汇差、利差、收益率差异的存在为投机套利资本的跨境流动提供了动力。而随着离岸人民币市场的不断发展，一方面离岸市场人民币规模持续攀升，另一方面资本跨境流动的渠道日益多元化，从而投机套利资本可便捷快速地在离岸市场上获得人民币资金，又可通过跨境贸易、直接投资、金融市场等多种渠道进入在岸市场。由于该类资本具有典型的逐利性，因此在岸与离岸套利与套汇空间的任何缩小或逆转，都有可能引致投机资本的大量流出。

此外，资本的任何大规模流入或流出都将冲击人民币汇率水平，当资本大规模进入境内市场时，资本和金融项目顺差规模不断增加，人民币面临更大的升值压力，甚至形成更强的升值预期，进而吸引更多的资本进入；反之，当资本大规模流出时，资本和金融项目顺差规模下降甚至可能出现逆差，从而使人民币贬值，中国人民银行为了维护汇率稳定，则必然动用外汇储备进行干预，这又会导致外汇储备规模下降，从而使人民币贬值预期增强，进一步加速国际资本的流出。本书第四章第三节的实证研究也发现，在岸与离岸人民币汇差、利差和人民币升值预期无论是在短期、中期还是长期均对中国短期资本流入产生了显著的促进作用。

四、货币政策有效性和独立性降低风险

第一，离岸人民币市场增加了中国人民银行测量和控制货币供应量的难度。一方面，当境内企业和个人使用离岸人民币存款代替其在岸存款，且这些离岸存款又被放贷重新进入境内时，就会出现离岸存款及信贷对境内存款和信贷的替代（He 和 McCauley，2010），从而增加了以信贷或货币供应量为目标的货币政策制定难度。另一方面，离岸市场的

出现可能会减少有效的存款准备金率，即增大信用乘数（Aliber，1980），从而对境内货币供应量产生扩张性影响。同时，如果离岸市场上的基础货币经过货币创造之后，再通过各种渠道回流至在岸市场，就会对境内货币数量调控产生影响，甚至对货币政策的传导产生扰动（乔依德等，2014）。

第二，离岸人民币利率通过资本跨境流动影响在岸人民币利率。目前香港人民币银行间同业拆借利率（CNH HIBOR）已初步形成，且由于境内市场之间资本管制的存在，CNH HIBOR 与上海银行间同业拆借利率（SHIBOR）一直存在着一定程度的差异，形成了套利空间。而在岸与离岸市场人民币跨境流通渠道的拓宽为两个市场之间资本跨境套利提供了基础。当在岸人民币利率上升时，离岸市场上的大量套利资本可能就会进入在岸市场，资本的流入使境内市场资金供给相对充裕而离岸市场资本供给相对不足，从而使在岸人民币利率下降、离岸人民币利率上升；相反，当在岸人民币利率下降时，资本流向离岸市场，促进离岸市场资金相对充裕而在岸市场的人民币供给相对不足，从而在岸人民币利率上升、离岸人民币利率下降。总体而言，在岸与离岸人民币利差以及人民币跨境流通途径的放宽，使得在岸与离岸人民币利率相互影响，从而不仅可能增加中国人民银行以利率为中间目标货币政策的制定难度，也可能降低以利率为工具进行调节的效力。事实上，本书第三章第二节已经证明，近年来在岸市场银行间同业拆借利率与离岸人民币银行间同业拆借利率已经表现出一定的联动，且随着境内人民币利率市场化改革的推进，两个市场利率之间的联动关系逐渐增强。尽管目前在岸利率依然掌握着人民币利率的"定价权"，但离岸利率已经对在岸利率表现出一定的均值溢出和非对称溢出效应。

五、货币替代风险

在全球金融一体化背景下，货币替代不仅受本国国内收入、短期利率水平、汇率水平及汇率预期的影响，资本管制和投资者避险情绪也日益成为影响货币替代的重要因素（伍戈和顾及，2014）。因此，境内市场货币替代风险可能会随着离岸人民币市场的发展而日益加大。首先，离岸人民币市场的建设与发展过程中必然伴随着境内资本账户开放程度的不断加深，而资本账户的开放为境内居民跨境投融资提供了便利，当人民币汇率频繁波动、人民币贬值或面临持续贬值预期时，境内居民便可能重新配置自身的资产币种，在减持人民币的同时增持外币，从而使境内货币替代率上升。其次，由于在岸与离岸人民币汇率已经形成了一定的联动效应，因此当离岸市场上人民币贬值时，这会通过两个市场汇率间的联动关系引发在岸人民币价格跟跌，尤其当国际投机资本在离岸市场上"做空"人民币、致使离岸人民币长期持续贬值时，会进一步累积在岸人民币贬值预期，进而进一步加剧在岸市场货币的替代风险。

六、金融危机传染风险

离岸人民币市场为国际金融危机的传染提供了新的渠道。首先，当与中国贸易联系紧密的境外一国或地区发生金融危机时，其货币的贬值可能恶化中国的贸易条件或贸易竞争力，从而给人民币带来贬值压力。一方面，当投资者预期中国也会采用竞争性贬值策略维持出口竞争力时，则会出售其所持有的中国资产，从而导致境内资产价格波动和资本外流；另一方面，投资者可能在离岸市场对人民币进行投机性攻击，从而导致人民币汇率大幅波动，甚至发生货币危机。其次，随着在岸与离岸市场之间人民币流通渠道的拓宽，国际投资者可以方便地在离岸市场上获得或抛售人民币资产，当境外发生金融危机时，出于避险的考虑，投资者无论是大量抛售还是增持人民币计价的资产，都可能引致境内市场资产价格波动，甚至威胁境内金融稳定。再次，当金融机构使用人民币进行跨国借贷时，若借款国发生金融危机，金融机构可能陷入无法收回人民币贷款的困境，从而引发其资金链断裂，甚至陷入危机。最后，离岸市场的建立与发展增强了中国与其他国家或地区的经济与金融联系，金融危机发生国家或地区经济政策的调整或资产价格的变化可能会对中国产生较强的溢出效应，进而引致中国跨境资本的频繁大规模流动，甚至威胁中国金融稳定。

七、资产价格过度波动风险

离岸人民币市场所引发的境内资产价格过度波动风险更多源于在岸与离岸市场之间的汇差、利差以及资产收益率差异。当在岸市场人民币价格或资产价格相对较高时，资本的"逐利性"诱使大量国际资本进入境内股票市场、债券市场或房地产市场。一方面，资本的进入本身就会显著冲击相应的资产价格，另一方面，若大量的短期资本进入其中的某一种资产市场如股票市场，则还可能产生"羊群效应"，致使其他资产市场如债券市场或房地产市场上的部分既有资本流向股票市场，进而不仅致使股票市场价格暴涨，还可能导致债券或房地产等其他市场价格由于流动性的降低而出现价格显著下降；反之，当离岸市场上人民币价格或资产价格相对较高时，境内大量资本流向离岸市场进行套汇或套利，这也会冲击境内资产价格的稳定。

第二节　离岸人民币市场风险预警体系构建

一、风险预警体系设计

本节借鉴沈悦等（2013）、沈悦和张澄（2015）的研究，构建离岸人民币市场风险预警指标体系。基于上一节对离岸人民币市场的风险识别，本节所构建的风险预警指标体系包含七个子系统：银行体系风险预警子系统、汇率波动风险预警子系统、资本流动风险预警子系统、货币政策风险预警子系统、货币替代风险预警子系统、危机传染风险预警子系统、资产价格波动风险预警子系统，共计 17 个预警指标，分别记为 I_1、I_2、$I_3 \cdots I_{17}$。

（一）银行体系风险预警子系统

为了从不同角度考察离岸人民币市场发展过程中境内银行系统的信用风险和流动性风险，本研究选取境内商业银行资本充足率（I_1）、商业银行不良贷款率（I_2）和商业银行流动性比例（I_3）三个指标构建银行体系风险子系统。其中，资本充足率反映了银行抵御风险的能力，不良贷款率和流动性比例分别衡量了银行的信用风险和流动性风险。

（二）汇率波动风险预警子系统

就反映汇率波动风险的指标而言，本书选取人民币汇率波动率（I_4）对其进行衡量。此外，由于当前中国仍然实行以市场调节为基础的管理浮动汇率制度，因此，当汇率过度波动时，中国人民银行可能会动用外汇储备维持人民币汇率稳定，故本书还选取境内外汇储备规模增长率（I_5）作为汇率波动风险子系统的另一预警指标。

（三）资本流动风险预警子系统

离岸人民币市场的建设与发展为资本的跨境流动提供了便利。为了从不同角度衡量资本异常流动风险，本节从直接投资、证券投资和短期资本三个层面进行考察，并选取直接投资流出规模与流入规模之比（I_6）、证券投资流出规模与流入规模之比（I_7）、短期跨境资本流动规模与国内生产总值（GDP）之比（I_8）三个指标构建资本流动风险预警子系统。

（四）货币政策风险预警子系统

前文的分析已经表明，人民币的跨境流出与回流不仅增加了境内中央银行监测和控制货币供给量的难度，也可能降低以货币供给量为中间目标的货币政策的有效性。同时，随着在岸与离岸人民币市场之间相互渗透程度的日益加深，离岸人民币利率也会对在岸人民币利率产生一定程度的溢出效应，进而影响境内中央银行以利率为中间目标的货币政策的独立性和有效性。因此，本书首先考察货币供给量和利率两个指标，分别以广义货币供给量（M_2）与 GDP 之比（I_9）、境内外利差（I_{10}）①对其进行衡量。此外，由于较高的财政赤字也会制约货币政策的独立性，故本研究还考察了财政赤字指标，并以财政赤字规模与 GDP 之比（I_{11}）进行衡量。

（五）货币替代风险预警子系统

货币替代风险反映了离岸人民币市场发展过程中，伴随着资本账户

---

① 实际上，境内外利差的变化也会引致人民币的跨境流动，进而削弱以货币供给量为中间目标的货币政策的独立性和有效性。

开放程度的增大，境内居民资产投资组合中外币所占的比重上升，人民币的占比下降。就反映货币替代风险的指标而言，本书选取货币替代率（I_{12}）对其进行衡量。

（六）危机传染风险预警子系统

如前所述，离岸人民币市场发展过程中，国际金融危机可以通过经常项目和金融市场等渠道传染至境内市场。因此，本书选取中国对外贸易依存度（I_{13}）、境内资产证券化率（I_{14}）和境内短期外债余额与外债余额之比（I_{15}）三个指标构建国际金融危机传染风险预警子系统。

（七）资产价格波动风险预警子系统

随着人民币跨境流通渠道的拓宽，在岸与离岸市场之间资本的大规模流动将不可避免地冲击境内资本市场，从而导致境内资产价格频繁波动。对于资产价格异常波动风险，本节选取境内市场股票价格增长率（I_{16}）、房地产价格增长率与 GDP 增长率之比（I_{17}）两个指标进行衡量。

综上所述，可将离岸人民币市场的风险预警体系归结为图 5-1。

二、数据来源及处理

本节选取 2009—2017 年的年度数据对上述 17 个指标和风险的综合指数进行预警。对于前述部分指标，本书采用以下方法进行计算：第一，就人民币汇率波动率而言，采用人民币兑美元名义汇率月度平均波动率进行测度。对于月度汇率波动率（VOL_t），则采用月度汇率对数收益率的标准差计算，计算公式为

$$VOL_t = \sqrt{\frac{1}{12} \sum_{k=t-1}^{t-12} \left(\mathrm{Ln}ERS_k - \mathrm{Ln}ERS_{k-1} \right)^2}$$，其中 ERS_k 为直接标价法下 k

时期人民币兑美元名义汇率。第二，对于短期资本流动规模和境内外利差，借鉴张斌和徐奇渊（2012）的研究，采用外汇储备规模减去贸易差额再减去直接投资差额测度短期资本流动规模，采用上海银行间 1 年期限人民币同业拆借利率减去 1 年期限美国国债利率对境内外利差进行测度，其中由于上海银行间 1 年期限人民币同业拆借利率与 1 年期限美国国债利率均以日度数据的形式公布，本书首先采用加权平均法将其转换

离岸人民币市场风险预警体系

银行体系风险预警子系统
- I₁: 资本充足率
- I₂: 不良贷款率
- I₃: 流动性比例

汇率波动风险预警子系统
- I₄: 人民币汇率波动率
- I₅: 外汇储备规模增长率

资本流动风险预警子系统
- I₆: 直接投资流出与流入规模之比
- I₇: 证券投资流出与流入规模之比
- I₈: 短期资本流动规模与GDP之比

货币政策风险预警子系统
- I₉: M₂与GDP之比
- I₁₀: 境内外利差
- I₁₁: 财政赤字规模与GDP之比

货币替代风险预警子系统
- I₁₂: 境内货币替代率

危机传染风险预警子系统
- I₁₃: 对外贸易依存度
- I₁₄: 境内资产证券化率
- I₁₅: 短期外债余额与外债余额之比

资产价格波动风险预警子系统
- I₁₆: 股票价格增长率
- I₁₇: 房地产价格增长率与GDP增长率之比

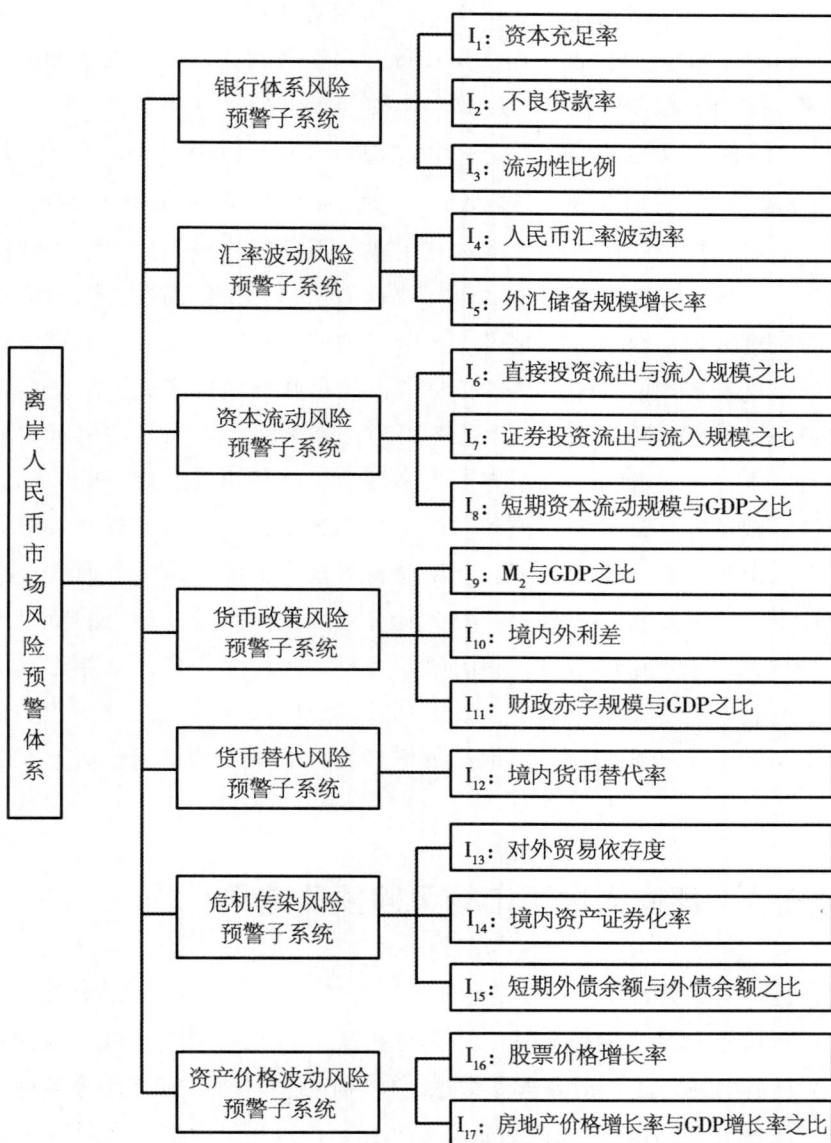

图 5-1　离岸人民币市场风险预警体系指标构成

为年度数据，然后再计算境内外利差。第三，对于境内货币替代率，本节借鉴伍戈和顾及（2014）的做法，采用金融机构外币存款余额与广义货币供应量之比衡量。第四，就对外贸易依存度和境内资产证券化率而言，采用进出口贸易总额与 GDP 之比衡量对外贸易依存度，以股票市场总市值与 GDP 之比测度境内资产证券化率。第五，对于股票价格增长率，采用沪深 300 指数日度收益率的加权平均进行测度，其中沪深 300 指数日度收益率的计算公式为 "$SR_t = 100 \times (LnS_t - LnS_{t-1})$"，其中，$SR_t$ 为第 t 日沪深 300 指数收益率，S_t 为第 t 日的沪深 300 指数。

本节所使用的商业银行资本充足率、不良贷款率、流动性比例数据、上海银行间 1 年期限人民币同业拆借利率和 1 年期限美国国债利率的日度数据、财政赤字规模、金融机构外币存款数据、计算对外贸易依存度所使用的进出口总额数据、沪深 300 指数日度数据以及 GDP 增长率数据均来源于 Wind 金融终端。计算人民币汇率波动率所使用的月度人民币兑美元名义汇率数据来源于国际货币基金组织的国际金融统计数据库。证券投资流入和流出规模数据来源于国家外汇管理局发布的中国国际收支平衡表。外汇储备规模、实际利用的外商直接投资规模、对外直接投资规模数据、计算短期资本流动所使用的贸易差额数据、广义货币供给量、GDP 规模数据、计算境内资产证券化率所使用的股票市场总市值数据以及短期外债余额和外债余额数据，均来源于中经网统计数据库。房地产价格增长率数据来源于国信房地产信息网。

第三节　离岸人民币市场风险预警结果

近年来，随着经济计量模型技术的发展，学术界关于金融风险预警先后形成了包括主观概率法、回归分析法、多元判别法、FR 参数法、STV 横截面回归法、KLR 非参数法、DCSD 模型、神经网络法等多种方法。沈悦等（2013）、沈悦和张澄（2015）在对人民币国际化进程中的风险进行预警时指出，鉴于人民币国际化进程中各风险之间的复杂关系以及可能的非线性特征，神经网络模型可以较好地预警相应的金融风险。本节借鉴上述研究，采用小波神经网络对离岸人民币市场风险进行预警。

一、预警模型设定

通常而言，采用小波神经网络进行预警时，需要先后进行数据归一化处理、网络层数确定、输入与输出节点数确定、隐含层节点数确定和最终目标输出向量确定等步骤。在设定单一指标预警模型时，本节遵循上述五个步骤。

（一）数据归一化处理

为了使前述各预警子系统所包含的 17 个指标更具可比性以及小波神经网络模型可以更好地进行训练，首先需要对各指标（I_1、I_2、$I_3\cdots I_{17}$）进行去量纲处理，从而使各指标值均落入 [0,1] 区间。具体公式如下：

$$y_{ij} = \frac{x_{ij} - \min x_i}{\max x_i - \min x_i} \tag{5-1}$$

其中，x_{ij} 为指标 i（$i = I_1$、I_2、$I_3\cdots I_{17}$）在第 j 年的取值，$\max x_i$ 和 $\min x_i$ 分别为指标 i 的最大值和最小值，y_{ij} 为去量纲化后的指标。

（二）网络层数确定

神经网络包括输入层、隐含层和输出层三类网络层，隐含层的数量和其中包含的隐含节点数直接决定了模型的精度。但不论单隐含层还是多隐含层，只要神经网络的隐含层包含的节点数足够多，就都可达到以任意精度逼近训练目标。因此，为简化网络，提高训练效率，本书选取单隐含层的小波神经网络进行预警。

（三）输入与输出节点数确定

本书利用 2009—2016 年的数据预测 2017 年的指标值，并以此为依据对训练后的模型进行检验，故本节所采用的小波神经网络输入层节点数为 136，输出节点数为 17。

（四）隐含层节点数确定

准确确定隐含层节点数关乎神经网络模型性能的优劣程度。然而，目前学术界对于隐含层节点个数的确定仍未形成统一标准，实践中通常根据经验公式进行试错实验，从而得到最优隐含层节点数：

$$n_1 = \sqrt{m + n} + a \tag{5-2}$$

其中，n_1、m、n 分别表示隐含层节点数、输入层节点数、输出层节点数；a 为 1～10 之间随意可选的常数。根据式（5-2），可以得出最优隐含层节点数的试验区间为：$n_1 = [13, 22]$，且 $n_1 \in N^+$。

（五）最终目标输出向量确定

根据研究目标及预测需求，本模型中对应的单次最终期望输出向量为 2017 年的各指标值构成的列向量。

二、训练网络输出

本节采用前述设定的小波神经网络模型对离岸人民币市场的风险变化过程进行模拟和预测。网络训练的步骤为：首先，将归一化后的 2009—2013 年风险指标向量设定为训练集，将归一化后的 2014—2016 年风险指标向量设定为测试集；其次，将训练集数据录入已建立的小波神经网络模型进行学习和训练；最后，计算训练输出向量与测试集中的期望输出向量误差，如果满足误差要求则进行模型检验，否则重新调整网络参数进行训练，直至满足误差要求后训练停止。

（一）确定最优隐含层节点数

采用根据式（5-2）确定的最优隐含层节点数试验区间对设定的小波神经网络进行试错实验，得出隐含层最优节点数为 15，包含 15 个节点的训练误差曲线如图 5-2 所示。

从图 5-2 可以看出，训练误差随着预测次数的增加而逐渐变小，并落入本书所设定的误差范围内，可以认为训练效果较好。因此，可以使用训练后的模型进行预测。

（二）检验输出

根据确定的隐含层最优节点数，可以使用 2009—2016 年的样本数据预测 2017 年样本的值，并据此对所设定的小波神经网络模型进一步检验。预测值与真实值的归一化误差与实际误差结果如表 5-1 所示。

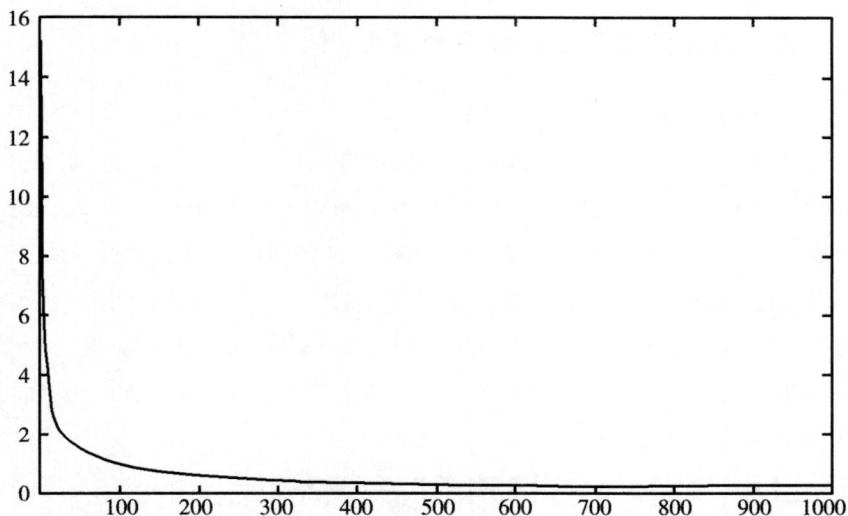

图 5-2　隐含 15 个节点的训练误差曲线

表 5-1　　　　预测值与真实值的归一化误差和实际误差

指标	归一化误差	实际误差	指标	归一化误差	实际误差
I_1	0.0161	0.0252	I_{10}	0.0001	0.0001
I_2	0.0011	0.0017	I_{11}	0.0116	0.0181
I_3	−0.0031	−0.0048	I_{12}	0.0065	0.0101
I_4	0.0112	0.0176	I_{13}	0.0058	0.0090
I_5	−0.0140	−0.0218	I_{14}	−0.0184	−0.0288
I_6	−0.0079	−0.0124	I_{15}	0.0052	0.0081
I_7	0.0001	0.0001	I_{16}	0.0477	0.0746
I_8	−0.0750	−0.1173	I_{17}	−0.0002	−0.0004
I_9	−0.0014	−0.0022			

　　从表 5-1 可以看出，除个别指标外，预测值与真实值均较为接近，因此可以推测本研究所建立的小波神经网络模型具有良好的拟合效果，从而可以使用训练完毕的模型对 2018 年离岸人民币市场风险进行预警。

三、风险阈值与指标权重确定

（一）阈值设定

本书采用分布拟合法确定各指标的风险阈值。为此，首先对 2009—2017 年的各指标数据进行 K-S 分布检验，结果见表 5-2。根据该表，首先，泊松分布和指数分布的检验结果显示，在大多数情况下，均可拒绝各指标服从泊松分布或指数分布的原假设，因此，可以判断本书所选取的大多数指标均不服从泊松分布或指数分布；其次，正态分布的检验结果显示，在 1% 显著水平上，所有指标均接受原假设，从而可以认为各风险指标数据均服从正态分布。

表 5-2　　　　　　　　　　各预警指标的 K-S 分布检验

指标	正态分布		泊松分布		指数分布	
	K-S 统计量	Prob	K-S 统计量	Prob	K-S 统计量	Prob
I_1	0.2527	0.6004	0.5873	0.0037	0.5826	0.0042
I_2	0.2945	0.4128	0.6115	0.0021	0.5791	0.0045
I_3	0.2224	0.7480	0.5095	0.0189	0.5430	0.0098
I_4	0.2929	0.4192	0.6133	0.0020	0.5782	0.0046
I_5	0.2520	0.6040	0.4048	0.1072	0.5765	0.0048
I_6	0.1971	0.8599	0.5865	0.0038	0.4074	0.1033
I_7	0.3234	0.3028	0.4102	0.0992	0.5175	0.0162
I_8	0.2585	0.5732	0.3843	0.1429	0.5752	0.0049
I_9	0.2622	0.5557	0.6914	0.0002	0.2884	0.4384
I_{10}	0.4553	0.0492	0.4377	0.0652	0.4519	0.0519
I_{11}	0.3141	0.3358	0.4936	0.0254	0.5756	0.0049
I_{12}	0.2977	0.3993	0.6089	0.0022	0.5799	0.0044
I_{13}	0.1903	0.8856	0.5149	0.0171	0.5246	0.0141
I_{14}	0.2376	0.6733	0.5310	0.0124	0.4661	0.0411
I_{15}	0.1401	0.9904	0.5556	0.0075	0.4676	0.0400
I_{16}	0.2753	0.4959	0.3939	0.1252	0.5580	0.0071
I_{17}	0.2041	0.8311	0.5415	0.0101	0.3274	0.2896

本研究选取各指标分布对应的 75%、90% 和 95% 分位点作为风险阈值临界值，并设置 95% 分位点为风险阈值，90% 分位点为警戒阈值，75% 为安全阈值。从而，当某一指标落入 95% 分位点右侧，则可以判定该指标处于风险状态；落入 90%—95% 分位点之间，则判定其处于警戒状态；落入 75%—90% 分位点之间，则判定其风险水平处于关注状态；落入 75% 分位点左侧，则其处于安全状态。根据模型输出结果，各指标的风险阈值临界点见表 5-3。

表 5-3　　　　　　　　各预警指标风险阈值临界点

指标	75%分位点	90%分位点	95%分位点	指标	75%分位点	90%分位点	95%分位点
I_1	0.1318	0.1362	0.1388	I_{10}	4.4037	5.1821	5.6253
I_2	0.0151	0.0170	0.0182	I_{11}	0.0279	0.0339	0.0372
I_3	0.4651	0.4786	0.4869	I_{12}	0.0282	0.0307	0.0322
I_4	0.0063	0.0080	0.0091	I_{13}	0.4608	0.4964	0.5166
I_5	0.1721	0.2150	0.2406	I_{14}	0.6748	0.7632	0.8152
I_6	1.1339	1.3292	1.4409	I_{15}	0.7321	0.7718	0.7954
I_7	4.3097	6.5745	7.8885	I_{16}	0.1548	0.2079	0.2424
I_8	0.0595	0.0772	0.0874	I_{17}	1.5330	1.9516	2.2094
I_9	1.9561	2.0353	2.0831				

（二）指标权重确定

为了综合评估离岸人民币市场风险的总体情况，需要将各子系统下的不同指标预警风险进行加权计算综合风险指数，为此需要合理设定各子系统以及其所包含的不同指标的权重。本书采用熵权法计算各指标的权重，结果见表 5-4。

表 5-4 离岸人民币市场风险预警指标权重

风险预警子系统名称	风险预警子系统权重	风险预警指标名称	风险预警指标权重
银行体系风险预警子系统	0.0028	资本充足率（I_1）	0.0001
		不良贷款率（I_2）	0.0026
		流动性比例（I_3）	0.0001
汇率波动风险预警子系统	0.1978	人民币汇率波动率（I_4）	0.0149
		外汇储备规模增长率（I_5）	0.1829
资本流动风险预警子系统	0.3994	直接投资流出与流入规模之比（I_6）	0.0040
		证券投资流出与流入规模之比（I_7）	0.1356
		短期资本流动规模与 GDP 之比（I_8）	0.2598
货币政策风险预警子系统	0.0130	M_2 与 GDP 之比（I_9）	0.0002
		境内外利差（I_{10}）	0.0050
		财政赤字规模与 GDP 之比（I_{11}）	0.0078
货币替代风险预警子系统	0.0010	境内货币替代率（I_{12}）	0.0010
危机传染风险预警子系统	0.0034	对外贸易依存度（I_{13}）	0.0009
		境内资产证券化率（I_{14}）	0.0022
		短期外债余额与外债余额之比（I_{15}）	0.0003
资产价格波动风险预警子系统	0.3826	股票价格增长率（I_{16}）	0.3686
		房地产价格增长率与 GDP 增长率之比（I_{17}）	0.0140

四、离岸人民币市场风险预警结果与分析

（一）各单项指标预警结果

将 2009—2017 年各单项指标数据输入训练完毕的小波神经网络模型，可得出 2018 年各指标的预测值，进而根据表 5-3 的风险预警阈值，便可以判断各单项指标的风险状态，结果如表 5-5 所示。

表 5-5　　2018 年各指标预测值（反归一化值）与风险预警结果

指标名称	2018年预测值	风险状态	指标名称	2018年预测值	风险状态
资本充足率（I_1）	0.1815	风险	境内外利差（I_{10}）	3.0912	安全
不良贷款率（I_2）	0.0153	关注	财政赤字规模与GDP之比（I_{11}）	-0.0270	安全
流动性比例（I_3）	0.5053	风险	境内货币替代率（I_{12}）	0.0352	风险
人民币汇率波动率（I_4）	0.0286	风险	对外贸易依存度（I_{13}）	0.3371	安全
外汇储备规模增长率（I_5）	0.0796	安全	境内资产证券化率（I_{14}）	0.6865	关注
直接投资流出与流入规模之比（I_6）	0.9145	安全	短期外债余额与外债余额之比（I_{15}）	0.6427	安全
证券投资流出与流入规模之比（I_7）	0.9359	安全	股票价格增长率（I_{16}）	0.0869	安全
短期资本流动规模与GDP之比（I_8）	-0.1221	安全	房地产价格增长率与GDP增长率之比（I_{17}）	0.8073	安全
M_2与GDP之比（I_9）	2.0261	关注			

　　从表 5-5 可以看出，本书所选取的 17 个风险预警指标中的大部分指标都处于安全或基本安全的关注状态，表明离岸人民币市场发展目前尚未对境内货币和金融稳定造成太大冲击。尽管如此，商业银行资本充足率、流动性比例、人民币汇率波动率以及境内货币替代率四个指标处于风险状态，这也再一次证明了近年来随着离岸人民币市场的快速发

展，其对境内货币和金融稳定的影响已经初现端倪，离岸人民币市场发展过程中的潜在风险不容忽视。

具体来看，第一，在银行体系风险预警子系统中，除了前述商业银行资本充足率和流动性比例处于风险状态外，商业银行不良贷款率则处于关注状态。这表明在离岸人民币市场建设与发展过程中，应不断增强境内银行抵御风险的能力和防控商业银行的流动性风险和信用风险。

第二，在汇率波动风险预警子系统中，人民币汇率波动率指标处于风险状态，而外汇储备规模增长率指标处于安全状态。一方面，尽管近年来伴随着人民币的贬值和持续贬值预期的形成，中国外汇储备规模略有下降，但是外汇储备规模总体上仍处于安全状态，不必对外汇储备规模下降产生过度的担忧。然而，外汇储备规模的下降也意味着，在人民币贬值预期下，国际资本持续流出中国，虽然当前中国拥有巨额外汇储备，但也应谨防国际资本的长期持续流出对中国金融安全带来的风险。在人民币国际化和离岸人民币市场建设与发展的背景下，不断完善境内外汇储备管理体制依然是一个重要任务。另一方面，离岸人民币市场发展所引发的在岸人民币汇率波动问题尤为值得重视，本节的这一结论也进一步证明了第三章第三节所得出的结论，即随着离岸人民币市场发展和境内人民币汇率形成机制改革的推进，离岸人民币汇率对在岸人民币汇率的引导能力相对更强，人民币汇率"定价权"有旁落离岸市场的风险。因此，应尽快完善在岸市场人民币汇率形成机制，同时审慎扩大人民币汇率波动幅度，谨防离岸人民币汇率大幅波动对在岸人民币汇率波动所带来的冲击。

第三，在资本流动风险预警子系统和资产价格波动风险预警子系统中，直接投资、证券投资和短期跨境资本流动指标，及股票市场价格和房地产市场价格增长率指标均处于安全状态。出现这种结果的原因可能在于，尽管当前人民币跨境流通的渠道不断拓宽，但资本和金融账户下的人民币跨境流动大多仍处于试点阶段，具有真实交易背景的人民币跨境流通依然处于主导地位。同时，这一结论也表明，目前境内资本账户管制在某种程度上依然是有效的，审慎的资本账户开放有效地隔离离岸市场发展对境内资本市场所带来的风险冲击。

第四，就货币政策风险预警子系统和货币替代风险预警子系统而言，境内外利差、财政赤字与 GDP 之比两个指标处于安全状态，境内货币供给量与 GDP 之比处于关注状态，而境内货币替代率则处于风险状态。这一结论表明，尽管境内市场人民币利率实现了基本市场化，但是离岸人民币市场的发展并未对境内利率形成明显的冲击，这也与第三章第二节所得出的结论基本一致，即境内利率在某种程度上依然掌握着人民币利率的"定价权"；同时，离岸市场发展给境内货币供应量所带来的冲击不容忽视。因此，境内货币政策中间目标由以货币供给量为主向以利率为主的转变，有助于降低离岸人民币市场发展对货币政策独立性和有效性的负面冲击。此外，境内货币替代率处于风险状态，表明随着离岸人民币市场发展和境内资本账户开放程度的提升，境内外币替代人民币可能将显著增加，而这反过来又必然会制约以货币供给量为主要调控方式的境内货币政策有效性。

第五，在危机传染风险预警子系统中，对外贸易依存度和短期外债余额与外债余额之比两个指标处于安全状态，而境内资产证券化率则处于关注状态。这意味着：一方面，目前中国外债风险总体可控，短期外债尚未对境内外债安全产生实质性冲击，同时离岸市场发展所带来的资本通过经常项目渠道的跨境流通暂时不会引致境外金融危机对境内的传导；另一方面，应谨防国际金融危机通过资本和金融账户渠道的传染，即应根据国内外经济金融形势审慎把握资本账户开放进程和开放项目，尤其在境外金融形势动荡时期，严控资本大进大出所带来的金融危机传染效应。

（二）总体风险预警结果

将 2009—2018 年各单项指标数据及其预测值归一化处理后，并利用表 5-4 所确定的各指标权重进行加权，便可得出各年度离岸人民币市场风险的综合指数。该指数衡量了离岸人民币市场发展的整体风险，其取值范围为 [0，1] 的闭区间，指数数值越大，表明风险水平越高。图 5-3 展示了离岸人民币市场风险的动态变化趋势。

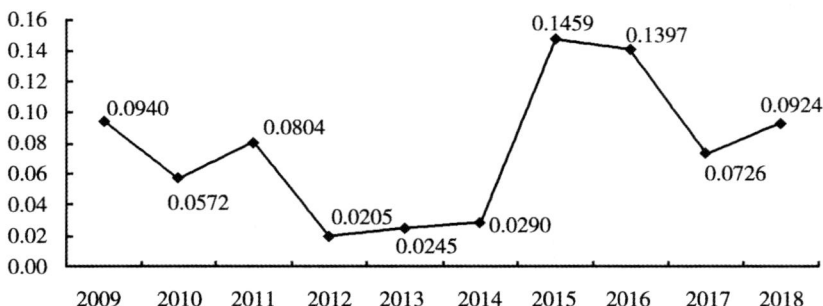

图 5-3　2009—2018 年离岸人民币市场风险加权综合指数走势

图 5-3 显示，2009 年以来，离岸人民币市场的总体风险表现出较大的波动，呈现先下降后上升的震荡型变动态势。但总体来说，风险指数一直在（0.02，0.15）的窄幅区间内波动，表明离岸人民币市场风险水平相对较低，离岸人民币市场的快速发展并未对境内货币和金融稳定形成较大的冲击，境内金融改革与离岸人民币市场发展基本处于相互促进、相互协调的状态。

具体而言，处于全球金融危机时期的 2009 年，受国际金融市场动荡的影响，离岸人民币市场风险程度相对较高，风险指数为 0.0940。随着 2010 年全球经济的复苏，离岸人民币市场对境内货币和金融稳定所带来的负面冲击显著下降，风险指数降至 0.0572。但是，进入 2011 年下半年后，离岸市场上人民币的贬值和在岸与离岸人民币汇差的逆转，致使 2011 年的离岸人民币市场风险指数出现明显上升，达到 0.0804。2012 年之后，伴随离岸人民币的重新升值，离岸人民币市场风险显著下降，但是随着在岸与离岸市场之间人民币流出和回流渠道的不断拓宽，2012—2014 年期间离岸人民币市场风险指数呈现小幅上升趋势，尽管如此，风险水平则一直维持在低位。然而，受 2015 年 8 月 11 日境内市场人民币汇率形成机制改革的影响，离岸市场风险指数迅速上升，并达到 0.1459 的历史峰值。尽管 2016 年该数值有所下降，但是在在岸人民币贬值和持续贬值预期的影响下，当年离岸人民币市场风险水平依然较高。随着 2017 年人民币兑美元汇率中间价定价机制中逆周期调节因子的引入，人民币持续贬值预期得到了扭转，加之中国境内遏制流出鼓励流入的资本管理措施的实施，2017 年离岸人民币市场风险指数显著下降，并降至 2012 年之前的水平。最后，根据本研究的预测，受境内外经济与金融形势的影响，2018 年离岸人民币市场风险指数将出现小幅上升，但仍将低于 2015 年和 2016 年的水平，风险程度依然处于可控状态，离岸人民币市场不会对境内货币和金融稳定带来显著的负面冲击。

综上所述，尽管近年来人民币跨境流通的渠道不断拓宽，离岸人民币市场业务种类日益丰富、业务规模不断攀升，但是离岸市场发展并未对境内货币金融稳定产生显著冲击。虽然在离岸人民币市场发展过程中，境内商业银行系统、人民币汇率波动和货币替代率面临一定风险，但是离岸市场对境内所带来的总体风险水平相对较低，依然处于安全状态。此外，离岸人民币市场的风险水平变化受到境内货币金融改革的显著影响，因此，中央政府在利用离岸人民币市场的价格发现功能推进境内金融改革的过程中，应充分考虑改革所带来的离岸市场风险水平的上升，审慎推进改革进程。

第六章　结论与政策启示

第一节　主要结论

本书将离岸人民币市场快速发展与中国境内货币金融改革稳步推进相结合，在充分评估离岸人民币市场发展现状及特征与全面梳理在岸与离岸市场之间人民币跨境流通渠道的基础上，综合采用定性分析与定量分析相结合、静态分析与动态分析相结合的方法，从多个维度系统探讨了人民币离岸市场发展对境内货币和金融稳定的动态影响，并对离岸人民币市场的风险进行识别与预警。全书的主要研究和结论如下。

1. 分析了离岸人民币市场的发展现状与特征，并梳理了在岸与离岸市场间人民币跨境流通的渠道

2009 年以来，随着人民币国际化进程的推进，在岸与离岸市场间人民币跨境流通的渠道不断拓宽，先后由经常项目下的个人和居民跨境汇兑、消费和现钞携带，拓宽至跨境贸易人民币结算、资本和金融项目下的直接投资人民币结算和官方储备资产渠道下的双边本币合作，再拓

宽至资本和金融项目下的金融市场渠道和跨境贷款渠道。伴随人民币跨境流动渠道的拓宽,离岸人民币市场取得了蓬勃发展,市场基础设施不断完善,离岸人民币业务种类日益丰富,逐渐形成了包括存贷款、外汇交易、债券、股票、基金等多种业务的人民币产品市场,离岸人民币业务规模不断攀升,以中国香港为中心,新加坡、中国台湾和英国等多个国家和地区位战略支点的庞大的离岸人民币交易网络业已形成。总体而言,离岸人民币市场发展过程中表现出两个明显的特征:一是离岸人民币业务主要集中于中国香港;二是不同类型离岸人民币产品市场发展程度具有较大差异,即离岸人民币货币市场、外汇市场和债券市场发展程度高于股票市场,且离岸人民币资产业务发展程度高于负债业务。

此外,本书采用"缺口法"对境外人民币存量规模的测度结果显示,2004 年第一季度以来,境外人民币存量规模呈现先上升后下降之势,表现出明显的阶段性特征。全球金融危机爆发之前,境外人民币存量规模较小且变动趋势平稳,而进入 2008 年第三季度之后,随着推进人民币国际化的一系列政策的试点与实施,境外人民币存量规模快速增加,但在 2015 年 8 月 11 日人民币汇率市场化改革之后,在境内市场人民币兑美元贬值和持续贬值预期的影响下,境外人民币存量规模显著下降。

2. 基于货币政策中间目标层面,分别采用基于 VAR 模型的广义脉冲响应函数和方差分解方法、VAR-GJR-MGARCH-BEKK 模型实证分析了离岸人民币市场发展对境内货币供给量的动态影响、在岸与离岸人民币利率的动态溢出效应和两个市场上人民币汇率的动态联动关系

首先,采用基于 VAR 模型的广义脉冲响应函数和方差分解方法,对离岸人民币市场对境内货币供给量的动态影响进行了实证检验。广义脉冲响应函数的结果显示,香港人民币存款变动率一个单位正向冲击对境内货币供给量变动率具有较长的持续效应,短期内会使境内货币供应量增加,但长期来看则将使境内货币供给量下降。尽管如此,这一短期和长期影响效应在统计上并不显著。脉冲响应函数的研究结果表明,在本书所选取影响境内货币供给量的香港人民币存款规模、境内信贷规模和外汇储备规模三个指标中,境内信贷规模变动率冲击对境内货币供给

量变动率变动的贡献度最高，而香港人民币存款规模变动率冲击的贡献率最低。

其次，采用 VAR-GJR-MGARCH-BEKK 模型实证研究了不同交易期限在岸与离岸人民币利率间的均值溢出效应、波动溢出效应和非对称效应，并依据代表人民币利率市场化改革基本完成的境内人民币存款利率上限取消的日期为临界点，将总体样本划分为两个阶段，分析了两个市场之间溢出效应的动态变化。结果显示：

第一，就总体样本而言，各期限在岸与离岸人民币利率中的大多数交易品种自身都具有显著滞后效应、集聚性、持续性和非对称效应，但是在岸与离岸人民币利率之间的均值溢出效应并不显著，两个市场之间的溢出更多体现为波动溢出和非对称溢出。在波动溢出效应方面，只有隔夜在岸利率对相应期限离岸利率具有显著的单向 ARCH 型波动溢出效应；在非对称溢出效应方面，隔夜、2 周期限和 1 个月期限在岸与离岸利率间存在显著的双向非对称溢出效应，其他交易品种中，仅 3 个月期限在岸利率对对应期限离岸利率具有显著的单向非对称溢出效应。总体而言，在岸利率对离岸利率的影响大于后者对前者的影响，在岸市场依然位居人民币利率的"定价中心"。

第二，在分阶段的动态溢出方面，样本期间在岸与离岸人民币利率间的溢出效应发生了显著的变化。人民币利率市场化改革基本完成之前，仅有 1 周期限离岸利率对相应期限在岸利率具有显著的单向均值溢出效应，隔夜和 2 周期限离岸利率对相应期限在岸利率具有显著的 ARCH 型波动溢出效应，1 个月期限在岸利率对相应期限离岸利率具有显著的非对称溢出效应。利率市场化改革基本完成之后，在岸与离岸人民币利率间的联动效应明显增强，2 周期限在岸与离岸利率表现出显著的双向均值溢出效应，隔夜在岸与离岸利率不仅具有显著的双向非对称溢出效应，该期限在岸利率对离岸利率还具有显著的单向 ARCH 型波动溢出效应，同时 1 个月期限离岸利率对相应期限在岸利率具有显著的非对称溢出效应，1 个月期限在岸利率对相应期限离岸利率的单向 GARCH 型波动溢出效应也显著。总体来看，利率市场化改革基本完成后，在岸与离岸市场溢出效应显著的"利率对"数量明显增加，两个市场利率间的溢出效应由取消存款利率上限之前的以离岸市场对在岸市场的溢出为主导转向了以在岸市场对离岸市场的溢出为主导,在岸市场逐步掌握了人民币利率的"定价权"。

最后,采用 VAR-GJR-MGARCH-BEKK 模型,以近年来在岸银行间即期外汇市场人民币兑美元交易价浮动幅度的扩大和人民币汇率形成机制市场化改革的时间点为临界点,将样本划分为四个阶段,实证分析了在岸与离岸人民币即期汇率、远期汇率和即期与远期汇率之间的均值溢出效应、波动溢出效应与非对称效应,以及两个市场之间溢出效应的动态演变过程。结论如下:

第一,总体样本的研究结果显示,首先,在岸与离岸即期汇率,各交易期限和交易品种在岸与离岸远期汇率,均具有一定的自相关性、波动集聚性和持续性以及非对称性。其次,除 1 个月期限在岸可交割远期汇率对对应期限离岸无本金交割远期汇率以及在岸即期汇率对 1 个月期限离岸无本金交割远期汇率的均值溢出效应不显著外,其他交易品种和交易期限在岸汇率对相应"汇率对"的离岸汇率均具有显著的均值溢出效应,同时所有交易期限和交易品种离岸汇率对相应"汇率对"的在岸汇率的均值溢出效应均显著,且除在岸即期汇率对离岸即期汇率的均值溢出效应高于后者对前者的溢出效应外,其他市场汇率之间的均值溢出效应在大多数"汇率对"中都表现为离岸汇率高于在岸汇率。最后,不同交易品种和交易期限在岸与离岸汇率之间均表现出一定的波动溢出效应和非对称效应,但是总体来看,在在岸与离岸市场之间的汇率波动传导中,离岸汇率对在岸汇率的传导能力强于后者对前者的传导能力。

第二,分阶段的动态估计结果表明,随着在岸银行间即期外汇市场人民币兑美元交易价浮动幅度的扩大和人民币汇率形成机制更加市场化,在岸与离岸即期汇率之间、远期汇率之间以及即期与远期汇率之间的联动性均明显上升,同时在岸汇率对离岸汇率的信息传导能力也不断增强。尽管如此,在人民币兑美元交易价浮动幅度为 5‰ 的政策区间内,除了即期市场上在岸汇率对离岸汇率的传导能力强于后者对前者的传导能力外,在岸与离岸远期市场、在岸即期与离岸远期市场、在岸远期与离岸即期市场的相应"汇率对"之间,离岸汇率的信息传递能力均相对更强。随着人民币兑美元交易价浮动幅度扩大至 1%，在在岸与离岸远期市场之间以及在岸即期与离岸远期市场之间，在岸汇率对离岸汇率的传导能力开始强于后者对前者的传导能力。但是在第三阶段，除了在岸即期与离岸远期市场"汇率对"中在岸汇率在信息传导中依然占据主导地位外，离岸汇率在其他交易期限和交易品种在在岸与离岸市场之间的信息传导中均占据优势；2015 年 8 月 11 日人民币汇率形成机制改革后，各交易品种和交易期限的在岸与离岸人民币汇率间的联动程度均大幅上升，该阶段尽管在岸汇率对离岸汇率的引导能力也显著上升，但是在在岸与离岸远期市场之间、在岸远期与离岸即期市场之间，离岸汇率对在岸汇率的引导能力依然高于后者对前者的传导能力。

3. 基于金融市场层面，分别采用 NARDL 模型、动态溢出指数方法、TVP-VAR 模型实证研究了离岸人民币市场发展对境内股票市场、债券市场、外汇储备规模和短期跨境资本流动的影响

首先，在建立在岸与离岸人民币汇差和利差对股票市场影响的理论模型，分析离岸人民币市场对境内股票市场价格影响的基础上，采用 NARDL 模型实证检验了在岸与离岸人民币汇差、利差对境内股票市场的非对称传递效应。结果发现：第一，在岸与离岸汇差对股票收益率具有显著正影响，而利差对股票收益率的影响不显著或程度较微弱，故离岸市场的发展主要通过汇率渠道对境内股票市场产生影响。在长期，无论正向累积还是负向累积，在岸与离岸汇差对股票收益率的影响系数相同，不存在非对称性。但在短期，汇差负向累积的影响系数大于正向累积的系数，呈现出明显的非对称性，即当离岸汇率高于在岸汇率时汇差对股市的影响程度大于在岸汇率高于离岸汇率时的影响程度。第二，在岸与离岸汇差冲击对资本流动、资本流动冲击对境内股票收益率不同提前期的时变脉冲响应函数值均基本为正，故汇差的存在加剧了资本流动，资本流动进一步地提高了股票收益率，与理论模型中在岸与离岸汇差通过资本流动对境内股票市场产生影响的设定一致。

其次，以溢出指数和滚动回归分析为基础，从债券收益率变动率和波动率两个层面，实证考察了在岸与离岸人民币债券市场的静态和动态溢出关系。静态分析结果显示，第一，各期限在岸与离岸人民币债券交

易品种之间均具有一定的溢出效应，且在岸市场各交易品种之间的溢出效应高于在岸市场各交易品种对离岸市场各交易品种的溢出效应，同时，离岸市场各交易品种之间的溢出效应也高于其对在岸市场各交易品种的溢出效应。第二，在岸市场各交易期限人民币债券对离岸市场各交易期限人民币债券收益率变动率的总体平均溢出效应高于后者对前者的溢出效应，而各交易期限在岸人民币债券对离岸人民币债券收益率波动率的总体平均溢出效应则低于后者对前者的溢出效应。第三，总体而言，在岸与离岸人民币债券市场联系的紧密程度仍然相对较低。动态分析结果表明，在收益率变动率和波动率层面，无论是在岸市场对离岸市场的溢出效应，还是后者对前者的溢出效应，抑或离岸市场对在岸市场的净溢出效应，均表现出明显的时变特征。两个市场之间的动态溢出指数显著受到境内金融改革和资本账户开放进程的影响。

最后，在理论分析以在岸与离岸人民币汇差、利差和人民币升贬值预期为基础的套汇和套利行为对跨境资本流动作用机理的基础上，采用TVP-VAR 模型实证检验了在岸与离岸人民币汇差、利差和人民币汇率预期对境内外汇储备规模和短期跨境资本流动的影响。结果发现：

第一，三者对境内外汇储备和短期资本流动均具有显著影响。在岸与离岸人民币汇差的扩大将推动境内外汇储备规模增加，但其对短期资本流动的影响方向呈现不确定性，在本书所选取的样本期内，在岸与离岸汇差引致了短期资本流入；在岸与离岸人民币利差对境内外汇储备规模的增加具有显著的正效应，并促进短期资本流入；人民币升值预期在推动境内外汇储备规模的增加的同时，也促使了短期资本流入。第二，在对境内外汇储备规模变动的影响程度方面，在岸与离岸人民币汇差、利差和人民币汇率预期的长期冲击对外汇储备的影响程度均为最高，短期冲击的影响程度则均最低。尽管如此，无论就长期、中期还是短期而言，利差冲击的作用均为最大，汇差冲击的影响程度次之，人民币汇率预期冲击的影响则均为最小，且随着时间的推移，汇率预期冲击的影响会逐渐下降。此外，该三个变量对外汇储备的影响程度均具有一定的波动性，但利差冲击影响的波动程度最高，人民币汇率预期冲击影响的波动程度则为最低。在对短期资本流动变化的影响程度方面，在岸与离岸汇差冲击的影响程度最大，人民币升值预期冲击的影响程度次之，利差冲击的影响程度最小。而且，三者的提前期冲击对短期资本流动的影响均随着时间的推移而下降，但利差和汇率预期提前期冲击的影响效应变动较为平稳，汇差提前期冲击的影响效应波动则较为频繁。

4. 在识别离岸人民币市场风险表现的基础上，构建相应的预警体系，采用小波神经网络对离岸人民币市场的风险进行预警

首先，基于货币政策中间目标和金融市场两个层面的实证研究结论，并结合离岸人民币市场发展现实，评估了人民币离岸市场发展过程中其对境内货币和金融稳定可能带来的风险，包括使境内银行体系的信用风险和流动性风险上升、人民币汇率过度波动风险、资本异常流动风险、货币政策有效性和独立性降低风险、货币替代风险、金融危机传染风险和资产价格过度波动风险。

其次，以所识别出的风险为依据，将离岸人民币市场风险划分为七个预警子系统，即银行体系风险预警子系统、汇率波动风险预警子系统、资本流动风险预警子系统、货币政策风险预警子系统、货币替代风险预警子系统、危机传染风险预警子系统和资产价格波动风险预警子系统；并根据数据的可得性，设计每一个预警子系统的预警指标，从而构建离岸人民币市场风险预警体系。

最后，采用小波神经网络对 2018 年离岸人民币市场的风险进行预警。结果表明：第一，就每一个子系统下的单项指标而言，商业银行资本充足率和流动性比例、人民币汇率波动率以及境内货币替代率四个指标处于风险状态，尤为值得关注；除此之外，本书所选取的 17 个风险预警指标中的其他指标都处于安全或基本安全状态，意味着离岸人民币市场发展暂时不会对境内货币和金融稳定造成太大冲击。第二，就人民币离岸市场的综合风险指数而言，其走势受国内外环境尤其是境内金融改革进程的显著影响，在国际金融环境动荡或人民币汇率市场化改革的年份，离岸人民币市场的风险指数明显上升。尽管如此，近年来离岸人民币市场的风险水平依然相对较低，其快速发展并未对境内货币和金融稳定产生太大的负面冲击，境内金融改革与离岸人民币市场发展基本处于相互促进、相互协调的状态。

第二节　政策启示

本书的理论和实证研究表明，目前随着离岸人民币市场的快速发展和人民币跨境流通渠道的日益拓宽，离岸人民币市场已经对境内货币和金融稳定带来了显著的影响。因此，境内货币当局在借力离岸人民币市场的价格发现功能推进境内金融改革的同时，更要谨防离岸人民币市场发展对境内金融体系带来的负面冲击。据此，本书从货币政策中间目标和金融市场两个维度提出相应的政策启示。

一、货币政策中间目标维度

首先，在货币政策中间目标制定的过程中要充分考虑离岸人民币市场发展对境内货币政策的溢出效应。当前，中国的货币政策中间目标仍然以数量型调控为主，而前文的分析已经显示，离岸人民币市场的发展无论在短期还是长期都会对境内货币供给量产生冲击，进而削弱中国人民银行对货币供给量的控制能力。因此，央行在设定货币政策中间目标时，应恰当考虑离岸人民币回流或境内人民币流出对境内货币供给量的影响，同时应加快推动货币政策调控框架由以数量型工具为主向价格型工具为主的转变。然而，如前所述，由于在岸与离岸人民币利率亦具有一定的相互溢出效应，但不同交易品种人民币利率的溢出程度和方向具有明显差异，因而在制定以利率为中间目标的货币政策时，可以根据在岸与离岸市场不同期限交易品种间的相互影响方向及程度，选择合适的利率目标。特别地，可以选取离岸市场对在岸市场影响程度较低的交易品种作为目标，以降低离岸市场发展对境内货币政策独立性和有效性的负面冲击。

其次，在推进在岸人民币利率和汇率市场化改革的过程中，不仅要恰当考虑在岸与离岸人民币利率之间和汇率之间的均值溢出效应和波动溢出效应，更应将两个市场之间的非对称溢出效应纳入其中。本书的研究表明，离岸人民币汇率和利率对在岸人民币汇率和利率已经产生一定的均值溢出效应、波动溢出效应和非对称效应。这意味着，一方面，政府可以进一步发挥离岸市场的价格发现功能，并利用市场化程度较高的离岸人民币汇率和利率形成机制为境内人民币汇率和利率市场化改革提供信息；另一方面，在利用离岸人民币市场的价格发现功能推动市场化改革的过程中，还应充分考虑离岸人民币汇率和利率波动通过波动溢出效应影响在岸人民币汇率和利率稳定，尤其要防止离岸人民币汇率和利率通过非对称溢出效应对在岸人民币汇率和利率波动的放大作用。

最后，渐进原则对于推进在岸市场人民币利率和汇率市场化改革依然尤为重要。本书的动态分析发现，离岸人民币市场对在岸货币和金融稳定的冲击程度大小与境内货币和金融改革的进程紧密相关，随着境内改革进程的推进，离岸人民币市场的风险明显上升。因此，依然应坚持渐进改革的原则，谨防过快的放开所可能引致的离岸人民币市场对境内货币和金融稳定的大幅冲击。此外，中央银行在对外汇市场进行干预时也应审慎操作。因为在岸人民币汇率波动不仅具有持续性，而且对离岸人民币汇率具有波动溢出效应和非对称溢出效应，如果中央银行干预不当，不仅可能造成在岸外汇市场持续波动，以致影响离岸人民币汇率稳定，并可能使在岸汇率持续偏离均衡水平，甚至影响离岸市场上人民币的需求和供给，从而影响人民币离岸市场发展和人民币国际化进程的稳步推进。

二、金融市场维度

第一，建立健全成熟的境内金融市场。当前中国境内金融市场发育程度相对较低，金融市场中银行体系仍占有主导地位，货币市场的广度和深度依然不高，股票、债券、衍生品市场发展仍欠发达，多层次的金融市场体系尚未完全形成，且金融体系市场化程度不高。在这一背景下，境内金融市场抵御外部风险的能力相对较弱，面对离岸人民币市场的冲击，境内金融稳定时刻面临严峻挑战。为此，一方面，应加快多层次金融市场体系建设，不断拓宽货币市场的广度和深度，转变政府调控方式，深入推进股票市场和债券市场的市场化改革，减弱行政手段对股票和债券市场的干预，健全市场机制，促使行政手段和经济手段之间的配合和良性互动，促进股票市场和债券市场向健康、高效的方向发展。

另一方面，不断完善金融市场基础设施建设和制度建设，大力推进金融产品创新，推动期货及衍生品市场的发展。此外，还应打破境内金融市场上各子市场相互分割的状态，充分发挥不同金融市场的协同作用，增强境内金融市场抵御外部风险的能力。

第二，提高境内银行业的资产质量，提升银行的国际业务管理能力。本书第五章的结论显示，在离岸人民币市场风险的预警子系统中，银行体系子系统风险爆发的可能性最高，衡量银行体系风险的商业银行资本充足率和流动性比例两个指标处于风险状态，商业银行不良贷款率指标也处于需要关注的状态。因此，提高境内银行业的资产质量，可以有效应对离岸人民币市场发展的金融风险。尤其在离岸市场发展初期跨境人民币业务主要通过银行业金融机构进行的背景下，这一举措显得更为重要。此外，离岸人民币市场的发展，为诸多银行尤其是此前从未开展过跨境业务的商业银行开展国际业务提供了新的机遇，在岸与离岸人民币的价格差异又为该类银行开展跨境人民币业务提供了动力，由于国际业务较境内业务所面临的客户主体、环境等更为复杂，从而为部分银行的业务管理带来了挑战，因此，着力提高银行业金融机构的国际业务管理能力势在必行。

第三，审慎推动资本账户开放进程，加强对资本流动尤其是短期跨境资本流动的监管。资本账户开放是"发展更高层次的开放型经济"和"推动形成全面开放新格局"的必然要求。但是，随着资本账户开放进程的推进，在岸与离岸人民币市场之间资本跨境流通的渠道将更加丰富，国际资本也可以更方便地频繁进出境内市场而冲击境内金融稳定。本书的分析也表明，境内外人民币市场之间的相互影响和相互溢出程度伴随资本账户开放程度的上升而提高。因此，审慎推动资本账户开放对于维护境内货币和金融稳定极为重要，渐进的资本账户开放路径依然是当前中国政府的最优选择。同时，在资本账户开放进程中，一方面，应注意与人民币汇率和利率市场化改革进程相协调；另一方面，应提升金融监管能力和水平，尤其加强对短期跨境资本流动的监管和监控，外汇管理部门可以建立并不断完善对国际资本流动的动态跟踪数据，加大对国际游资的监控，不断健全金融安全网和危机预警机制，降低因短期资本流动冲击而爆发系统性风险的可能性。此外，中国人民银行还可以加强与其他国家或地区的中央银行或货币当局以及国际清算银行的合作，不断提高境外人民币存量或跨境资本流动数据的收集质量。

参考文献

[1] 巴曙松，严敏. 人民币现金境外需求规模的间接测算研究：1999—2008 [J]. 上海经济研究，2010 (1)：19-25.

[2] 陈昊，陈平，杨海生，李威. 离岸与在岸人民币利率定价权的实证分析——基于溢出指数及其动态路径研究 [J]. 国际金融研究，2016 (6)：86-96.

[3] 陈晓莉，孟艳. 香港人民币债券市场：发展特征、存在风险及防范对策 [J]. 财政研究，2014 (6)：65-69.

[4] 代幼渝，杨莹. 人民币境外NDF汇率、境内远期汇率与即期汇率的关系的实证研究 [J]. 国际金融研究，2007 (10)：72-80.

[5] 丁玉萍. 内地香港联手再堵"内保外贷" [EB/OL]. 新浪财经，http：// finance. sina. com. cn/roll/20110902/035010421463. shtm，2011-09-02.

[6] 董继华. 人民币境外需求规模估计：1999—2005 [J]. 经济科学，2008 (1)：55-66.

[7] 冯永琦，梁蕴兮，裴祥宇. 日元离岸与在岸利率联动效应研究 [J]. 现代日本经济，2014 (1)：28-35.

[8] 冯永琦，王丽莉. 离岸与在岸人民币债券市场波动溢出效应研究——基于债券利率期限结构的分析 [J]. 国际经贸探索，2016 (7)：53-63.

[9] 何帆，张斌，张明，徐奇渊，郑联盛. 香港离岸人民币金融市场的现状、前景、问题与风险 [J]. 国际经济评论，2011（3）：84-108.

[10] 贺晓博，张笑梅. 境内外人民币外汇市场价格引导关系的实证研究——基于香港、境内和NDF市场的数据 [J]. 国际金融研究，2012（6）：58-66.

[11] 郝毅，梁琪，李政. 境内外人民币外汇市场极端风险溢出研究 [J]. 国际金融研究，2017（9）：76-85.

[12] 黄梅波，熊爱宗. 论人民币国际化的空间和机遇 [J]. 上海财经大学学报，2009（2）：67-75.

[13] 黄学军，吴冲锋. 离岸人民币非交割远期与境内即期汇率价格的互动：改革前后 [J]. 金融研究，2006（11）：83-89.

[14] 李红权，洪永淼，汪寿阳. 我国A股市场与美股、港股的互动关系研究：基于信息溢出视角 [J]. 经济研究，2011（8）：15-25.

[15] 李继民. 人民币境外存量估计——基于ARDL模型的实证分析 [J]. 中南财经政法大学学报，2011（2）：107-114.

[16] 李婧，管涛，何帆. 人民币跨境流通的现状及对中国经济的影响 [J]. 管理世界，2004（9）：45-52.

[17] 李婧，吴远远，赵啟麟. 人民币在岸市场与香港离岸市场汇率溢出效应和联动机制研究："8. 11"汇改前后的比较 [J]. 世界经济研究，2017（9）：13-24.

[18] 李晓，付争. 香港人民币离岸市场的发展与预期风险 [J]. 世界经济研究，2011（9）：16-21.

[19] 李晓峰，陈华. 人民币即期汇率市场与境外衍生品市场之间的信息流的关系研究 [J]. 金融研究，2008（5）：14-24.

[20] 李政. "811"汇改提高了人民币汇率中间价的市场基准地位吗？[J]. 金融研究，2017（4）：1-16.

[21] 李政，郝毅，袁瑾. 在岸离岸人民币利率极端风险溢出研究 [J]. 统计研究，2018（2）：29-39.

[22] 李政，梁琪，卜林. 人民币在岸离岸市场联动关系与定价权归属研究 [J]. 世界经济，2017（5）：98-123.

[23] 露口洋介. 人民币国际化的现状和展望 [J]. 国际经济评论，2011（3）：109-119.

[24] 梁琪，李政，郝项超. 中国股票市场国际化研究：基于信息溢出的视角 [J]. 经济研究，2015（4）：150-164.

[25] 刘春霞，洪丽. NDF监管政策对境内外人民币远期市场联动效应的影响 [J]. 经济管理，2008（12）：69-73.

[26]　刘华，李广众. 离岸人民币市场发展的影响：理论、实证与政策研究
　　　　[M]. 北京：社会科学文献出版社，2017.

[27]　刘华，朱佳青，李广众. 我国货币政策中间目标的动态影响——基于
　　　　广义脉冲响应的分析 [J]. 国际金融研究，2016（4）：84-96.

[28]　刘林，朱孟楠. 货币供给、广义货币流通速度与物价水平——基于非
　　　　线性 LSTVAR 模型对我国数据的实证研究 [J]. 国际金融研究，2013
　　　　（10）：20-32.

[29]　刘仁伍，刘华. 人民币国际化：风险评估与控制 [M]. 北京：社会科学文
　　　　献出版社，2009.

[30]　刘亚，张曙东，许萍. 境内外人民币利率联动效应研究——基于离岸无本
　　　　金交割利率互换 [J]. 金融研究，2009（10）：94-106.

[31]　马斌. 人民币国际化的影响因素研究——基于国际货币职能视角 [D]. 大
　　　　连：东北财经大学博士学位论文，2015.

[32]　马骏. 离岸市场对境内货币与金融的影响和风险控制 [A]. 马骏，徐剑刚，
　　　　等. 人民币走出国门之路——离岸市场发展与资本项目开放 [M]. 北京：
　　　　中国经济出版社，2012：33-54.

[33]　马荣华，饶晓辉. 人民币的境外需求估计 [J]. 国际金融研究，2007
　　　　（2）：50-59.

[34]　闵敏，丁剑平. 中国离岸市场利率期限结构特征研究——基于面板宏观金
　　　　融模型的分析 [J]. 财经研究，2015（6）：107-119.

[35]　潘慧峰，郑建明，范言慧. 境内外人民币远期市场定价权归属问题研究
　　　　[J]. 中国软科学，2009（9）：156-164.

[36]　彭红枫，胡利琴. 关于人民币远期定价权问题的研究 [J]. 经济管理，
　　　　2007（20）：28-33.

[37]　阙澄宇，马斌. 人民币离岸套利对在岸外汇市场的动态影响——基于状
　　　　态空间模型的实证分析 [J]. 财经问题研究，2013（2）：66-73.

[38]　阙澄宇，马斌. 中国—东盟经济合作中的人民币区域化研究 [M]. 北京：
　　　　中国金融出版社，2015.

[39]　阙澄宇，马斌. 人民币在岸与离岸市场汇率的非对称溢出效应——基于
　　　　VAR-GJR-MGARCH-BEKK 模型的经验证据 [J]. 国际金融研究，2015
　　　　（7）：21-32.

[40]　阙澄宇，马斌. 在岸与离岸人民币利率溢出效应的实证研究 [J]. 财经问
　　　　题研究，2016（12）：47-56.

[41]　乔依德，李蕊，葛佳飞. 人民币国际化：离岸市场与在岸市场的互动 [J].
　　　　国际经济评论，2014（2）：93-104.

[42] 宋芳秀，刘芮睿. 人民币境外存量的估算及其影响因素分析 [J]. 世界经济研究，2016（6）：12-21.

[43] 沙文兵. 人民币国际化对中国经济内外均衡动态影响研究 [M]. 北京：经济科学出版社，2016.

[44] 沙文兵，童文俊. 人民币境外存量与汇率互动关系研究——基于2004—2012年季度数据的实证分析 [J]. 世界经济研究，2014（2）：10-15、22.

[45] 沈悦，董鹏刚，李善燊. 人民币国际化的金融风险预警体系研究 [J]. 经济纵横，2013（8）：88-93.

[46] 沈悦，张澄. 人民币国际化进程中的金融风险预警研究 [J]. 华东经济管理，2015（8）：94-101.

[47] 陶士贵，叶亚飞. 人民币境外存量的估算及其对我国货币供给量的影响——基于人民币跨境交易视角 [J]. 财贸经济，2013（9）：67-75.

[48] 吴丽华，傅广敏. 人民币汇率、短期资本与股价互动 [J]. 经济研究，2014（11）：72-86.

[49] 吴志明，陈星. 基于MGARCH-BEKK模型的境内外人民币汇率动态关联性研究——来自香港离岸人民币市场成立后的经验证据 [J]. 世界经济与政治论坛，2013（5）：110-123.

[50] 伍戈. 中国的货币需求与资产替代：1994—2008 [J]. 经济研究，2009（3）：53-67.

[51] 伍戈，顾及. 资本管制、避险情绪与货币替代 [J]. 财经研究，2014（12）：51-64.

[52] 伍戈，裴诚. 境内外人民币汇率价格关系的定量研究 [J]. 金融研究，2012（9）：62-73.

[53] 伍戈，杨凝. 人民币跨境流动与离岸市场货币创造：兼议对我国货币政策的影响 [J]. 比较，2015（4）：172-197.

[54] 王芳，甘静芸，钱宗鑫，何青. 央行如何实现汇率政策目标——基于在岸—离岸人民币汇率联动的研究 [J]. 金融研究，2016（4）：34-49.

[55] 王庆. 人民币国际化进程是池子论具体体现 [EB/OL]. 新浪财经，http：//finance. sina. com. cn/review/hgds/20110315/14139534083. shtml，2011-03-15.

[56] 王书朦. 汇率预期波动视角下境外人民币需求动态变化——基于离岸人民币市场的研究 [J]. 国际金融研究，2016（11）：66-75.

[57] 王曦，郑雪峰. 境内外人民币远期汇率信息传导关系的演变：一个实证分析 [J]. 国际金融研究，2009（11）：45-54.

[58] 王晓雷，刘昊虹. 论贸易收支、外汇储备与人民币国际化的协调和均衡发

展［J］. 世界经济研究，2012（11）：29-37.

[59]　徐剑刚，李治国，张晓蓉. 人民币 NDF 与即期汇率的动态关联性研究［J］. 财经研究，2007（9）：61-68.

[60]　徐剑刚，吴轶. 在岸与离岸人民币衍生品市场的关系［A］. 韩立岩，王允贵主编. 人民币外汇衍生品市场：路径与策略［M］. 北京：科学出版社，2009：89-105.

[61]　徐晟，韩建飞，曾李慧. 境内外人民币远期市场联动关系与波动溢出效应研究——基于交易品种、政策区间的多维演进分析［J］. 国际金融研究，2013（8）：42-52.

[62]　修晶，周颖. 人民币离岸市场与在岸市场汇率的动态相关性研究［J］. 世界经济研究，2013（3）：10-15.

[63]　余道先，王云. 人民币国际化进程的影响因素分析——基于国际收支视角［J］. 世界经济研究，2015（3）：3-14.

[64]　余永定. 从当前的人民币汇率波动看人民币国际化［J］. 国际经济评论，2012（1）：18-26.

[65]　叶亚飞，石建勋. 香港离岸市场发展对我国宏观经济的影响研究：兼论上海自贸区人民币离岸市场的构建［J］. 世界经济研究，2017（9）：38-51.

[66]　严佳佳，郭春松，黄欣，黄文彬. 人民币境外存量对我国货币供应量的影响研究［J］. 国际金融研究，2017（7）：76-85.

[67]　严佳佳，黄志刚，陈丽英. 香港离岸人民币市场发展研究［M］. 北京：中国金融出版社，2017.

[68]　严敏，巴曙松. 境内外人民币远期市场间联动与定价权归属：实证检验与政策启示［J］. 经济科学，2010（1）：72-84.

[69]　杨承亮. 人民币离岸市场与在岸市场联动关系研究［M］. 北京：中国金融出版社，2014.

[70]　杨娇辉，王曦. 市场分割下东北亚货币的跨货币溢出效应与汇率预测［J］. 国际金融研究，2013（5）：32-48.

[71]　杨荣海. 资本账户开放促进了人民币境外市场发展吗？［J］. 国际金融研究，2018（5）：14-23.

[72]　杨雪峰. 人民币离岸市场发展对我国货币政策的影响［J］. 世界经济研究，2016（5）：11-17.

[73]　曾之明. 人民币离岸金融中心发展研究［M］. 北京：经济科学出版社，2012.

[74]　周先平，李标，邹万鹏. 境内外银行间人民币同业拆借利率的联动关系研究［J］. 国际金融研究，2014（8）：69-77.

[75]　周先平，李敏，刘天云. 境内外人民币债券市场的联动关系及其影响因

分析［J］. 国际金融研究，2015（3）：44-53.

［76］ 周宇. 论汇率贬值对人民币国际化的影响——基于主要国际货币比较的分析［J］. 世界经济研究，2016（4）：3-11、30.

［77］ 张斌，徐奇渊. 汇率与资本项目管制下的人民币国际化［R］. 中国社会科学院世界经济与政治研究所世界经济预测与政策模拟实验室工作论文 No. 2012. 002，2012.

［78］ 张春生，蒋海. 社会融资规模适合作为货币政策中介目标吗：与 M2、信贷规模的比较［J］. 经济科学，2013（6）：30-43.

［79］ 张明. 人民币国际化：基于在岸与离岸的两种视角［R］. 中国社会科学院世界经济与政治研究所国际金融研究中心 Working Paper No. 2011W09，2011a.

［80］ 张明. 中国面临的短期国际资本流动：不同方法与口径的规模测算［J］. 世界经济，2011b（2）：39-56.

［81］ 张明，何帆. 人民币国际化进程中在岸离岸套利现象研究［J］. 国际金融研究，2012（10）：47-54.

［82］ 张青龙. 人民币国际化的经济效应：一般均衡分析［J］. 世界经济研究，2005（8）：44-48.

［83］ 张谊浩，裴平，方先明. 中国的短期国际资本流入及其动机——基于利率、汇率和价格三重套利模型的实证研究［J］. 国际金融研究，2007（9）：41-52.

［84］ 中国人民大学国际货币研究所. 人民币国际化报告2014：人民币离岸市场建设与发展［M］. 北京：中国人民大学出版社，2014.

［85］ 中国人民大学国际货币研究所. 人民币国际化报告2018［M］. 北京：中国人民大学出版社，2018.

［86］ 中国人民银行上海总部金融市场管理部. 2017年12月境外人民币市场综述［J］. 中国货币市场，2018（1）：85-88.

［87］ 中国人民银行. 2016年人民币国际化报告［M］. 北京：中国金融出版社，2016.

［88］ 中国人民银行. 2017年人民币国际化报告［M］. 北京：中国金融出版社，2017.

［89］ AJAYI R A, SERLETIS A. Testing for causality in the transmission of Eurodollar and U.S. interest rates［J］. Applied Financial Economics, 2009, 19（6）：439-443.

［90］ ALIBER R Z. The integration of the offshore and domestic banking system［J］. Journal of Monetary Economics, 1980, 6（4）：509-526.

[91] ANDERSEN T G, BOLLERSLEV T, DIEBOLD F X, EBENS H. The distribution of realized stock return volatility [J]. Journal of Financial Economics, 2001, 61 (1): 43-76.

[92] ANN A T H, ALLES L. An examination of causality and predictability between Australian domestic and offshore interest rates [J]. Journal of International Financial Markets, Institutions and Money, 2000, 10 (1): 83-106.

[93] BALL L. Short-run money demand [J]. Journal of Monetary Economics, 2012, 59 (7): 622-633.

[94] BALBACH A B, RESLER D H. Eurodollars and the U.S. money supply [J]. Federal Reserve Bank of St Louis Review, 1980 (6-7): 2-12.

[95] BEHERA H K. Onshore and offshore market for Indian Rupee: recent evidence on volatility and shock spillover [R]. MPRA Paper No.22247, 2010.

[96] BOLLERSLEV T, CHOU R Y, KRONER K F. ARCH modeling in finance: a review of the theory and empirical evidence [J]. Journal of Econometrics, 1992, 52 (1-2): 5-59.

[97] BRIMMER A F. Euro-dollar flows and the efficiency of U.S. monetary policy [C]. A Paper Presented before a Conference on Wall Street and the Economy, the New School for Social Research, New York, 1969.

[98] BROOKS C. Introductory econometrics for finance (third edition) [M]. New York: Cambridge University Press, 2014.

[99] CAPPIELLO L, ENGLE R F, SHEPPARD K. Asymmetric dynamics in the correlations of global equity and bond returns [J]. Journal of Financial Econometrics, 2006, 4 (4): 537-572.

[100] CHEUNG Y-W, RIME D. The offshore Renminbi exchange rate: microstructure and links to the onshore market [J]. Journal of International Money and Finance, 2014, 49 (12): 170-189.

[101] CUESTAS J C, TANG B. Asymmetric exchange rate exposure of stock returns: empirical evidence from Chinese industries [J]. Studies in Nonlinear Dynamics & Econometrics, 2017, 21 (4): 1-21.

[102] DIEBOLD F X, YILMAZ K. Better to give than to receive: predictive directional measurement of volatility spillovers [J]. International Journal of Forecasting, 2012, 28 (1): 57-66.

[103] DIECI R, WESTERHOFF F. Heterogeneous speculators, endogenous

fluctuations and interacting markets: a model of stock prices and exchange rates [J]. Journal of Economic Dynamics & Control, 2010, 34 (4): 743-764.

[104] DING D K, TSE Y, WILLIAMS M R. The price discovery puzzle in offshore yuan trading: different contributions for different contracts [J]. Journal of Futures Markets, 2014, 34 (2): 103-123.

[105] ENGLE R F, NG V K. Measuring and testing the impact of news on volatility [J]. The Journal of Finance, 1993, 49 (5): 1749-1778.

[106] FOUSEKIS P, KATRAKILIDIS C, TRACHANAS E. Vertical price transmission in the US beef sector: evidence from the nonlinear ARDL model [J]. Economic Modelling, 2016, 52 (1): 499-506.

[107] FRYDL E J. The Eurodollar conundrum [J]. Federal Reserve Bank of New York Quarterly Review, 1982, 7 (1): 11-19.

[108] FUNG H-G, LO W-C. An empirical examination of the ex ante international interest rate transmission [J]. The Financial Review, 1995, 30 (1): 175-192.

[109] GARBER P M. What drives CNH market equilibrium? [R]. CGS/IIGG Working Paper, 2011.

[110] GIBSON W E. Eurodollars and U.S. monetary policy [J]. Journal of Money, Credit and Banking, 1971, 3 (3): 649-665.

[111] GLOSTEN L R, JAGANNATHAN R, RUNKLE D E. On the relation between the expected value and the volatility of the nominal excess return on stocks [J]. The Journal of Finance, 1993, 48 (5): 1779-1801.

[112] GU L, MCNELIS P D. Euro volatility and Chinese fear of floating: pressures from the NDF market [R]. Fordham University Working Paper, 2011.

[113] GURU A. Non-deliverable forwards market for Indian Rupee: an empirical study [J]. Indian Journal of Economics and Business, 2009, 8 (2): 245-260.

[114] HARTMAN D G. The international financial market and U.S. interest rates [J]. Journal of International Money and Finance, 1984, 3 (1): 91-103.

[115] HE D, MCCAULEY R N. Offshore markets for the domestic currency: monetary and financial stability issues [R]. BIS Working Paper No.320, 2010.

[116] HENDERSHOTT P H. The structure of international interest rates: The U. S. treasury bill rate and the Eurodollar deposit rate [J]. The Journal of Finance, 1967, 22 (3): 455-465.

[117] ITO T. The internationalization of the RMB: opportunities and pitfalls [R]. CGS-IIGG Working Paper No.15, 2011.

[118] KAEN F R, HACHEY G A. Eurocurrency and national money market interest rates: an empirical investigation of causality [J]. Journal of Money, Credit and Banking, 1983, 15 (3): 327-338.

[119] KLOPSTOCK F H. The Euro-dollar market: some unresolved issues [R]. Princeton University International Finance Section Essays in International Finance No.65, 1968.

[120] LI X-M. How do exchange rates co-move? a study on the currencies of five inflation-targeting countries [J]. Journal of Banking & Finance, 2011, 35 (2): 418-429.

[121] LO W-C, FUNG H-G, MORSE J N. A note on Euroyen and domestic yen interest rates [J]. Journal of Banking & Finance, 1995, 19 (7): 1309-1321.

[122] LÖCHEL H, PACKHAM N, WALISCH F. Determinants of the onshore and offshore Chinese government yield curves [J]. Pacific-Basin Finance Journal, 2016, 36 (1): 77-93.

[123] MAYA C, GÓMEZ K. What exactly is 'bad news' in foreign exchange markets?: evidence from Latin American markets [J]. Cuadernos de economía-Latin American Journal of Economics, 2008, 45 (132): 161-183.

[124] MAZIAD S, KANG J S. RMB internationalization: onshore/offshore links [R]. IMF Working Paper No.WP/12/133, 2012.

[125] MISRA S, BEHERA H. Non deliverable foreign exchange forward market: an overview [J]. Reserve Bank of India Occasional Papers, 2006, 27 (3): 25-55.

[126] MOUGOUÉ M, WAGSTER J. The causality effects of the Federal Reserve's monetary policy on U.S. and Eurodollar interest rates [J]. The Financial Review, 1997, 32 (4): 821-844.

[127] MOUGOUÉ M, NOULA A G, AJAYI R A. Maturities, nonlinearities, and the international transmission of short-term interest rates [J]. Review of Applied Economics, 2008, 4 (1-2): 93-112.

[128] MURASE T. Hong Kong Renminbi offshore market and risks to Chinese economy [R]. Institute for International Monetary Affairs Newsletter No.40, 2010.

[129] NAKAJIMA J, KASUYA M, WATANABE T. Bayesian analysis of time-varying parameter vector autoregressive model for the Japanese economy and monetary policy [J]. Journal of the Japanese and International Economies, 2011, 25 (3): 225-245.

[130] NELSON D B. Conditional heteroskedasticity in asset returns: a new approach [J]. Econometrica, 1991, 59 (2): 347-370.

[131] PARK J. Information flows between non-deliverable forward (NDF) and spot markets: evidence from Korean currency [J]. Pacific-Basin Finance Journal, 2001, 9 (4): 363-377.

[132] PESARAN H H, SHIN Y. Generalized impulse response analysis in linear multivariate models [J]. Economics Letters, 1998, 58 (1): 17-29.

[133] PESARAN M H, SHIN Y, SMITH R J. Bounds testing approaches to the analysis of level relationships [J]. Journal of Applied Econometrics, 2001, 16 (3): 289-326.

[134] PRIMICERI G E. Time varying structural vector autoregressions and monetary policy [J]. The Review of Economic Studies, 2005, 72 (3), 821-852.

[135] RICH G. A theoretical and empirical analysis of the Eurodollar market [J]. Journal of Money, Credit and Banking, 1972, 4 (3): 616-635.

[136] SHIN Y, YU B, GREENWOOD-NIMMO M. Modelling asymmetric cointegration and dynamic multipliers in a nonlinear ARDL framework [A]. SICKLES R C, HORRACE W C (eds.). Festschrift in honor of Peter Schmidt: econometric methods and applications [C]. New York: Springer, 2014: 281-314.

[137] STIER O, BERNOTH K, FISHER A. Internationalization of the Chinese Renminbi: an opportunity for China [J]. Weekly Report, 2010, 6 (17): 126-132.

[138] SUSMEL R, ENGLE R F. Hourly volatility spillovers between international equity markets [J]. Journal of International Money and Finance, 1994, 13 (1): 3-25.

[139] SWANSON P E. The international transmission of interest rates: a note on causal relationships between short-term external and

domestic U.S. dollar returns [J]. Journal of Banking & Finance, 1988, 12 (4): 563-573.

[140] TSE Y, BOOTH G G. Common volatility and volatility spillovers between U.S. and Eurodollar interest rates: evidence from the futures market [J]. Journal of Economics and Business, 1996, 48 (3): 299-312.

[141] WANG K-L, FAWSON C, CHEN M-L, WU A-C. Characterizing information flows among spot, deliverable forward and non-deliverable forward exchange rate markets: a cross-country comparison [J]. Pacific-Basin Finance Journal, 2014, 27 (1): 115-137.

[142] XU Q, He F. Influence of RMB cross-border settlement on the Chinese economy [J]. China & World Economy, 2016, 24 (1): 104-122.

[143] YANG J, SHIN J, KHAN M. Causal linkages between US and Eurodollar interest rates: further evidence [J]. Applied Economics, 2007, 39 (2): 135-144.

[144] YU Y. How far can Renminbi internationalization go? [R]. ADBI Working Paper No.461, 2014.

[145] YU X, ZHANG J. Empirical research on the dynamic correlation between SHIBOR and NDF implied interest rate [C]. 2008 4th International Conference on Wireless Communications, Networking and Mobile Computing, IEEE, 2008.